Märzveigerl und Suppenbrunzer

Impressum

Bibliografische Information der Deutschen Nationalbibliothek
Die Deutsche Nationalbibliothek verzeichnet diese Publikation
in der Deutschen Nationalbibliografie; detaillierte bibliografische
Daten sind im Internet über http://dnb.d-nb.de abrufbar.

© 2014 Verlag Anton Pustet
5020 Salzburg, Bergstraße 12
Sämtliche Rechte vorbehalten.

Lektorat: Martina Schneider
Layout und Grafik: Nadine Löbel
Coverfoto: Tanja Kühnel
Druck: Druckerei Theiss, St. Stefan im Lavanttal
ISBN 978-3-7025-0749-7
www.pustet.at

Alle Bilder: Peter M. Kubelka
Liezenkeramik: Privatbesitz, S. 14–15
Maultrommeln: Maultrommeln des Schriftstellers und Almhirten Bodo Hell, S. 40–41
Goldhauben: Privatbesitz Grete Hammel, Obfrau der NÖ-Goldhaubenfrauen, S. 70–71
Buttersemmel: wie im Kaffeehaus serviert, S. 84–85
Haus- und Siedlung: Höfe im Freilichtmuseum Niedersulz/NÖ-Weinviertel, S. 116–117
Suppenprunzer: Privatbesitz, S. 134–135
Doggln: Doggln der Autorin, S. 186–187

Elsbeth Wallnöfer

Märzveigerl
und
Suppenbrunzer

555 Begriffe aus dem echten Österreich

VERLAG ANTON PUSTET

Ein Gruß an meinen Vater

Wegweiser in Sachen Heimat

Österreichs Identität beruht aufgrund historischer Bedingungen zu einem hohen Anteil auf dem, was man „Volkskultur" nennt. Angeregt durch Kronprinz Rudolf kam es ab FTF1883 zur Initiative, die kulturellen Besonderheiten der Monarchie in „Wort und Bild" darzustellen. Heraus kam ein Werk in 24 Bänden, das in den beiden Herrschaftssprachen der Monarchie, Deutsch und Ungarisch, nach und nach veröffentlicht wurde. Das auch als „Kronprinzenwerk" geläufige Kompendium liefert Informationen über Handwerk, Kleidung, soziale Bedingungen, kurzum Alltagskultur von Ost nach West und von Nord nach Süd. Von Wien und Niederösterreich über Tirol und Vorarlberg bis nach Böhmen, Mähren, die Steiermark, Kroatien, Slawonien, Galizien, die Bukowina, Bosnien und Herzegowina, Ungarn, Dalmatien, Triest, Istrien, Kärnten und die Krain wurden Land und Leute beschrieben. Der erste Band erschien am 1. Dezember 1885, der letzte am 1. Juni 1902. Das „Kronprinzenwerk" war somit die erste große Volkskunde. Erst in den Jahren zwischen 1938 und 1945 kam es erneut zu Bestrebungen, Volkskultur im großen Stil zu betreiben, allerdings mit einem sehr eingeschränkten, rein germanisch-paganischen Fokus. Viele Forschungen, die in dieser Zeit erfolgten, flossen in den späteren „Österreichischen Volkskundeatlas" ein. Die „Gesellschaft für den Volkskundeatlas in Österreich" wurde 1955 gegründet und schuf ein Kartenwerk, das während der Jahre 1959–1979 fertiggestellt wurde und in sechs Lieferungen Eingang in Museen und Büchereien fand.

Die Bedeutung solch dichter Sammlungen und Beschreibungen ist nachhaltig. Die dabei geschaffenen Bilder wiederholen sich, generell werden damit Bräuche und Gewohnheiten, kurzum Lebensstile tradiert. Die Österreichische Volkskultur ist fester Bestandteil der Selbstbeschreibung unseres Landes. Sie ist auch geprägt von einem folkloristischen Habitus und im politischen

Ansehen wird sie hoch bewertet, was zu einer Reihe von Heimatwerken und Volkskulturen (jedes Bundesland hat eine Institution, die sich so nennt) führte. Gefördert werden diese Einrichtungen vom Ministerium und den Länderregierungen. Eines dieser Vorhaben, der inzwischen weit über die Grenzen hinaus bekannte „Steirische Herbst", geht auf die Erfindung eines Volkskundlers und Politikers, Hanns Koren (1906–1985), zurück. Daraus lernen wir, Volkskultur kann, muss aber nicht reaktionär wirken. Österreichs Volkskultur dient der Bildung von Identität und deren Topoi nähren, wie einst in ihren Anfängen im 19. Jahrhundert, auch die gegenwärtigen Tourismuskonzepte und den Lebensstil quer durch die Gesellschaftsschichten. So kommt es, dass eine Reihe von kulturellen Selbstverständlichkeiten zu Besonderheiten werden, Dirndl, Tracht, Bräuche, Essen und Trinken gerne getragen, gepflegt, genutzt werden. Die hier vorgenommene Einteilung in Dachbegriffe dient der schnellen Orientierung, setzt jedoch voraus, dass sie nicht so eng gesehen werden sollten, wie sie hier abgesteckt sind. So manche Überschneidung wird augenfällig, nachgerade was regionale Spezifika betrifft. Letztlich erzählen alle Begriffe, ob im Osten oder Westen, Norden oder Süden, von der Seele der eigenen Kultur. Sei dies im ordinären Alltag praktiziert oder zu rituellen Terminen wiederkehrend, seien es Geschichten aus der Vergangenheit oder der Gegenwart, wir haben es hier verdichtet mit existenziellen Ausdrucksweisen der Menschen zu tun. Was der Mensch ist und kann, macht diese durchaus vielgestaltige Heimat aus. Je kompetenter wir in Sachen Kultur des Eigenen ausgestattet sind, umso leichter fällt uns das Spiel mit der Differenz. In der Folge verhilft uns diese Kultur, in der wir daheim sind, in der wir uns wohl oder unwohl fühlen und in der wir uns nicht erklären müssen, zu mehr Toleranz und Verständnis.

Topoi, Kuriosa, Exotisches

Topoi sind Plätze, Orte oder im übertragenen Sinn feste Bilder und Stereotype, die man assoziiert, sobald von etwas die Rede ist. Österreich verfügt über eine Reihe solcher Topoi, zu denen auch kleinere Firmen gehören, die vor allem Einheimischen oder Eingeweihten bekannt sind und von diesen auch bevorzugt diskret besucht oder gepflegt werden. Eine kleine Reihe solcher Topoi nationalen Ausmaßes bedarf es hier zu erwähnen. Doch nicht nur Topoi, zu denen man sich ob ihrer Exotik hingezogen fühlt, auch Kurioses und politisch Unkorrektes will hier versammelt sein. In diesen Topoi verdichten sich Sehnsüchte, sie sind die kleinen oder größeren Symboliken, die sich über Sprüche bzw. den Volksmund äußern. Sie offenbaren einen Affekthaushalt, der selten kontrolliert ist, umso unmittelbarer wirkt er. Ob tatsächlicher Ort oder nur sinnbildlicher Ausdruck, ob Redensart oder Objekt, Volkskultur und Folklorismus: Exotisch-kuriose Eigenheiten wollen in diesem Abschnitt angeführt sein.

Aida

Das ist der Name einer Konditorei mit mehreren Filialen in Wien, die schon Donuts herstellte, als sie in Europa noch nicht selbstverständlich zu bekommen waren. Sie präsentiert sich als perfekte rosarote Welt, noch dazu von lukullischer Qualität. Das ausschließlich weibliche Personal mit Migrationshintergrund trägt rosa Schürzen und ist, anders als die grantelnden Ober in den Kaffeehäusern, sehr freundlich. Bei „der Aida" ist sogar das Verpackungsmaterial rosa. Die Mehlspeisen spielen alle Stückerln, wie man hierzulande zu sagen pflegt. Der Kaffee kommt aus der eigenen Rösterei. Es scheint eine sehr demokratische Einrichtung, die sich vom Kaffeehaus darin unterscheidet, dass es nur zwei Zeitungen boulevardesker Natur gibt. Bei Aida hat man stets das Gefühl, man ist bei einer älteren Wiener Dame daheim eingeladen. Unverwechselbar sympathisch ist das obligate Schlagobers auf dem Kaffee. Angefangen haben die „Aidas" – Josef Prousek, der aus Nordböhmen kam, und seine Frau Rosa, die er in Bruck an der Leitha gefunden hat – im Jahr 1917 mit einem Konditoreibetrieb in der Porzellangasse in Wien-Alsergrund. Fünf Jahre nach ihrer Hochzeit kauften sie den Betrieb. Bereits vor dem Zweiten Weltkrieg hatten die beiden elf Filialen in Wien. Nach dem Krieg ging es zwar unter den kriegsbedingten Schwierigkeiten, aber mit viel Elan weiter. Die Umstände ergaben, dass Aida für das Allgemeine Krankenhaus Lebkuchenschnitten und für die Sowjetarmee einige Hundert Torten zu produzieren begann. Auch die Amerikaner griffen auf Aida zurück, und so war es die Aida aus Wien, die hier in Österreich als Erstes auf Wunsch der Amerikaner *Dougnaths* und *Icecream* herstellten. *In der Aida* trifft man nur unkapriziöse bekannte oder kapriziöse unbekannte Menschen. Einer dieser bekannten Menschen ist beispielsweise der Schriftsteller Bodo Hell. Das Unternehmen ist noch immer in Händen der Gründerfamilie Prousek.

Alm

Bevor die Alm, die lustigen Geschichten darüber in der Nachkriegszeit und die Almbilder für die Pornoindustrie interessant wurden, war die Alm und die Arbeit darauf ein festgezurrter Rechtsbegriff sowie eine Flurform. Bekannt ist die Alm in der Rechtssprechung als *ius alpicolae*. Wer wie viel Vieh, wie lange und wohin treiben durfte und wer die Alm zu welchen Bedingungen betreute, war in den bäuerlichen Gemeinschaften rechtsbindend angelegt. Bei Rechtsstreitigkeiten kam es schon einmal vor, dass die eine Gemeinde der anderen

Vieh konfiszierte. In so einen Almrechtsstreit war sogar Oswald von Wolkenstein (1376–1445), Schriftsteller und Mann in den Diensten Kaiser Sigismunds, verwickelt.

Milch, Butter und Käse standen dem Bauern zu, den Hirten und Sennen nur bis zum vereinbarten Ausmaß. Eine Alm, die kein Milchvieh führt, nennt sich **Galtalm**. In der Almwirtschaft trennt man zwischen unteren und oberen, oftmals auch einer mittleren Legestufe. Die oberste Stufe wird in der Regel von Schafen- und Ziegenherden genutzt, während die untere und die mittlere Stufe von der Rinderwirtschaft in Anspruch genommen werden. Almen können Gemeinschaftsalmen, Genossenschaftsalmen, Servitutsalmen (ist im Eigentum der öffentlichen Hand, wird aber von Bauern genutzt) und in den seltensten Fällen Privatalmen sein. Im östlichen Österreich nennt man die Alm **Schwaige**. Daher kommt der erst jüngst erfundene **Schwaigen-Reigen**, der Almreigen der niederösterreichischen Volkskultur.

Almrausch

So nennt man die Alpenrose (Heidekrautgewächs), sie war lange Zeit eines der drei nationalen Symbole Österreichs. Almrausch und **Enzian** sowie das **Edelweiß** galten für die Alpenrepublik als identitätsstiftend. Während der Nachkriegszeit schossen österreichtypische Souvenirs mit diesen Blumen geradezu aus dem Boden. Aschenbecher oder Schnapsstamperl, von einer Keramikmanufaktur aus dem Steirischen Liezen produziert, kamen massenhaft in Umlauf. Gemeinsam mit Edelweiß und Enzian zierte der Almrausch eine Briefmarke der Österreichischen Post im Jahr 2007.

Alpenblumenkeramik

Als Alpenblumenkeramik bezeichnet man jene Hafnerware, deren Dekor durch **Edelweiß**, **Enzian** und **Almrausch**, aber auch mit Trachtenpärchen besticht. Die AKK, Alpenländische Kunstkeramik Liezen im steirischen Ennstal, steht dafür. Hervorgegangen ist diese Steingutproduktion aus zwei Betrieben während der 1920er-Jahre. Aschenbecher, Vasen, Buchstützen, Figuralkeramiken, Schalen und Schüsseln wurden produziert und mit alpenländischer Flora dekoriert. Die Liezener Alpenblumenkeramik geht auf die Radstädter Keramik zurück. Am Ausgang der 1950er-Jahre leitete die mangelnde Nachfrage ihren Niedergang ein. Neben der Kunstkeramik Liezen gab es noch einige andere Hafner, die ihre Keramiken mit den alpenländischen, als typisch österreichisch geltenden Blumen zierten. Darunter die Firma Gollhammer in Oberösterreich, die noch immer produziert. Geriet diese bisweilen ausnehmend hübsche Keramik in Vergessenheit, tauchte sie während der 1990er-Jahre bei Sammlern zu stolzen Preisen wieder auf.

Arbeit macht frei

Der euphemistische Spruch, den alle Welt von Bildern über dem Portal des Konzentrationslagers Ausschwitz kennt, hat seine Wurzeln in einem Bildungsdünkel und Streben, das den Müßigang als verderblich ansieht. Jenen Müßiggang, der im 19. Jahrhundert noch in deutschen Rechtsbüchern als Paragraf zu finden war. Der bayerische Volkskundler Wolfgang Brückner hat sich der Mühe unterzogen, das heikle Thema anzugehen und dabei eine *coda* von ähnlich lautenden Formulierungen gefunden. Die erste Quelle ist ein in Österreichs Tageszeitung in Folgen erschienener Roman mit dem Titel *Arbeit macht frei*. Der Puritaner und Engländer Thomas Carlyle (1795–1889), dessen Verleger Karl Robert Langewiesche in Deutschland 1902 eine Auswahl der Arbeiten Carlyles unter dem Diktum *Arbeiten und nicht verzweifeln* herausbrachte und dessen Schlussworte seiner Antrittsrede als Rektor in Edinburgh daraus stammten, zeigte sicher Wirkung, vor allem im deutschnationalen Milieu. Wolfgang Brückner liefert uns überzeugend den *missing link*, wie er selbst sagt: Des Pudels Kern liegt im *Deutschen Schulverein* und dessen angeschlossenem *Deutschen Turnerbund*, einer Vereinigung, die sich dem großdeutschen Streben aller deutschen Zungen auf dem Kontinent verschrieben hatte und deren Gründungsjahr 1889 ist. Diesen Schulverein gibt es noch immer, er firmiert unter dem Namen *Österreichische Landsmannschaft*, ist in der Fuhrmannsgasse in der Wiener Josefstadt angesiedelt und alle darin verbundenen oder angeschlossenen Vereine fühlen sich als Grenzwächter des Deutschtums. Werbewirksam operierten sie mit markiger Ikonografie. Zahlreiche Oblaten, Aufkleber, Postkarten mit ebenso wirkungsmächtigen Slogans wurden in Umlauf gebracht. Zusammengefasst lässt sich konstatieren, dass der Slogan in den großdeutschen Köpfen herumspukte. Eine Oblate mit dem Spruch aus einem Stammbuch einer Wiener Dame im Basler Museum für Volkskunde beweist, dass der Spruch allgegenwärtig war und ein Produkt großdeutschen

Diktums ist. Die NSDAP, deren Rekruten aus den in Österreich angesiedelten Schulvereinen stammten, adelte die Arbeit und dichtete dem Müßiggang nur Kriminelles an. Sie meinte mit Müßiggang das schöngeistige jüdische Intellektuellentum. Es war, so lässt sich zwingend schließen, der Rückgriff auf ein prägnantes Diktum deutscher Leitkultur, mit dem sich das Hitler'sche Reich, das Juden als arbeitsscheue Tagediebe hinstellte, unvergesslich in die Geschichte einschrieb. Wie unbefangen das ursprünglich als Lob auf die Arbeit Gedachte vor dem Holocaust verwendet wurde, zeigt das Denkmal für den einheimischen Waffenfabrikanten Josef Werndl (1831–1889) in Steyr in Oberösterreich. Auf dessen Sockel steht *Arbeit ehrt.*

A Sackerl fürs Gackerl

Ist eine Aktion der Stadt Wien zur Beseitigung von Hundekot. Von einer Elterninitiative angestoßen, griff die Stadt Wien den Ärger auf und erfand den *Hundesetautomaten.* Über die Stadt verteilt, liefern diese Automaten Plastiksackerln, in denen die Hundebesitzer die Hinterlassenschaft ihres Vierbeiners verpacken können, um sie letztlich in den Mäulern der Mülleimer verschwinden zu lassen. Auf der Homepage der Stadt Wien können Hundebesitzer eine laufend aktualisierte Liste der Hundesetautomaten finden.

Badschuli

Ob Sie es glauben oder nicht – bis in die Zeit des Anschlusses an Hitlerdeutschland im Jahr 1938, war **Patchouli** (*Pogostemon*), der spätere für die Hippiebewegung charakteristische Duft, in Wien gern genutzt. Sowohl als Parfum als auch als Kraut im Kleiderschrank verstaut, half es angeblich gegen Motten.

Bahö

Ist ein Begriff, der ursprünglich aus dem Rotwelschen, einer Gaunersprache, kommt. In Ostösterreich bis ins Salzburgische hinein und in den Süden bis Kärnten kennt man das Wort, das Lärm, Krach, Wirbel, Aufsehen bedeutet.

Betthupfal

Als Betthupfal wird im Wienerischen sowohl die Verabreichung einer kleinen Süßigkeit vor dem Zu-Bett-Gehen, als auch ein erotisches Ereignis bezeichnet. Ein Betthupfal meint eine Frau, die man sich mit ins Bett nimmt. Thematisch in eine andere Richtung ging das „Betthupferl", eine Kindersendung, die bis vor einigen Jahren im ORF ausgestrahlt wurde.

Boeg

Ist die Abkürzung des Lexikons der *besten österreichischen Gastfreundlichkeit*. Es ist Ausdruck der Fähigkeit, im Österreichischen Steigerungsstufen einzuführen, wo es entweder keine gibt oder man wünscht, die Steigerung möge ganz einfach bereits die Norm sein. Edelgastronomen führen dieses Lexikon.

Bratwurstdialekt

So nannte der deutsche Schriftsteller Johann Gottfried Seume (1763–1810) den Wiener Dialekt. In Seumes Spaziergang nach Syracusa von 1802 beschreibt der reisende Deutsche ein Gespräch mit dem Wiener Polizeipräsidenten wie folgt: *„Währ üs Aehr?" fragte er mich mit einem stier glotzenden Molochsgesicht in dem dicksten Wiener Bratwurstdialekt.* Das geradezu humoresk wirkende Gespräch lohnt sich, in seiner Länge gelesen zu werden, weil es durchaus auch in der jüngsten Vergangenheit stattgefunden haben könnte.

Bratwürstlsonntag

Den Bratwürstlsonntag gibt es in Oberösterreich. Er ist die Bezeichnung für den ersten Adventsonntag, der als einer der ersten Schlachttermine in der Vergangenheit galt, um das Fleisch rechtzeitig bis Weihnachten räuchern zu können. Darüber hinaus schlachtete man bis zur Erfindung des Kühlschranks erst in den kühlen Tagen. So gab es am ersten Adventsonntag die ersten frischen Würste.

Brot- und Fleischauswerfen

Am 25. April 1792 huldigte Wien nach alter Sitte, aber ohne die alten verschwenderischen Gebräuche des Brod- und Fleischauswerfens und Weinrinnens. Auf Anordnung des Monarchen wurde das hierzu bestimmte Geld den Armen übergeben, heißt es in einer Huldigungsschrift für Kaiser Franz I. von einem gewissen Karl Ludwig Schöpfer aus dem Jahr 1840. Offensichtlich gab es bis zum Verbot die Sitte, Naturalien an die Armen zu verteilen.

Bummal

„Ana hod imma des Bummal!", heißt ein bis in die Schlagerkreise hinein bekanntes Wienerlied. Der Verlierer beim Karten- oder Kegelspiel bekommt ein „Bummerl", es wird ein Kreis oder dicker Punkt gemalt.

Darüber hinaus war ein Bummal eine andere Bezeichnung des Schanis, also einer sanftmütigen Person, die mit niederen Diensten befasst war.

Ciao oder Tschau

Das war bis Anfang der 1920er Jahre in Wien ein Gruß unter Offizieren. Diese brachten das *schiavo*, das Sklave bedeutet oder salopper auf Wienerisch formuliert *gschamster Diener* meint, von ihrem Militärdienst aus dem Venezianischen mit. Nach dem Verlust der italienischen Gebiete nach 1918 geriet der Gruß in Vergessenheit. Inzwischen hat sich das Ciao mitsamt der Kaffee- und Pizzakultur epidemisch über ganz Europa verteilt.

Diak, Diaknkölla, Diaknschdeats

„Diak" bedeutet im Wienerischen: Türke. Die Legende sagt, es hätte zur Zeit der Türkenkriege ein Gasthaus in Wien/Innere Stadt gegeben, bis zu welchem die Türken einen unterirdischen Gang gegraben hätten und der von einem Bäckerjungen entdeckt worden sei. Dieses Gasthaus wurde daraufhin „Türkenkeller" genannt. Der Diaknschdeats wiederum ist eine Art Schmarren aus Maisgries.

Diffidomine

Nur mehr die Alteingesessenen kennen die Wendung und benutzen sie, um damit einem Thema einen ebenso würdigen wie apodiktischen Schluss zu geben. Wort und Vorstellung leiten sich vom lateinischen *laus tibi domine*, dem „Lob sei Dir Herr" am Ende des einst lateinisch abgehaltenen Gottesdienstes, ab.

Distelblauer Montag

Der Distelblaue Montag ist in Wien das, was im Oberösterreichischen der **Lichtbratl-Montag** ist. Im Kaasgraben in Wien Grinzing feierten noch 1927 die Fiaker, Tischler und Waschweiber unmittelbar nach Michaeli, Ende August, diesen bei einem Fest. Es gab ein richtiges volksspielerisches Treiben, dessen Hauptfiguren sogenannte *Planetenweiber* waren. Diese waren mit Perücken aus Werg und mit Kunstblumen verzierten Hauben geschmückt, auffallend geschminkt und zogen mit Kleidern aus Spielkarten am Leib durch die Feiernden. Diese Frauen bezeichneten sich selbst als Agnes und bezogen sich damit auf eine örtliche Sagenfigur. Das gleichnamige Agnesbrünnl war ein Ort der Weissagung. Dort sollen sich die *Lottobuchteln*, Frauen, die Lotto spielten, getroffen und übernachtet haben, in der Hoffnung, von den richtigen Lottozahlen zu träumen. Der Einzige, der reich damit wurde, war der Wirt des Gasthauses Agnesbrünnl. Im 19. Jahrhundert soll die Quelle unter dem Vorwand, hier würde Zauberei betrieben, auf Anordnung des Pfarrers zugeschüttet worden sein.

Dopfnnega

Das Kompositum besteht aus den Begriffen „Topfen" und „Neger". Politisch gar nicht korrekt meint meine Nachbarin, eine gestandene Wienerin, einen sehr weißhäutigen Menschen damit.

Dudeln

Der Wiener Dudler ist eine dem älplerischen **Jodeln** ähnliche Form des Gesangs. Vermutlich, aber nicht gesichert ist, dass es im 19. Jahrhundert im Zug der Wanderschaft der Tiroler in die kaiserliche Hauptstadt, die dortselbst ihre Jodler dargebracht hatten, zur Entwicklung dieses gutturalen Gesanges kam.

Gewöhnungsbedürftig und wunderbar exotisch ist das Wiener Dudeln, das immer noch bei ausgewählten Heurigen zu hören ist und dessen letzte große Dudlerin, Trude Mally (1928–2009), dies noch von ihrer Tante überliefert bekam. Inzwischen wird das Dudeln von Agnes Palmisano sogar in Kursen gelehrt. Weil das Dudeln tatsächlich eine hohe Kunst wie eine Rarität ist, zählt es zu Recht zum Immateriellen Kulturerbe der UNESCO.

Edelweiß

Das Edelweiß galt der Alpenrepublik nach 1945 als nationales Symbol, immerhin fand es auf ewige Zeiten Eingang in die Geschichte der nationalen Währung. Im September 1959 prägte die Republik die Ein-Schilling-Münze mit einem Bund Edelweiß. Die Zwei-Cent-Münze des Euro wiederum wurde in Erinnerung an den Schilling mit dem Edelweiß geprägt und zusammen mit **Enzian** und **Almrausch** findet man es als Ausdruck alpiner Kultur auf einer Briefmarke der Österreichischen Post. Schon während der Zwischenkriegszeit ist das Edelweiß im Verbund mit Enzian und Almrausch Teil der **Liezener Alpenblumenkeramik**, die ihre Vasen, Schüsseln und Buchstützen mit derlei Motiven dekoriert. Im Heimatroman und in Sagengeschichten oder bei den militärischen Gebirgsdivisionen begegnet einem das Edelweiß als Treuesymbol. Eine in Stuttgart mehrfach aufgelegte Lyrik-Sammlung aus dem Jahr 1870 versammelt romantische Lyrik unter dem Titel *Edelweiss. Für Frauensinn und Frauenherz*. Es war nicht ungewöhnlich im überaus romantischen 19. Jahrhundert, unter dem Dachbegriff „Almrausch und Edelweiß" dramatische Geschichten, die im Alpenland angesiedelt waren, zum Gegenstand lieblicher Erzählungen zu machen. Sogar eine Widerstandsgruppe suchte sich den Namen Edelweiß aus. Das Edelweiß ist auch ein überaus beliebtes Pflänzchen bei Parteien, Militär und Bergsteigervereinigungen.

Egger

Egger Sportgummi und Eibischteig konnte man vor dem Niedergang der Programmkinos in jedem Wiener Lichtspielhaus kaufen und es war jedem Wiener Kind und Erwachsenen während eines spannenden Films ein Bedürfnis, diese zu kauen oder zu lutschen. Der Süßwarenerzeuger Isidor Egger gründete 1870 seine Firma, seine Frau übernahm als Witwe im Jahr 1899 das

Unternehmen und führte es fortan als *A. Egger's Sohn* weiter. Unter ihr wurde die Süßwarenfabrik kaiserlicher und königlicher Hoflieferant. Noch in den 1930er-Jahren trennte man die Firma in einen chemisch-pharmazeutischen und einen Süßwarenbereich. Während der NS-Zeit wurde die Firma kommissarisch verwaltet. In den 1980er-Jahren ging Egger an einen langjährigen Mitarbeiter. Im Jahr 2007 übernahm eine internationale Süßwarenfirma mit Sitz im oberösterreichischen Linz das ursprünglich in Nussdorf in Wien angesiedelte Unternehmen. Der Name Egger blieb erhalten, er trägt ikonografisch einen dezent patriotischen Zug. Die österreichische Fahne liegt über den beiden Buchstaben *gg* von Egger. Die bekanntesten Produkte sind besagter Sportgummi, Eibischteig, Rachenputzer, Wiener Kreuz und Hustinetten.

Enzian

Wie das **Edelweiß** gehört der Enzian zur nationalen Ikonografie Österreichs. Als *Zeichen für eine gesunde Natur,* die man mit dem kleinen Land verbinden sollte, kam er auf die österreichische Ein-Cent-Münze des Euro.

Fleck

Ein Fleck hat im Wienerischen mehrfache Bedeutung. Es kann eine Mehlspeise (Zwetschkenfleck), Kaldaunen (Kuttelfleck), eine Ortsbezeichnung und die schlechteste aller Noten, ein „Fünfer", damit gemeint sein. Mit bis zu drei Fleck im Zeugnis gibt es einen **Nachzipf** oder **Nochdsipf**.

Granat

Granaten sind die Rubine der Volkskultur. In Weingegenden kommen sie häufiger vor. Man nannte sie auch Karfunkel. Ihre Farbe und Struktur erinnern an Granatapfelkerne. Der blutrote Stein war im 19. Jahrhundert das beliebteste und am meisten verarbeitete Mineral bei der Herstellung von Schmuck auf dem Gebiet der Österreichischen Monarchie. Der böhmische und tirolische (südtirolische) Granat fanden dabei Verwendung. Das, was wir heute Trachtenschmuck nennen, bestand vielfach aus Granat. Ohrringe, **Kropfbandl**, Ketten zierte Granat. Die abergläubischen Deutungen zu diesem Stein sind reich. Nach dem Prinzip des *similia similibus* hilft der Stein gegen oder für alles, was mit Blut (Herzleiden) zu tun hat. In Tirol hilft er bei Gericht, auf Reisen und gegen Depression.

Greißler

In Ostösterreich nennt man den Gemischtwarenhändler Greißler. Ganz wenige davon gibt es noch. Jene, die Beständigkeit bewiesen haben, öffnen zeitig früh und werden von Müllmännern und anderen Frühaufstehern auf eine Wurstsemmel besucht. Die Greißlerin war bis zum Aufkommen der Lebensmittelketten im Wiener Stadtbild allgegenwärtig und oftmals ein Faktotum, was wohl der Grund dafür ist, dass so manches Volkslied von der Greißlerin singt. *Die Greißlerin thut ihr'n Alten grad a Predigt halten,* heißt es in einem der vielen Lieder zu diesem Thema. Es gab in der Vergangenheit öfter Beschwerden über nicht geeichte Messbecher bei Greißlern. Ab dem Jahr 1820 war ihnen ausdrücklich verboten, Mohnköpfe zu verkaufen, allerdings war es möglich, Bier und Wein (seit 1793) auszuschenken.

Gugaschekn

Was in Tirol die **Fluignschiss,** sind im Osten Österreichs die Gugaschekn. Hergeleitet von den Flecken des Kuckucks, werden die auch als Sommersprossen bekannten Tüpfelchen auf der Haut als „Gugaschekn" bezeichnet.

Gusch, guschn, khuschn

Wird man in Wien angeherrscht zu guschn, sollte man ruhig sein. Der Begriff ist eine Abwandlung vom französischen *couche.* Mittlerweile verbreitet sich der Begriff über ganz Österreich, was vermutlich mit dem Zu- und Rückzug der Studenten zu tun hat.

Häfn

Ist einer im Häfn, hat er nix zu lachen, denn dann befindet er sich im Gefängnis. Abgeleitet vom mittelhochdeutschen Begriff für Gefäß, zeigt uns die Anlehnung, dass man sich rundum hinter abgeschlossenen Mauern befindet.

Hänsel und Gretel

Hänsel und Gretel sind, neben zwei bekannten Märchenfiguren, zwei Orang-Utans, die 1895 im kaiserlichen Tierpark, auch Menagerie genannt, in Schönbrunn angeliefert wurden und unmittelbar darauf erkrankten. Ein Jahr nach ihrer Ankunft und Erkrankung in Wien wurden beide mit ihrem Tierwärter, einem Herrn Pfeiffer, in einer Wiener Zeitung als gesundet abgebildet. Sie verloren während ihrer Krankheit die Haare, die ihnen jedoch wieder nachwuchsen, so die Nachricht.

Heilige Warte, Tatort Hohe Warte

Als *heilige Warte* oder auch als *Tatort Hohe Warte* bezeichnen die Fans des First Vienna FC 1894, Österreichs ältesten Fußballclubs, ihr Heimatstadion im 19. Wiener Gemeindebezirk. Am Beginn seiner Erfolgszeit 1921 war es das modernste Stadion auf dem Kontinent, was längst nicht mehr gilt. Im Früh- oder Spätsommer kann man dort, so man nicht im überdachten Fanblock mit der Menge wiegt, die schönsten Wetterstimmungen im Freien genießen. In der Zwischenkriegszeit gab es im Stadion auch Boxkämpfe und sogar Opernaufführungen.

Himmelbrand

So nennt man im Osten Österreichs die Königskerze. Man nutzte die in Pech getauchte Pflanze bis ins 20. Jahrhundert hinein als Fackel bei Flurumgängen und Bittprozessionen, vorwiegend an Mariä Himmelfahrt, dem höchsten Marienfeiertag.

Hoagascht

Mit Hoagascht meint man eine in Bayern, Tirol inklusive Südtirol und im Salzburgischen friktionsfreie, gemütliche Unterhaltung außerhalb der eigenen vier Wände. In den letzten Jahren begann man, Musikantentreffen auch als Hoagascht zu benennen, um damit auf die zu erwartende Behaglichkeit anzuspielen. Hoagascht, auch **Huangart,** klingt je nach Region anders, meint aber stets ein angenehmes Beisammensein. Seine etymologische Herkunft führt zurück in das Mittelhochdeutsche. Der Experte für süddeutsche

Mundarten Johann Andreas Schmeller (1785–1852) führt an, dass man *am Gebirg* das Verb zur Beschreibung für *traulich kosen* nutzte. Radio- und Fernsehsender benennen Sendungen danach, sogar Wirtshäuser werden so getauft. Begriff und Vorstellung kommen vom deutschen Wort *Hoam* und *Gard* (Umfriedung, umfriedeter Platz, Haus, Hof), was Heimat meint und von der Praxis, auf der *Hoamgartenbank* gesellig, heimelig zusammenzuhocken, zeugt. Das Heimgartengehen, das Gasslgehen zwischen jungen Frauen und Männern, bei dem die Jungen sich in der Dunkelheit unterhielten, wurde sogar in der einen oder anderen Polizeiordnung im 18. Jahrhundert erwähnt und darin verboten.

Hocknschdad

Ist ein sehr plastisches Wort für „arbeitslos sein". Es vermittelt, dass die Hockn, das Beil bzw. das Handwerkszeug, schdad, also ruhig, unbewegt ist. **Hackln** hingegen ist das Tunwort für arbeiten. In Wien hacklt man, wenn man arbeitet.

Jaukerl, Jauggerl

Ein Jaukerl ist kein lustiger Mensch, kein Trachtenjanker, keine Wurst. Im Wienerischen nennt man eine Spritze so.

Jemine

Der Bedauerlichkeit ausdrückende Ausruf „Oh, Jemine!" rührt vom lateinischen *Jesus domine* und zeigt einmal mehr, wie die einstmals lateinische Herrschaftssprache der Kirche ihre Spuren im Alltag der einfachen Leute hinterlassen hat.

Judas

Der Judas befindet sich vornehmlich in Neu- oder Gemeindebauten in der Türfüllung. Es ist das andernorts „Spion" genannte, kleine Bullauge. Friederike Mayröcker, die *grande dame* der österreichischen Literatur, schreibt: *mein Herz zitterte, ich schlich zur Wohnungstür und lugte durch den Spion oder JUDAS, ob ich jemanden sehen könne der auf dem Korridor sich meiner Tür näherte, ehe der JUDAS erloschen war.*

Kholonja oder Coloniakübel

Von 1918 bis in in die 1980er-Jahre hinein wurden in Wien die Müllkübel „Coloniakübel" und die Müllmänner „Kholonja" genannt. Abgeleitet ist das Wort von der latinisierten Form des Wortes Köln. Mancher meint, die Kübel kämen aus Köln, und Gert Jonke, der Schriftsteller, gibt an, es käme vom *eau de cologne*, dem Kölnisch Wasser. Die Wiener Stadtregierung weiß es besser, war sie es doch, die nach dem Vorbild der Stadt Köln Hausgemeinschaften zur gemeinsamen Müllentsorgung zur Verfügung gestellte Kübel in die Häuser stellte. Eine dritte Interpretation, die einer Mundartforscherin, besagt, „Kholonja" käme von „Kolonie". Kolonie deshalb, weil Wien es von einem *aus Deutschland übernommenen System Colonia* abgeschaut hätte. Wie dem auch sei, bei der Einführung gab es zunächst das Problem, dass die Bewohner kaum dazu zu bewegen waren, ihren Müll erst kurz vor den ausgeschriebenen Abholterminen auf die Straße zu stellen – was die Absicht der Erneuerung der Müllentsorgung war. Bis zur Einführung der Kübel nutzte jeder städtische Haushalt das *Misddrichal*, das „Misttrühlein", ein Abfallbehältnis mit Deckel, das einmal in der Woche entleert wurde.

Kirchenräuberseppl

So bezeichnet man in Tirol noch immer Joseph II., den Aufklärer und Sohn Maria Theresias. Das besonders habsburgertreue und somit natürlich auch katholische Tirol verlor aufgrund der von Joseph verlangten Reformen Bibliotheken und kunsthistorische Schätze aus Kirchen und Klöstern.

Lercherlschaas

Ist im Osten Österreichs eine Sache von der Größe eines Vogelfurzes, nichts worüber man sich Sorgen machen sollte, eben eine Kleinigkeit.

Lobmeyr

J. & L. Lobmeyr produzierte zu kaiserlich-königlichen Zeiten bereits hochwertiges Glas, das erstmals 1862 auf der Weltausstellung in London prämiert wurde. Vor allem beeindruckten die Luster. Das Glas wurde in den böhmischen Glashütten hergestellt. Die Brüder Ludwig und Josef Lobmeyr waren die Söhne von Josef Lobmeyr, dem Gründer der Firma. Als dieser 1855 starb, übernahmen seine Söhne die Firma. Mit viel Geschick leiteten die beiden das Unternehmen und führten es zu Glanz. Als Josef Lobmeyr jun. dann nur neun Jahre nach seinem Vater starb, führte Ludwig das Unternehmen allein weiter. Er suchte im Zug der Gründung des Österreichischen Museums für Kunst und Industrie – heute als MAK (Museum für angewandte Kunst) bekannt – stets Verbindung zu den führenden Kunsthandwerkern der Monarchie und somit den engen Kontakt zum Museum und der ungefähr zeitgleich entstandenen Kunstgewerbeschule. Ludwig Lobmeyr leitete damit eine Tradition ein, die noch immer besteht und den Gipfel hochwertigen Kunsthandwerkes bildet. Lobmeyr hinterließ dem Museum zahlreiche Objekte, ebenso wie einer der Fürsten Liechtenstein. Somit verfügt das MAK über eine beachtliche Sammlung. Der Neffe Ludwig Lobmeyrs, Stefan Rath sen. (1876–1960), führte das Unternehmen in das 20. Jahrhundert. Noch immer ist in der Hand der Familie Lobmeyr/Rath, die Künstler zur Zusammenarbeit einlädt und damit eine gewisse Tradition pflegt. Das Haus auf der Kärntner Straße brilliert eindrucksvoll, so als wären die Unpässlichkeiten der Zeit an ihm spurlos vorbeigegangen.

Luach oder Lurch

Den Wienern muss man zugestehen, dass sie ausgesprochen begabt darin sind, sehr anschauliche Begriffe für Ereignisse im Alltag zu erfinden. So beispielsweise sagen sie zur **Wollmaus**, also dem Hausstaub, einer Ansammlung von Haaren und Staub, der sich vornehmlich unter den Möbeln herumschleicht, Luach. Der Begriff kommt nicht, wie wir meinen, vom Lurch, sondern von dem mittelhochdeutschen *luren* für lauern.

Mulatschak oder wienerisch Mulatschag

Damit wurde eine ausgelassene Unterhaltung, ein gesellschaftliches Beisammensein, bei dem es laut zugeht, bezeichnet. Das Wort ist eine Entlehnung aus dem Ungarischen. Im Salzburgischen gibt es ein Kartenspiel gleichen Namens.

Nega

Wenn meine Nachbarin davon spricht, dass der andere Nachbar *nega* sei, dann meint sie nicht, er sei ein Schwarzer. Sie sagt vielmehr auf politisch nicht korrekte Weise, der Nachbar sei bar jeden Geldes, nackt eben.

Nochdsipf

Im Wienerischen meint man mit einem Nochdsipf eine Nachprüfung. Ein Dsipf ist etwas meist spitz zulaufendes, das nachhängt. Die *Dsipflarei* hingegen meint ein kleinmütiges Gebaren, so erfahren wir bei der bedeutenden Mundartforscherin Maria Hornung. Der Nachdsipf kann so oder so verstanden werden werden.

Notig oder nodich

Das bedeutet im Wienerischen, geizig zu sein.

Olla

So nennt man in Ostösterreich ein Präservativ. Viele wissen nicht, dass eine am Praterstern in Wien angesiedelte Firma Namens Olla, die *nachweisbar besten Hygienischen Spezialitäten*, wie man das um 1912 nannte, produzierte und der Name sich diskret stellvertretend für das Produkt verbreitete.

Ollakapperl

Sagen die eingeweihten Wiener zu jenen einfachen, rundgehäkelten oder rundgestrickten Mützen, die von der Hip-Hop- oder Rapperszene gerne in Anlehnung an den **Olla**, das Kondom, getragen werden.

Pawlatschn, Pawlatschnbühne

Im Kärntnerischen meinte man einst mit Pawlatschn ein karges, hartes Bretterbett. Im Steirischen einen aus Brettern gezimmerten Verschlag. Das Wort ist ein tschechisches Lehnwort. Dort wird ein einfach gezimmerter Bereich als *plavac* bezeichnet. Die Pawlatschnbühne ist eine unkompliziert aus Brettern hergestellte Bühne, die vor allem auch für Stegreiftheater genutzt wurde. In den Wiener Innenhöfen waren die Pawlatschen eine umlaufende Verbindung á la Laubengang.

Pirker

Mariazeller Lebkuchen ist ein Produkt von Österreichs bekanntestem Lebzelter. In den Wallfahrtsorten gehörten die Lebzelter und Wachszieher zum natürlichen Erscheinungsbild. So auch in Mariazell, dem höchst gelegenen und weit über die Landesgrenzen hinaus bekannten österreichischen Wallfahrtsort. Der Erfolg des Pirker-Lebkuchens liegt in seinen nach wie vor verwendeten natürlichen Zutaten. Im steirischen Mariazell pflegt man die Lebkuchentradition noch immer als Handwerk. Dies bedeutet, dass auf industrielle Fertigung verzichtet und vor Ort produziert wird.

Pöstlingbergbahn

Am Pfingstsonntag des Jahres 1898 um 7.36 Uhr erfolgte bei Wind und Schnürlregen die erste Fahrt mit Fahrgästen von Linz-Urfahr auf den Pöstlingberg. Der erste zahlende Gast war der Direktor des Landestheaters. Einen Tag nach Eröffnung der Bahn, am Pfingstmontag, fuhren bereits 844 Personen mit dieser auf den Linzer Hausberg. Die Bahn hat bis heute nichts an Attraktivität verloren und zusammen mit der **Grottenbahn** bildet sie ein traditionsreiches Vergnügen auf dem Linzer Hausberg, das nichts durch seine Modernisierung verloren hat.

Pulverl

Ist im Wiener Raum kein Pulver, sondern eine Tablette. Als die Wiener Tageszeitung *Der Standard* am 29. Februar 2012 online über die Steuererklärung des ehemaligen Finanzministers Grasser berichtete, schrieb ein *blogger* namens schimmelwange um 17.36 Uhr: *GsD hab ich gute Blutdruckpulverl daheim!* Auch gegen Kopfweh nehmen Wiener ein *Kopfwehpulverl* ein und überhaupt hilft schnell mal ein Pulverl, davon singt auch der Wiener Rapper A.Geh Wirklich? in seinem Song *Frau Dokta.*

Schbeibm, Schbeibsaggal

Die Gaunersprache benutzte „schbeim" anstelle von Geständnis. Mit dem Aufkommen des allgemeinen Flugverkehrs führten Fluglinien „Spucktüten", „air sick bags" oder eine österreichische Fluglinie sogar „Speibsackerl" aus innen beschichtetem, wasserdichtem Material ein, für den Fall, dass den Passagieren übel würde. Der Spuck- oder Schbeibbeutel hat schon so manchen Künstler zum Spielen verleitet. Eine englische Künstlerin gestaltete den „royal wedding sick bag" anlässlich der Vermählung von Prinz William mit Kate Middelton. Der Wiener Flaneur und Künstler Rudi Hübl entwarf, um den inflationären Umgang mit Klimt und Schiele zu betonen, Schbeibsaggaln aus Plakaten mit Motiven dieser Künstler.

Schdanitssl, Starnitzl oder Stanitzel

Ein Schdanitssl, wienerisch weich ausgesprochen, ist eine spitz zulaufende Papiertüte wie auch eine Mehlspeis', die zum Träger von Eis wird. Die Erklärung der Herkunft besagt, Begriff und Gegenstand kommen aus dem Italienischen, von *scarnuzzo.* Ein Starnitzel jedenfalls ist spitz zulaufend und schon der Prediger Abraham a Sancta Clara (1644–1709) lästerte über aufgeputzte Menschen mit spitzen Schuhen, indem er in diesem Zusammenhang das Wort „Starnitzl" benutzt.

Schneckenkirchtag

Im niederösterreichischen **Industrieviertel**, in der Gegend um Pottendorf, in Landegg, wurde noch bis Ende der 1920er-Jahre der Schneckenkirchtag gehalten. Dabei kam es am schwarzen Sonntag oder *Sonntag Judica* – das ist der vierte Fastensonntag – zum Schneckenschlachten. Die Metzgersburschen zogen eine Schnecke durch den Ort oder kreuzigten sie, verspritzten Blut und trieben allerlei Späße. Allerdings stets ohne Musik oder Tanz, war doch Fastenzeit. Erklärungen zur Herkunft des mittlerweile vergangenen Brauches sind rein spekulativer Natur. Möglicherweise ist die Sitte einem Übermut der Metzgersburschen entsprungen, die sich damit über den Schneckenkonsum lustig machten, denn die Schnecken wurden zur Fastenzeit allerorts zum Verzehr angeboten.

Schrammelmusik

Zur Weinkultur Wiens gehört die Schrammelmusik bzw. **Wienerliedmusik**. Das Spezielle an dieser Liedbesetzung ist die **Kontragitarre** (sie hat zusätzlich zur normalen Seitenzahl einer Gitarre noch 6 Saiten). Die derzeit bekanntesten Gitarristen auf diesem Instrument sind Roland Neuwirth und Rudi Koschelu. Benannt wurde die Schrammelmusik nach den Waldviertler Musikern Johann (1850–1893) und Josef Schrammel (1852–1895). Das Wiener Volksliedwerk in Ottakring mit seinem umfangreichen Archiv ist der Ort für alle Fragen rund ums Wienerlied.

Schüsselrehm

Die Schüsselrehm beherbergt die Teller und Schüsseln des täglichen Gebrauchs. Die Rehm wird an der Wand befestigt und besteht aus Holz. Sie ist heute kaum mehr in Gebrauch.

Schwaigen-Reigen

Im niederösterreichischen Wechselgebiet findet seit noch nicht einmal zehn Jahren ein Almhüttenreigen statt. Die Almen heißen in dieser Gegend **Schwaigen**. Auf den bewirtschafteten Almen wird gespielt, getanzt und gesungen. Das Festival ist neben vielen anderen Bräuchen in Niederösterreich ein Beispiel für die Erfindung von Gewohnheiten, die dem Zusammenleben zuträglich sein sollen, die alle mythologischen Tendenzen vermissen lassen und die sich letztlich binnen kurzer Zeit zu einer Tradition auswachsen.

Schwantzschleuderer

So nannte man jenen Mann, der mit einer *ledernen Ma(s)chine und Röhre regieret,* der den Weg von der sommerlichen Residenz Favorita auf der Wieden beständig wässerte, damit die vielen Reiter und Fuhrwerke nicht im Staub erstickten. Die Favorita war Sommerresidenz einiger Kaiser (Leopold I., Joseph I., Karl VI.), wir kennen sie heute als Theresianische Akademie.

Sechzehnerblech

Auch **16er-Blech** geschrieben. Gemeint ist eine Bierdose der Ottakringer Brauerei in Wien. Pfiffige Trinker erfanden diese Beschreibung für Bier aus der Dose der Brauerei im 16. Wiener Gemeindebezirk. Man bestellt sie in der Hauptsache an den Wiener Würstelständen zusammen mit einer **Eitrigen** (Käsekrainer) oder einem **Burenhäudl** mit Senf und an Pfefferoni.

Service, das oder der?

Gemeint ist nicht das Service, das man zu besonderen Gelegenheiten und für außergewöhnlichen Besuch hervorholt, um feine Suppen und schmackhafte Braten zu servieren. Der Österreicher meint damit den Service, die Dienstleistung. Dieses Artikel-Sonderstellungsmerkmal, so gewinnt man als Zugereiste den Eindruck, hat man erfunden, um sich irgendwie vom Rest der deutschen Sprachgemeinschaft abzuheben.

Sing mit uns

Enthält die schönsten österreichischen Volkslieder, gesammelt von Bundeskanzler Wolfgang Schüssel, Kulturministerin Elisabeth Gehrer und Finanzminister Wilhelm Molterer. Ein Fanclub rund um den einstmaligen ÖVP-Kanzler Schüssel brachte im Jahr 2002 ein schmales, grünes Liederbuch mit Zeichnungen von Wolfgang Schüssel heraus. Unter dieser Regierung kam es verstärkt zur Förderung österreichischer Volkskultur.

Stappeln

Den Wiener **Fiakern** war es nach der Gewerbeverordnung von 1897 verboten zu *stappeln*. Stappeln ist das *absichtlich langsame Herumfahren in den Straßen mit leeren Wagen behufs Erlangung von Fahrten*. Nach jeder Fahrt hatten sich die Fiaker oder Einspänner an den ihnen zugewiesenen Platz zu stellen.

St. Hanappi

Nennen eingefleischte Fans des Wiener Fußballvereins SK Rapid ihr Heimatstadion in Wien-Hütteldorf. Das Stadion wurde nach dem Mittelfeldspieler Gerhard Hanappi (1929–1980) benannt.

Tschechern

Viel Wein gemütlich trinken, im Stil weit entfernt vom *Saufen*, in der Menge gibt es aber wenig Unterschied.

Tschick und Katschikistan

Die Tschick ist ein kulturelles Erbe aus monarchistischer Zeit. *Cicca* nennen die Italiener in der Vulgärsprache die Zigarette. Die Wiener haben den Begriff für sich übernommen und eingedeutscht. Eine konservative Gesundheitsministerin rief mit einer Kampagne gegen Rauchen im Auto im Herbst 2007 diesen letzten privaten Raum als *Ka-tschik-ist-an!* aus. Es kam zur Errichtung einer Homepage und zu zahlreichen Pressemeldungen, die mit dem Konterfei der Ministerin das Land segneten. Außer, dass sich die ausländischen Journalisten lustig über die Republik machten, ist nichts Folgenreiches geschehen.

Untersberger Marmor

Der Marmor des Salzburger Untersberges wurde nicht nur zum Bau der Ruhmeshalle aller Deutschen, der Walhalla, herangezogen, er kam auch in Wien beim Bau bei der Errichtung der Handels- und Gewerbekammer, der ältesten Gewerbekammer Österreichs, zur Anwendung: *Ein großes Portal von 5,4 m Höhe vermittelt den Haupteingang von der Ringstraße und ist aus geschliffenem Untersberger Marmor (Hofbruch) hergestellt,* heißt es in einer Memorialschrift.

Sowohl das Portal als auch der Marmorbelag im Hauptvestibül und die Stufen der Haupttreppe der Kammer am Stubenring in Wien sind aus Untersberger Marmor.

Unterschiedliche Zugsfolgen

Dies ist eine typisch wienerische Ausdruckweise für unregelmäßige Intervalle. Vermag die Straßenbahn ihre Fahrplanintervalle nicht einzuhalten, spricht die Ansage von *unterschiedlichen Zugsfolgen.*

Waffenrad

Die an anderer Stelle bereits erwähnte Werndl-Waffenschmiede in Steyr OÖ, besorgte sich im Zug der allgemeinen Verbreitung der Fahrradkultur die Lizenz eines englischen Fahrrades, des Swift-Fahrrades. „Waffenrad" nannte man das Fahrgestell, weil es von der Waffenschmiede des Josef Werndl hergestellt wurde, dem ein Freund, Carl Santner (1819–1885), seines Zeichens Verwalter des Gefängnisses in Garsten (OÖ), sogar eine Komposition für vier Männerstimmen widmete. Es galt von Anbeginn an als zuverlässiges Fahrrad. Das Waffenrad wurde, nachdem es seine englische Herkunft abgelegt hatte und als verlässliches Produkt der Waffenschmiede Werndl im allgemeinen Sprachgebrauch nicht mehr wegzudenken war, ab Herbst 1896 unter eingetragenem Markennamen, so recherchierte der Autor Walter Ulreich, geführt. 1934 fusionierten die Grazer Puch-Werke (Austro-Daimler Puchwerke AG) mit den Steyr-Werken. Ab den 1930er-Jahren wurde das Rad bis Ende der 1980er-Jahre von den Puch-Werken in Graz hergestellt.

Walde Seifen

Die Firma Walde in Innsbruck gehört mit zu den ältesten Familienunternehmen Österreichs. *Carl Alois Walde, Seifen- und Fettwarenfabrik* wurde 1777 gegründet. Der aus der Oberlausitz nach Tirol gekommene Peter Walde (1748–1796) war von Beruf Seifensieder. Zur Seifenfabrik brachte es dessen Enkel Carl Alois (1829–1910) im 19. Jahrhundert. Der Tiroler Seifensieder überstand mit seinem Gewerbe zwei Weltkriege. Unter den Walde-Seifen sticht besonders die ansprechend schöne *Tiroler Reine* hervor. Seifen mit

Holunder, Himmelschlüssel, Bergminze, Vergissmeinnicht, Birke und Almrose sind die jüngsten Produkte in der 300-jährigen Geschichte des Tiroler Unternehmens.

Wamprechtsamer

Alois Wamprechtsamer GmbH Blattgoldschlägerei ist eine seit 1906 bestehende Firma, die sich auf die Veredelung und Verarbeitung von Metallen spezialisiert hat. Immer noch werden letzte Handgriffe in Wien Penzing gemacht. An arbeitsreichen Tagen kann man das Klopfen der Hämmer bis in den Verkaufsraum hören. Alles, was die Restauratoren in den Museen, Künstler und auch Gastronomen rund um Gold oder Silber brauchen, kann man bis hin zum essbaren Gastrogold mitsamt dem dazugehörigen Instrumentarium bei Wamprechtsamer kaufen. Pinsel aus Fehhaar (russisches Eichhörnchen), Ziegen-, Rotmarder-, Iltishaar und mehr verkauft der eher unscheinbare Laden. Das Blattgold, mit dem Teile des Gipfelkreuzes auf dem Großglockner, aus Kaiserkreuz genannt, verkleidet sind, wurde von der Firma Wamprechtsamer gestiftet.

Weiße Nelke

Die weiße Nelke galt während der Ersten Republik den Christlich-Sozialen als Symbol. Damit unterschieden sie sich deutlich von den Deutschnationalen, die sich zum Kennzeichen die **Kornblume** wählten.

Winzerkrone

Wie alle anderen durften auch die Bauern im Raum Wien bis 1752 ihre Erzeugnisse nur an Geschäfte und Wirtshäuser verkaufen. Die hohe Belastung mit Steuern und die schlechte Ertragslage zwangen sie in diesem Jahr, eine Änderung ihrer Situation von Maria Theresia zu erbitten. Das Ergebnis war die Erlaubnis, unter dem Zeichen des Föhrenbusches ihre Waren selbst und steuerfrei verkaufen zu dürfen. Aus Dank für dieses Zugeständnis fertigten die Winzer der Orte rund um Wien festlich geschmückte Erntedankkronen für ihre Landesherrin. Dieses Buschenschankrecht wurde aber von den Wiener Stadtvätern, denen dadurch Einnahmen entgingen, erfolgreich bekämpft und schon 1756 wieder entzogen. Erst 1784 wurde das Recht durch Joseph II., den Sohn Maria Theresias, abgeändert und erneut in Kraft gesetzt. Die Winzer-krone hat sich bis heute ihren Platz im Brauchtum der Weinbauern erhalten, sie ist am Erntedanktag zentraler, üppiger Dekor.

Wortspende

Deutsche und des Deutschen mächtige Zugereiste in Wien wundern sich über die bei Diskussionsveranstaltungen vom Moderator dem Publikum zu-geteilte *Wortspende.* Eine Wortspende ist nichts als ein Diskussionsbeitrag, der meist als Co-Kommentar ausfällt.

Bräuche, Gebräuche, Gepflogenheiten

Gebräuchlich ist, was man auch als Brauch kennt, was man aus Gewohnheit pflegt. Gebräuchlich ist, was selbstverständlich ist und keiner besonderen oder gesonderten Erklärung bedarf. Es sei denn, das Gebräuchliche wird von außerhalb infrage gestellt. Gebräuchlich ist, was regelmäßig wiederkehrt, was in einer Gemeinschaft zur Gewohnheit geworden ist. Kurz: „Was bei uns so üblich ist." Von Sitte sprach man, wenn der Brauch als moralisch verbindlich galt. Österreichs überlieferte Bräuche sind hauptsächlich katholischer Natur, was der historischen Herrschaft der Habsburger geschuldet ist. Sitten und Gebräuche einst oder Bräuche jeglicher Form in der Gegenwart dienen dem inneren Zusammenhalt einer Gemeinschaft, sie können jedoch auch ausgrenzend gebraucht werden. Es versteht sich beinahe von selbst, dass Bräuche, wie alles, womit der Mensch beschäftigt ist, modischen Trends unterliegen. Die Ausgestaltung ist dabei verschiedenen Einflüssen ausgesetzt und es kommt ebenso vor, dass Bräuche ganz verschwinden. Die Erfahrung hat uns gelehrt, dass aber auch neue entstehen, von denen wir oft gar nicht wissen, wie lange sie halten werden. Ganz so wie es einst mit dem Adventkranz oder Christbaum passierte.

An dieser Stelle werden noch lebendige wie bereits aufgelöste Bräuche, jahrhundertealte und ganz junge Gebräuchlichkeiten sakralen wie profanen Inhaltes aufgeführt.

1. Mai

Der 1. Mai war und ist nicht nur ein Feiertag, den die sozialdemokratische urbane Bevölkerung begeht. Auf dem steirischen Lande, im Bezirk Liezen, kommt es zur *Tagrebell*. Der Begriff ist eine Entlehnung aus dem Militärischen und bedeutet nichts anderes als die Ankündigung des Tages mittels Blasinstrumenten. Die Musikkapellen wecken die Dorfbevölkerung, indem sie ihr den Marsch blasen. Wie lange die Tradition des Tagrebelles besteht, ist nicht ganz auszumachen. Zu vermuten ist aber, dass die 1.-Mai-Tradition mit der in dieser Gegend überwiegenden Arbeiterschaft und deren Gepflogenheit, den internationalen Tag der Arbeit feierlich zu begehen, zusammenhängt.

Adventkranz

Der Adventkranz ist kein christlich liturgisches Accessoire. Er ist dekorativer Bestandteil säkularer wie christlicher Haushalte während der Vorweihnachtszeit. Noch in den 1930er-Jahren war er nicht selbstverständlich in Gebrauch. Bei einer damaligen empirischen Befragung von Volkskundlern im deutschen Sprachraum merkten die Forscher an, dass der Kranz *noch nicht als allgemeiner Volksbrauch bezeichnet* werden könne und man es wahrscheinlich nur mit einer modischen Erscheinung zu tun habe. Erfunden wurde die Dekoration von einem evangelischen Erzieher in Hamburg, um den Kindern die Wartezeit auf das Christkind zu verkürzen. Inzwischen ist er in Kirchen anzutreffen, er hat sich als ein modisches Accessoire bewährt, das einer gewissen bedeutungsvollen Aufladung nicht entbehrt – wie Unrecht sollten die Forscher behalten.

Adventsingen in Salzburg

Ist auch unter dem Namen **Salzburger Adventsingen** bekannt, wurde im Jahr 1946 von Tobi Reiser, einem Pongauer Metzgermeister, Volksmusiker sowie überzeugtem Nationalsozialisten, und dessen Kompagnon, dem Schriftsteller Karl Heinrich Waggerl, erfunden. Veranstalter des Singens ist das Salzburger Heimatwerk. Es findet seit 1960 alljährlich im großen Festspielhaus statt und erzählt als Singspiel die biblische Erzählung von der Geburt Christi. Mittlerweile gehört es zum festen Kulturrepertoire Salzburgs und erfreut sich vor allem wegen seines volkskulturellen Charmes großer internationaler Beliebtheit.

Allerheiligengebäck oder Seelengebäck

Bis ins Jahr 1901 haben die Wiener und Grazer Bäcker dieses bis dahin übliche, auch **Heiligenstriezel** genannte Gebäck an Kunden verteilt. Andernorts in Österreich auch **Seelengebäck** oder von den Fachmännern **Gebildbrot** genannte Backwaren wurden in der Regel nicht verkauft, sondern verschenkt. In Tirol werden die Gebildbrote zum Beispiel vom Paten dem Patenkind beschert. In Hallein wurden sie ehemals **Seelenbrezeln** genannt und den Verstorbenen auf das Grab gehängt, während sie im biedermeierlichen Wien die Bäcker den Kunden schenkten. Im 21. Wiener Bezirk, in Floridsdorf, wurde noch 1924 das Allerheiligenbrot von den Kindern geheischt. Auch in Oberösterreich, im Mühlviertel sowie in Kärnten und im Semmeringgebiet durften arme Kinder am 1. November um ein solches Gebäck bitten.

Almabtrieb

In früheren Zeiten war der Almabtrieb ein von den Sennen und Hirten nach einer oft beschwerlichen Almzeit geradezu herbeigesehnter Termin gewesen, der an keinem festen Datum im Spätsommer stattfand.

Witterungsbedingt und regional verschieden, entscheidet der Senn oder Hirt zusammen mit dem Bauern, dem das Vieh gehört, wann abgetrieben wird. Beim Abtrieb zeigt man, wie der Almsommer verlaufen ist. War dieser erfolgreich, schmückt man das Vieh mit Blumen. Im umgekehrten Fall, wenn eine Kuh oder ein Kalb verunglückt ist, wird das Vieh entweder gar nicht geschmückt oder der Schmuck wird mit einem Trauerflor verhangen. Bevor die Rechte der Hirten und Sennen durch den Sozialstaat geregelt waren, gingen diese in die Häuser der Viehbesitzer, um sich ihren Lohn abzuholen. Der Almabtrieb war einst Teil eines Rechtsvertrages, man gab die „Viecher" für alle sichtbar den Bauern zurück. Noch bis weit in die 1960er-Jahre hinein verteilte man mancherorts zu diesem Anlass Süßspeisen. Die Sennerinnen oder die Hirten und Sennen verschenkten Krapfen oder Eiermehlspeisen nach regionaler Art. Mittlerweile hat sich das Ereignis eines Almabtriebes zu einem folkloristisch-touristischen Fest ausgewachsen. Die Fremdenverkehrsbüros führen die verschiedenen Termine im Veranstaltungskalender. Aktuelle Termine findet man im Internet.

Altausseer Heischebrauch

Am 5. Dezember und am 5. Jänner finden zwei wichtige Brauchtermine statt. An Ersterem wird der *Miglotog*, der Nikolaustag, gehalten und am 5. Jänner gehen am Vormittag Kinder von Haus zu Haus, um den Heischebrauch des Neujahrswünschens zu üben. Heischebräuche sind besondere Bittgänge, die eine Gegengabe beinhalten. Als Dank für ihre Wünsche bekommen sie Süßigkeiten – früher waren es *Glöcklakropfn*, heute ist es meist ein kleiner Geldbetrag – überreicht.

Anklöckeln

Dabei gehen maskierte, manchmal schlicht gekleidete oder auch üppig ausgestattete Gestalten im Tirolischen und Salzburgischen zur Adventzeit bis an Dreikönig von Haus zu Haus. Das Anklöckeln zählt zu den Heischebräuchen. Durch Aufsingen oder Aufsagen von frommen Sprüchen und Segensbotschaften bekommen die verkleideten Figuren eine Gegengabe. Dies können Essen und Trinken, aber auch Geld sein.

Anstrudeln

Ist ein Phänomen der Heurigenkultur. Gegen Bezahlung lässt sich der Heurigenbesucher die gewünschten Musikstücke beim Tisch spielen. Der noch lebende und legendäre Karl Hodina (1935) erzählte unlängst, er könne sich noch erinnern, wie im Bockkeller des Liebhartstales die Musiker unter dem Nussbaum gesessen wären und nicht aufdringlich angestrudelt hätten wie heute.

Antlasseier

In Niederösterreich, Oberösterreich und im Salzburger Lungau werden Eier, die an Gründonnerstag gelegt wurden, „Antlasseier" genannt. Ihnen wird besondere Segenskraft zugeschrieben. Ein Pfarrer weiß 1912 zu berichten, die Oberösterreicher würden die Antlasseier als Schutz gegen Unwetter nutzen. Dazu wurde das Ei *auf die hölzerne Ofenschüssel, die zum „Einschießen" der Brotlaibe diente,* gegeben *und samt der Schüssel auf den Misthaufen* gestellt.

Aschen

Der Aschermittwoch bildet den Auftakt der katholischen Fastenzeit. Dabei kommt es in ganz Österreich in den Kirchen zum Aschen. Im Verlauf des Tages, ab der Frühmesse bis zur Abendmesse, wird den Kirchgängern Asche in Form eines Kreuzes auf das Haupt oder die Stirn gestreut. Dies geschieht zum Zeichen der Erinnerung an die Sterblichkeit des Menschen.

Bildstock

Bildstöcke gehören zur Gattung der Kleindenkmäler. Sie können aus Holz, in Stein gehauen oder aus Mauerwerk sein und stehen vereinzelt in der Landschaft. Auf Bildstöcken befindet sich ein Andachtsbild. Bildstöcke mit Kreuz tragen oft ein kleines Dach. Die Tiroler und die Niederösterreichische Landschaft verfügt über eine besondere Dichte dieser kunstvollen Kleindenkmäler.

Brautstehlen

Der Brauch des Brautstehlens kommt in vielen Regionen Österreichs vor. Dabei löst man die Braut, noch während die Hochzeitsfeier andauert, aus der feiernden Hochzeitsgesellschaft aus. Der Bräutigam muss, um sie wieder zurückzubekommen, der Diebsgesellschaft, die meistens in die Gasthäuser der Gegend geflüchtet und dort anzutreffen ist, die durch diese Trinktour entstandene Zeche bezahlen. Glück bringt es, wenn der Bräutigam es schafft, die Braut auszulösen, noch bevor die Räuberbande von selbst wieder zurückgekommen ist.

Burschenschaftsbrauchtum

Als Burschenschaftsbrauchtum verstand man bis vor wenigen Jahren noch alle jene Bräuche, die nur von Burschen oder jungen Männern ausgeführt wurden. Unsere patriarchalische Gesellschaft bedingt, dass der Großteil der Brauchformen von Männern ausgeübt wird. Die Tradierung dieser Brauchtümer, die Liebe zur Heimat, wie man früher dazu sagte, die Neigung zur Kultur des Eigenen, wurde allerdings eher von den Frauen erledigt. Zu den Burschenbräuchen zählen vor allem Rügebräuche.

In Oberpullendorf im Burgenland zum Beispiel stahlen die Burschen noch in den 1960er-Jahren am Tag vor Weihnachten den Mädchen die Unterwäsche und hängten sie dann am Stefanstag auf einen möglichst hohen Baum. In Niederösterreich wird noch aktuell die *Maigsteige* gelegt. Dabei wird eine Linie vom Haus eines Burschen zu dem eines Mädchens gezogen, die Liebschaft also für alle sichtbar gemacht. Oberösterreich verfügte und verfügt über eine Reihe von Rügebräuchen, bei denen man die nicht gut verstauten Hausgeräte einsammelt und mitten auf dem Dorfplatz stapelt. Die betroffenen Bauern müssen sich dann ihre Geräte zurückholen und gelten als schlampig. In Salzburg wiederum war und ist es üblich, in der Philippinacht, das ist die Nacht auf den 1. Mai, allerlei Schabernack zu treiben. In Innerbraz bei Bludenz wurde in der Silvesternacht *Pößla* aufgeführt. Dabei entwendeten die Burschen Geräte oder Milcheimer und versteckten sie. Nicht selten führten in der Vergangenheit solche Bräuche sogar zu juristischen Auseinandersetzungen, oftmals weil das Ehrgefühl der Betroffenen tief verletzt wurde. Dies mag mit ein Grund für die Auflösungserscheinungen solcher Bräuche sein.

Donauinselfest

Als die Sozialistische Partei Österreichs im Jahr 1983 ein „kulturelles Frühlingsfest" rund um die Floridsdorfer Brücke organisierte, war dies ein derart großes Fest, dass es beibehalten wurde und im Lauf der Jahre und mit zunehmendem Anstieg der Besucher zum dreitägigen Donauinselfest wuchs. Musik aller Genres und aus aller Welt wird den Einwohnern Wiens und Umgebung kostenlos zur Verfügung gestellt. Das Festival findet stets Ende Juni statt, bis auf eine Ausnahme im Jahr der Fußball-Europameisterschaft in Österreich. Damals verlegte man es einmalig in den September. Was als kleines kulturelles Projekt begann, verzeichnet inzwischen auch einen großen wirtschaftlichen Erfolg. Das „rote", von der SPÖ ausgetragene, Donauinselfest hat ein parteipolitisches Gegenüber, das „schwarze" (ÖVP) **Stadtfest**. Die Österreichischen Kommunisten veranstalten ihr Fest im September auf der Jesuitenwiese im Prater – man kennt es vulgo als **Volksstimmefest**.

Dreinagelfreitag

Als Dreinagelfreitag gilt der zweite Freitag nach Ostern in Erinnerung an die Leiden Christi (Einträge in frühe Lexika nennen manchmal auch den dritten Freitag nach Ostern). Es ist das *festum armorum christi*, der Tag, an dem man der Leidenswerkzeuge Christi gedenkt. Zurück geht dieser Gedenktag auf Papst Innozenz VI., der ihn angeblich auf Verlangen Karls IV. eingeführt haben soll. Zu diesem Termin beginnt in Kärnten die Vierbergewallfahrt. Allzu gerne wird diese Rundwallfahrt auf keltische Ursprünge zurückgeführt, was sie weniger für gestandene Katholiken als vielmehr für heidnisch-reaktionär affine Menschen interessant macht. Bereits im 15. Jahrhundert durch einen Eintrag in dem Urbar an St. Helenaberg 1462 belegt ist die Wallfahrt vom Magdalensberg. Diese Form der Volksfrömmigkeit geht auf die seit dem im Spätmittelalter immer größer werdende Bedeutung der Passion Christi zurück. Am Ausgang der Gotik beginnt sich bei der Darstellung der Kreuzigung Christi der Typus der 3 Nägel zu verbreiten. Daher wissen wir, dass der Kult nicht älter sein kann.

Ebenseer Glöcklerlauf

Im Oberösterreichischen Ebensee treffen sich jeweils am 5. Jänner einige Männer, um den Ebenseer Glöcklerlauf aufzuführen. Im Mittelpunkt stehen dabei die Figuren der Glöckler mit ihren gewichtigen Glöcklerkappen sowie den um den Leib gebundenen, ohrenbetäubenden Lärm erzeugenden Kuhglocken. Die Glöckler sind in Gruppen von circa 20 Männer aufgeteilt, die sogenannten *Passen*. Das Glöckeln ist zweifelsfrei ein Heischebrauch, der – wie alle Bräuche rund um Weihnachten und Neujahr – ärmeren Teilen der Gesellschaft zu Zeiten, als es noch keinen Sozialstaat gab, erlaubte, Geld einzusammeln, ohne dafür betteln zu müssen. Vermutlich ist dieser Brauch wie viele andere in der Gegenreformation entstanden. Der Glöcklerlauf diente aufgrund seiner pittoresken und lärmenden Erscheinung als ideale Projektionsfläche für germanophile Brauchdeuter. Diese erzählten, die Brauchgestalten würden das Böse und den Winter vertreiben und ignorierten die Idee der *caritas*, die solchen Bräuchen eingeschrieben ist. Die Ebenseer Glöckler werden auf der Liste des Immateriellen Kulturerbes der UNESCO geführt.

Fasslrutschen

Im Binderstadl in Klosterneuburg, vis-à-vis dem Stift Klosterneuburg, steht das sogenannte 1000-Eimer-Fass. Alljährlich um Leopoldi, dem 15. November, finden sich Jung und Alt aus der Umgebung ein, um in abergläubischem Sinn über das Riesenfass zu rutschen.

Der Brauch soll, so meinen Alt- und Neumystiker, seine Wurzeln im fruchtbringenden Gleiten, in der Hoffnung auf Kindersegen, in der „Mutter Erde" haben. Seriöse Volkskundler führen den Brauch hingegen auf die Zehentabgabe zurück. Die Bauern füllten im Fass den für das Stift abzuliefernden Wein ab. Der Brauch des Rutschens geht ins 19. Jahrhundert zurück. Eine präzise Herkunft ist nicht bestätigt. Lebendig muss das Fest jedenfalls gewesen sein. Als ein gewisser Dorfmeister im Jahr 1884 das Fest besuchte, behielt er in Erinnerung, dass sehr bald große Stimmung aufkam und dieses von *possirlicher Equlibrik eifrigst betriebene[r] Unvermeidlichkeit erfüllt [war]*. Im Archiv der Österreichischen Post findet sich eine Briefmarke vom Mai 2004, auf der das Klosterneuburger Fass abgebildet ist.

Fastenkrippen

Im Zug der Gegenreformation war es durchaus üblich geworden, die meist lese- und schreibunkundigen Bürger am katholischen Glauben lebendig teilhaben zu lassen. Die Volksschauspielkultur blühte auf, die Anschauungsbräuche florierten. Dazu zählen nicht nur Krippen zur Weihnachtszeit, sondern auch Krippen, die vom Leiden und Leben Jesu Christi berichteten. Fastenkrippen standen oftmals in den Kapellen der Kalvarienberge. Die Ausgestaltung der zahlreichen Krippen war je nach Fähigkeiten der Künstler teils sehr anspruchsvoll. Ein besonders beeindruckendes Exemplar ist die Fastenkrippe von Zirl, westlich von Innsbruck, die inzwischen während der Fastenzeit in der Pfarrkirche aufgestellt wird. Zirl war bekannt ob seiner Krippenkunst, die bis an den Beginn des 17. Jahrhunderts zurückführt.

Fastentücher

In ihrer Funktion den Krippen ähnlich, von der Gestaltung jedoch unterschiedlich, berichten Fastentücher in Form von kastenartigen Bildern auf großformatiger Leinwand und bunt koloriert von der Passion Christi. Nach Art einer *Biblia pauperum* (Armenbibel), aber auch zur theologischen Deutung Gebildeter erzählen sie in zahlreichen einzelnen Szenen vom Leiden Jesu. Aufgehängt wurden diese Tücher meistens am Aschermittwoch über dem Hauptaltar. Am Mittwoch vor Gründonnerstag oder am Gründonnerstag wurden sie abgenommen. Fastentücher fanden sich über ganz Österreich verstreut, erhalten sind nicht viele, da sie aus Leinen bestehen und ihre Konservierung sich schwierig gestaltet. Das Volkskundemuseum in Wien verfügt über ein besonders beeindruckendes Stück aus Kärnten aus der ersten Hälfte des 17. Jahrhunderts. Kärnten weist eine besonders hohe Dichte solcher Fastentücher auf.

Flinserl

Das sind pittoreske Gestalten aus dem Ausseer Fasching. Am Faschingsdienstag trifft man auf die bunten, aufwendig geschmückten Figuren, die Süßzeug verteilen. Sie sind Teil des Fasnachtzuges, der alljährlich in Bad Aussee stattfinden. Weitere Figuren sind der *Zacherl* mit seiner Saublosn, seiner Schweineblase, und die Ausseer *Trommelweiber*, Letztere trommeln bereits am Montag durch die Gassen.

Flurumgang

Flurumgänge auf dem Land dienten der Segnung von Grund und Boden. Sie fanden bei besonders großen Nöten wie Dürren oder am Beginn des Jahres, dann wenn man mit den Feldarbeiten beginnen musste, statt. Diese Prozessionen über Feld und Flur unterscheiden sich von einer kirchlichen Prozession durch das Fehlen des Pfarrers. Dieser kann, muss aber nicht dabei sein. Es kann auch ein frommer Laie das Kreuz tragen. Volkskundlich wird der Brauch als synkretistische Praxis gedeutet. Das heißt, dass dort, wo wir es nicht mit ausgewiesenen katholischen Formen zu tun haben, eine Vermischung mit heidnisch-archaischen Elementen möglich ist. Die technozentrische Landwirtschaft der Gegenwart erübrigt jede Form metaphysischer Interpretation. Unwetter, Umweltschäden, Umweltplagen sind weitgehend vorhersehbar oder einfach kausal erklärbar und oftmals auch noch den Bauern zum Trost durch eine Versicherung gedeckt. Der Schwund der Flurumgänge zeigt sehr schön, wie sich die Bindung zwischen einer metaphysischen Glaubenswelt und der realen ländlichen Alltagswelt auflöst.

Frautragen

Unter Frautragen versteht man alle Arten von Prozessionen, bei denen junge, unverheiratete Frauen ein Bild der heiligsten aller Mütter und Frauen, der Gottesmutter Maria, herumtragen. Besonders im salzburgischen Pinzgau und im Bayerischen wird derlei gern ausgeübt. Im Advent, am Namenstag der heiligen Maria, dem 8. September, oder am 15. August, der Himmelfahrt Mariens, kommt dies vor. Marie Andree-Eysn, Österreichs erste Volkskundlerin, schrieb 1910: *In jedem Weiler, jedem Dorfe im Pinzgau ist eine Familie, die eine „Frauentafel" besitzt, ein Madonnenbild, Maria Heimsuchung darstellend, meist ein Ölgemälde des 17. und 18. Jahrhunderts. Solch ein Bild, welches das ganze Jahr über in der besten Kammer im oberen Geschoß des Hauses aufbewahrt war, wird in die Stube herabgebracht und in einer mit Fichtenzweigen und künstlichen Blumen geschmückten Ecke aufgestellt. Spät abends versammeln sich davor die Dorfbewohner, es wird ein Psalter gebetet und „Frauliader" gesungen, dann das Bild auf einer Kraxe (Traggestellt) befestigt und spät in der Nacht, begleitet von fackeltragenden Burschen und Mädchen, Männern und Frauen, unter Gesang frommer Lieder nach dem Gehöft eines wohlhabenden Bauern getragen, zuweilen weit entfernt aber hoch gelegen, wo es freudig erwartet wird. Nachdem es auf seinen vorgerichteten, gezierten Platz gebracht, wiederholen sich Gebet und Lieder; dann werden alle Angekommenen mit Brot und Käse, Schnaps und gedörrtem Obst, „Kuacheln" und Krapfen, je nach den Vermögensverhältnissen des Bauern, bewirtet, und fröhliche, zuweilen aber auch mehr als übermütige Tänze schließen die Feier. Das Bild bleibt bis zur nächsten Nacht, in welcher es in ebensolcher Weise wieder abgeholt und in ein anderes Gehöft gebracht wird, das sich glücklich schätzt, es zu beherbergen, denn wohin es kommt, bringt es Segen, Gedeihen und Fruchtbarkeit.* Noch immer gibt es das Frautragen, allerdings weiß man von keinen weiteren Berichten, bei denen mit Schnaps gefeiert wurde. In Oberösterreich wird dieser Brauch an den Adventtagen noch ausgeübt, vor allem wird dort Wert auf die Teilnahme von Kindern gelegt. Ein verlässlicher Termin ist das Frautragen im Advent in Oberndorf an der Salzach. Die Volksliedforschung verfügt über eine große Auswahl dazupassender Volkslieder.

Fronleichnam oder Prangtag

Prang- oder *heiliger Blutstag* nennt man diesen Termin hierzulande auch. Das Prangen bzw. die **Prangstangen** haben ihre etymologische Herkunft vom deutschen Verb „prangen", das prahlen, prunken, glänzen und großtun bedeutet. Österreichs bekannteste Fronleichnamsprozession findet im Oberösterreichischen Hallstatt statt. Am Fuß des Dachstein, im Salzkammergut gelegen, wird die Prozession auf dem See, auch *Hallstätter Seeprozession* genannt, abgehalten. Seit über 300 Jahren pflegt man den Brauch, der ein stetes Ereignis seit der Gegenreformation ist und von einem Jesuitenpater erfunden wurde. Gefeiert wird die Gegenwart des Leibes Christi. Erstmals erfolgte ein derartiges Begängnis im Lüttich des 13. Jahrhunderts (1264). Der Auslöser für das Zur-Schau-Tragen des Leibes Christi geht auf die Vision einer Nonne, Juliana von Lüttich, zurück. Das Konzil von Trient im 16. Jahrhundert lieferte die endgültige dogmatische Grundlage für dieses bewusst gegenreformatorische Ritual. Am Prangtag werden die schweren, mit Blumen umhüllten Prangstangen aufgestellt, Häuser und Straßen geschmückt, Altäre entlang der Prozessionsroute aufgebaut. Wie so mancher andere katholische Brauch war die frühere Fronleichnamsprozession von allerlei abergläubischem Gebaren begleitet. So sollen die Salzburger einst an diesem Tag geweihte Hostien in die Salzach geworfen haben, um sich damit vor drohenden Überschwemmungen zu schützen. Während der Barockzeit nutzten die von einer ganz eigenen Volksreligiosität durchdrungenen Menschen diesen Tag zur lebhaften Darstellung dessen, was sie für Glauben hielten. Im südtirolischen Bozen beispielsweise sollen an die 100 Prunkgruppen an der Prozession mitgewirkt. Die beeindruckende Hallstätter Fronleichnamsprozession war es der Österreichischen Post wert, mit dem Motiv eine Briefmarke zu gestalten. Im 18. Jahrhundert kam es durch den Aufklärer Joseph II. zum Verbot, Statuen und große Fahnen zu tragen, da er derlei als abergläubischen Unfug und theatralisches Gehabe ansah. 1783 erfolgte ein totales Verbot des Tragens von Statuen. Es mag kurzfristig gewirkt haben, der Fortbestand von Prozessionen mit allem Drum und Dran fand dennoch immer einen Weg, verwirklicht zu werden.

Funkensonntag

Das ist der erste Fastensonntag, an dem in Vorarlberg, in Schwaben und in Südtirol Feuer abgebrannt werden. Im Vorarlbergischen wird die Zeit um den Funkensonntag auch als **Alte Fasnacht** oder **Herrenfasnacht** bezeichnet.

Den *Funken, eine junge Tanne, befördert man an manchen Orten unter Trommelwirbel im Geleite einer Schar jubelnder Knaben auf den Festplatz. Am Wipfel wird eine aus Stroh und alten Kleidern gefertigte Hexe befestigt, der man in die rechte Hand einen Besen und in den Kopf eine Tüchtige Ladung Pulver gibt. Der Stamm des Baumes verschwindet in einer Umhüllung von Stroh und Scheitern, die durch den Sammeleifer der Schuljugend herbeigeschafft wurden.* So wird es in der Landesstudie *Die österreichisch-ungarische Monarchie in Wort und Bild* von 1893 beschrieben. Im Zug der Säkularisierung der Gesellschaft endete die Veranstaltung mit dem Ruf des Mädchennamens, das man gerne erobern mochte, durch die ledigen jungen Männer, von denen bis zum Beginn des 21. Jahrhunderts dieser Brauch ausschließlich augeübt wurde. Die verschiedenen Regionen verwenden unterschiedliche Formen von Holzscheiben (rund oder eckig) oder Strohstößen (Rauten oder Kreuze), die sie dann abbrennen. Zu diesem Ereignis backen die Frauen in Vorarlberg *Küchle*. Über die Jahre haben sich allerlei Deutungen zu Ursache und Herkunft dieses Feuerbrauches entwickelt, ohne dass man eine eindeutige Erklärung gefunden hätte. Der Vorarlbergerische Funkensonntag fand Aufnahme in die Liste des österreichischen Immateriellen Kulturerbes der UNESCO.

Gschnas

Das Gschnas ist ein buntes Kostümfest während des Faschings, bei dem man zur Verkleidung auf die eigentümlichsten Alltagsgegenstände zurückgreift. Besonders im Wienerischen wurde das heftig gelebt. Sigmund Freud fand, dass sich Hysteriker ähnlich verhalten würden wie jene, die sich zum Gschnas herausputzen. In den Dialektwörterbüchern ist der Begriff lange Jahre verzeichnet. Er bedeutete einst wertloses Zeug. Auch Fleischabfälle wurde als „Gschnas" bezeichnet.

Hundstoaranggeln oder Jakobiranggeln

Ist ein Männer- und Almsommerbrauch. Da Österreich im Gegensatz zur Schweiz kaum mehr über solche Brauchformen verfügt, ist dieses Pinzgauer Kräftemessen eine Seltenheit. Die jeweils stärksten Männer treten nach genauen Regeln gegeneinander an. Jener, der den Sieg davonträgt, darf sich ein ganzes Jahr lang als *Hundstoa-Hogmoar* bezeichnen. „Jakobiranggeln" hieß es, solange man die Tage und Sonntage im Kalender noch nach Heiligen benannte. Demnach findet das Jakobiranggeln am 25. Juli statt, dem Tag des heiligen Jakobus oder um diesen Tag herum. Das Jakobiranggeln wurde in die Liste des Immateriellen Kulturerbes der UNESCO aufgenommen. Diese typische Männersportart, bei der das Pinzgauer Jakobiranggeln besonders berühmt ist, gab es auch in Tirol. Es fiel den ersten Alpinreisenden im ausgehenden 18. Jahrhundert derart ins Auge, dass bei den ersten Reisebeschreibungen die Kleidung der Ranggler eigens erwähnt wurde. Der reisende Brite Mr. Shoberl schrieb dazu, die Ringer trügen niemals einen Kragen am Hemd oder gar eine Krawatte. Die Anzahl ihrer Hahnenfedern auf dem Hut entspräche den gewonnenen Kämpfen. Das Jakobiranggeln ist das einzig bedeutende noch erhaltene Ranggeln. Ehedem muss es mehr Anlässe zum Ranggeln gegeben haben, denn noch um 1841 berichtet der Pfleger des Oberpinzgaues, Ignanz von Kürsinger, dass sich an Maria Heimsuchung (2. Juli) alle Ranggler im benachbarten tirolischen Kitzbühel bei der Kapelle zum Jochberg getroffen hätten.

Imster Schemenlauf

Auch diese Brauchform wird in der Liste des Immateriellen Kulturerbes der UNESCO geführt. Die berühmtesten Figuren des Fasnachtsbrauchtreibens, die nicht ohne Einfluss auf benachbarte Fasnachtsspiele blieben, sind *Scheller* und *Roller*. Seit 1683 führen die Imster dieses im Tirolischen *Maschgra* genannte Verkehrte-Welt-Spiel auf. Der Buß- und Wanderprediger Abraham a Sancta Clara (1644–1709) erwähnte bereits in einem Bericht das Imster Schemenlaufen. Bunt, schillernd, glänzend und mit kiloschweren geschnitzten Masken ausgestattet, treiben vorwiegend Männer ihr Unwesen. Der Tiroler Musikwissenschaftler Thomas Nussbaumer erforscht laufend derlei Schauspiele und stellt diese zur Besichtigung jederzeit abrufbar im Internet zur Verfügung.

Kathreintanz

Dieses Tanzereignis hat seinen Namen von der heiligen Katharina. Am 24. November findet alljährlich der letzte Tanz vor der besinnlichen Zeit statt. Das Datum korrespondiert mit dem Kirchenjahr, dem *annus ecclesiasticus*, das ja am ersten Adventsonntag beginnt. Ab Kathrein soll nicht mehr getanzt werden. Im Volksmund sagt man bis heute *Kathrein stellt's Tonzn ein.* Allerorts, wo der Volkstanz gepflegt wird, auch in der Stadt, laden die Volkstanzverbände und bis in die 1980er-Jahre auch die Alpenvereine zum letzten Tanz des Jahres – obwohl im säkularisierten Zeitalter genau genommen inzwischen der letzte und erste Tanz weltweit der Wiener Walzer ist.

Krippenspiele oder Pastorellen

In Wien und anderen Gebieten der Monarchie begannen lange Jahre im Zug der katholischen Bewegung der Gegenreformation am 6. Dezember in den Kirchen die Krippenspiele. Das bekannteste Krippenspiel beziehungsweise Krippentreiben fand in Wien St. Marx statt. In St. Marx auf der Landstraße, *[...] allwo die Weihnachtsmetten so unterhaltlich begangen wird, daß man überall nur von dieser allerliebsten Metten entzücket ist. Allerorts, nur die Geburt des Erlösers recht natürlich vorzustellen, singen nicht nur allein die Vögelein in der Luft, es lässt auch sogar der Engel sein gloria in excelsis erschallen, und damit man es weiß, daß die heilige Geschichte, die man producirt und profanirt, als heiliget und feyert, muß sich auch der arme Nachtwächter hören lassen,* ging es wahrhaftig lebendig zu. Sogar während der Wandlung blies der Dudelsackpfeifer *[...] um das Kindlein allerzärtlichst nach Hirtenart einzuwiegen.* Wallfahrtsähnlich pilgerten Adel und Bürgertum hin, um das lebendige Spektakel hautnah mitzuerleben. Es wurde gevöllert, gesungen und munter drauflos gepfiffen. *Alle Minuten singt ein anderer Vogel, das Zeischen, die lustige Lerche, der Kukuk, es schlägt der blinde Fink, die Nachtigall läßt sich selbst im Winter hören, man möchte meynen, man befände sich in einem Lustgarten, oder angenehmen Aue.* Das Geschehen selber war durchaus dramaturgisch ausgestaltet *[...] heilige Geschichten mit beleuchteten Scenen, Wäldchen, und grotesken Hirtenpuppen, wie auf einem Theater, die Herzogin Genoveva im Walde vorstellet; es geht in den meisten Kirchen nur noch ab, daß das Volk klatschen, und die nicht selten gefürnißte und schlittenpferdemäßig aufgeputzte Sängerin zur Wiederholung ihrer Cantate auffordern dürfte; denn halblaut Bravo, schön he viva, hört man ohnehin schon in dem Munde der meisten Zuhörer,* schildern uns die Stadtschreiber Blümml und Guggitz in den 1920er-Jahren. Diese Hirtenspiele oder *pastorellen* schienen jede Form der andächtigen Frömmigkeit verloren zu haben, sodass es auf den Gebieten der Habsburger Monarchie während des 18. Jahrhunderts kurzzeitig, veranlasst durch Josef II. (1741–1790), zu einem Spielverbot kam. Das Schauspiel rund um die Geburt Christi war über all die Jahre so weit ins

Volk vorgedrungen, dass der szenische Kult für manchen nahezu blasphemisch wirken mochte – was letztlich wohl das Verbot provozierte.

Ländler

Der Ländler ist eine Tanzform, die man im Salzkammergut *(Schleuniger)*, in Oberösterreich und im Rest des Landes in verschiedenen Takten tanzt. Der Ländler bezeichnet aber auch eine Musikgattung. Die Volkstanzbewegung, die ihren Anfang im 19. Jahrhundert nahm, hat viel und umfassend über diese Form des Paar- und Gruppentanzes geforscht.

Leiden-Christi-Singen

Das Leiden-Christi-Singen oder *Ölbergsingen* in Großarl im Pongau des Salzburger Landes findet noch immer an Gründonnerstag und Karfreitag statt. Verheiratete Männer ziehen von abends bis in die frühen Morgenstunden durchs Dorf, um vom Leiden Christi zu erzählen. Ein Bericht über dieses österliche Singspiel aus dem Jahr 1900 erzählt vom Leiden-Christi-Singen in Großarl, an dem um die 18 bis 20 Bauern aus der Umgebung in grünem Raßrock (aus einem Mischgewebe von Schafwolle und Leinen) und Lederhose singen würden, während am Karfreitag die Handwerker des Dorfes von der Passion Christi berichteten. Die berührende Darbietung dieses religiösen Volksschauspiels zu spätabendlicher oder frühmorgendlicher Stunde lässt an katechetischer Wirkung nichts zu wünschen übrig.

Liabstattsonntag

Am 4. Sonntag in der Fastenzeit kam es auf Initiative der Corpus-Christi-Bruderschaft vermutlich im 17. Jahrhundert, von Gmunden/Oberösterreich ausgehend, zu einem Schenkbrauch, um die Armen der Stadt zu verköstigen. Mit der Zeit wurde dies ein allgemeines Brauchtum. Noch immer schenken sich die Oberösterreicher an diesem Tag ein Herz aus Lebkuchenteig.

Lichtbratlmontag

Am Montag nach Michaeli, dem Erntedanktag und 29. September, wird im Oberösterreichischen Bad Ischl der Lichtbratlmontag begangen. Die mündliche Überlieferung zu diesem Brauchtum nimmt an, dass, da nach Michaeli die Tage kürzer würden und man bereits früher (bei Licht) zu arbeiten hatte, Dienstboten einen Braten serviert bekommen hätten. Anzunehmen ist wohl eher, dass am Tag um den Termin des heiligen Erzengels Michael, der als Erntedanktag galt, das Personal aus diesem Grund etwas Besonderes serviert bekam. Sicher weiß man, dass die Handwerksgesellen der Schneider, Tischler, Wagner und Schuster diesen Tag mit einem Mahl begingen, das der Meister bezahlte.

Lungauer Samson

Der Brauch des Samsontragens wird in Österreich ausschließlich im Steirischen und Salzburgischen Lungau aufgeführt. Zwischen Fronleichnam (60 Tage nach Ostern) und dem Frauentag (15. August) tritt eine riesige Gesellschaft seltsamer Figuren in Erscheinung. Diese stehen in Zusammenhang mit der alttestamentarischen Figur des unbändig starken späteren Richters Samson. Der Brauch wurde als katechetisches Schauspiel während der Gegenreformation eingeführt, um den schwankenden oder unkundigen Katholiken anschaulich die biblischen Legenden beizubringen. Die fast sechs Meter große und zig Kilogramm schwere Figur des Riesen, auch *Umgangsriese* genannt, belustigt inzwischen mehr die Menschen, als dass sie zum Nachdenken anregt. Ob dieses vor allem auch touristisch genutzten Volksschauspiels hat das Samsonspiel aus Murau und dem Lungau Aufnahme in die lange Reihe erhaltenswerter Immaterieller Kulturgüter der UNESCO gefunden. Inzwischen ist die Zahl der Samsonumzüge auf 13 angestiegen.

Maibaum

Eine empirische Erhebung nach dem Zweiten Weltkrieg ergab für den Brauch des Maibaumaufstellens eine Grenze, die hinter Schwaz und ganz deutlich ab Kitzbühel in Richtung Osten verläuft. In der Südsteiermark war es der deutsche Schulverein *Südmark*, der in der Zwischenkriegszeit das Maibaumaufstellen förderte. Der Maibaum erlebte einen Aufschwung während des patriotischreaktionären Ständestaates, die NS-Kulturpolitik erhöhte den Maibaum zu einem unwidersprochen deutschen Statussymbol und verordnete dessen Aufstellung im Rahmen der 1.-Mai-Feiern. Die Osttiroler äußerten gegenüber den Forschern nach dem Krieg, dass das Maibaumaufstellen bei ihnen nie gelebt wurde. In Niederösterreich und im nördlichen Burgenland wiederum war es üblich, **Kirchweihbäume** aufzustellen. Man nannte den Baum zwischen 1938 und 1945 Maibaum, vorher und nachher war es der Kirchweihbaum und wurde am jeweiligen Kirchweihtag aufgestellt. Der Baum bezog seinen Namen vom Kirchenpatron. Was zur Folge hatte, dass er *Jakobibaum* hieß oder einfach nur *Kirchtamichl* (am Tag des heiligen Michael). Werden die Maibäume heute in der Nacht auf den 1. Mai im ländlichen Gebiet aufgestellt und wenn sie nicht von den Nachbarn gestohlen werden, noch vor dem Sommer verbrannt, kam es früher auch vor, dass sie oftmals bis um Jakobi (24. Juli) stehen gelassen wurden. Der Brauch des Maibaumstehlens bezog sich in seiner Frühzeit darauf, dass man ihn aus einem fremden Wald stahl, entrindete und von den Mädchen aufputzen ließ. Besonders in Oberösterreich war das Baumstehlen aus fremden Wäldern ein gern geübter Brauch. Und damit es möglichst geräuschlos vonstatten ging, war der Zimmermann aus dem Ort aufgefordert mitzumachen. Dieses Treiben führte nicht selten dazu, dass es Gerichtsakten dazu gibt und Volkskundler vom Gericht als Gutachter hinzugezogen wurden, um danach zu bewerten, ob das Maibaumstehlen oder der Baumraub brauchgemäß sei und demnach straffrei. In der Steiermark führte diese offenbar häufig geübte Praxis letztlich zur Einführung eines freiwillig vereinbarten Sozialdienstes. Die Burschen, die den Baum geklaut hatten, gaben sich zu erkennen und dienten bei der Heuernte oder im Stall die Schuld ab. Im Burgenland wiederum bezahlten sie dann einfach einen Liter Wein. In jenen Gegenden, in denen es üblich ist, den bereits aufgestellten Baum zu stehlen, gilt meistens ein „erlaubtes" Klauzeitfenster. Die einen gewähren nur eine Frist von Mitternacht bis zum Morgenläuten, andere wiederum ermöglichen eine Dreitagesfrist. Andere Brauchpfleger erlauben den Diebstahl nur vom Abend des Baumaufstellens bis Mitternacht.

Mariä Himmelfahrt

Der 15. August ist der höchste Marienfeiertag innerhalb der katholischen Kirche. Es ist der Tag der Himmelfahrt Marias, der Aufnahme der Mutter Jesu in den Himmel. Ein bisschen ist es der Muttertag der katholischen Kirche, die ja keinen individuellen säkularen Muttertag kennt. An diesem Tag finden landesweit die Kräuterweihen statt. Dabei binden die Frauen Kräuter aus dem Garten zu Buschen oder Bündeln, diese werden in der Kirche beim Hochamt geweiht und je nach Region im nächsten Jahr bei Unwetter im Herd verbrannt. Die niederösterreichischen Goldhaubenfrauen begehen an diesem Tag alljährlich ihre Wallfahrt auf den Sonntagberg.

Martiniloben

Martiniloben nennt man im Burgenland den Brauch rund um Martini (11. November), von Weinbauer zu Weinbauer zu gehen und gute Tröpflein, aber vor allem den neuen Wein zu verkosten. Ursprünglich handelte es sich um einen Festschmaus, der vor allem im Burgenland und in Oberösterreich verbreitet war. Auf den Höfen und in den Keuschen war das Loben wichtig. Blieb es aus, bedeutete dies nichts Gutes, einerseits für den Moment, andererseits galt es als schlechtes Omen.

Maultrommeln, Brummeisen oder Fotzhobel

Sind Namen für ein in Österreich traditionell gebräuchliches Musikinstrument. Es gibt sie in leicht veränderter Form nahezu überall auf der Welt. Hugo Wolf (1860–1903), der slowenisch-österreichische Musiker, vermochte das als volkstümlich geltende Instrument zu spielen. Eines der frühesten Bildzeugnisse eines Maultrommelspielers findet sich in der Knafflhandschrift, einer kulturtopografischen Studie eines steiermärkischen Kameralbeamten namens Knaffl aus der ersten Hälfte des 19. Jahrhunderts. In Steyr in Oberösterreich waren an der Wende vom 18. ins 19. Jahrhundert über 80 Brummeisenschmiede tätig. Johann Georg Albrechtsberger (1736–1809) komponierte mehrere Stücke für Brummeisen. Die österreichischen Maultrommler fanden Ende des Jahres 2012 Aufnahme in die Liste des Immateriellen Kulturerbes der UNESCO. Beim in der Zwischenkriegszeit vom Volksmusikforscher Raimund Zoder gegründeten Seitelpfeifertag im Salzkammergut (jeweils am 15. August) traten stets auch Maultrommler auf. Spätestens seither zählt man dieses Instrument zu den typischen Instrumenten Oberösterreichs.

Neujahrs- und Silvesterbräuche

Sie finden rund um den Globus statt. Zu allen Zeiten gab es öffentliche und private Silvester- und Neujahrsriten, diese unterschieden sich je nach Region. Neujahrsbräuche ziehen sich oftmals bis Dreikönig hin. Dies steht in Zusammenhang mit der Herkunft dieses Zeitenwenderitus. Die römischen Kalendenfeste, die seit über 100 Jahre vor Christi Geburt bekannt sind, wurden mit dem Christentum ab dem 4. Jahrhundert verbreitet. Dass wir letztendlich durchgängig im christlich dominierten Abendland den 1. Jänner als verbindlichen Jahreswechseltermin pflegen, hat mit Antonio Pignatelli (1615–1700), seines Zeichens Papst Innozenz XII., zu tun. Er rief im Jahr 1691 dazu auf, künftig den 1. Jänner als allgemein gültigen Jahreswechsel zu feiern. Diese Vereinheitlichung änderte wenig an der grundsätzlichen Praxis bisheriger ritueller Gepflogenheiten und zeigt nur, warum wir zwischen Weihnachten und Dreikönig eine Reihe gnadenbringender, unheilabwehrender oder vorausschauender Bräuche vorfinden. Während sich heutzutage vor allem im urbanen Raum enorme Menschenmassen in den Zentren der Städte zum gemeinsamen Trinken und Essen treffen, gibt es auch kleinere Gruppen, die sich im vertrauten Kreis zusammenfinden. Allen gemeinsam ist die Meinung, ein Übermaß an Essen und Trinken sei Zeichen eines gelungenen Silvesterabends. Die Tische sollen sich biegen, um ja nicht den Anschein von Armut aufkommen zu lassen. Orakel werden beschworen, Los-Bräuche ausgerufen und in bäuerlichen Gegenden achtet man besonders aufs Vieh. Glück, Liebe, aber auch Geld-Beschwörungsformeln waren und sind noch immer beliebte Orakelbräuche. Überall im Land wachsen um den 28. Dezember herum Holzstände aus dem Boden, die abergläubische Symbole verkaufen: vierblättrigen Klee in allen Varianten, rosa Schweine, Rauchfangkehrer, Bleigieß-Sets, goldene Katzen und Fliegenpilze. Die Firma *Manner* verkauft nur an Neujahr ein für Wien typisches Biskuitgebäck: die *Glücksfische*. Man soll den Fisch vom Schwanz ausgehend verputzen, damit das Glück nicht davonschwimmen kann, so tradieren die Wiener diesen Brauch. In großen Teilen Österreichs geht man mit geweihtem Weihrauch durch Haus und Hof, die Patenkinder statten ihren Paten einen Besuch ab, sagen ein Segenssprüchlein auf und bekommen Geld als Gegengabe. In Tirol und der Steiermark finden **Glöcklerumzüge** statt. Quer durch Österreich singt man Silvester- und Neujahrslieder. In Wien grüßt man sich an Neujahr mit einem „Prosit" mit Betonung auf der ersten Silbe, nachdem man sich in der Nacht das Geläut der Pummerin vom Stephansdom angehört hat. Glückwunschkarten und Glückwunschannoncen via Tageszeitungen zu entrichten war noch viele Jahre nach Kriegsende durchaus üblich. Auch *Sylvesterfeiern* annoncierte man noch lange nach dem Zweiten Weltkrieg in den Zeitungen.

Nikolo

In Österreich feiert man den Nikolo, auch wenn er aus ideologischen Gründen – wie schon einmal geschehen – inzwischen aus den städtischen Kindergärten verbannt ist, dennoch nach wie vor. Vermutlich einer der ersten schriftlichen Belege für derlei Treiben in Wien ist von einem englischen Arzt überliefert. Dieser bemerkte während seiner Reisen zwischen 1670 und 1680, dass man den Kindern an Nikolaus Stiefel fülle, darin wären *Thaler von Pappier und Blumen, die verguldet und versilbert seyn, darutner, welche doch kaum eines Pfennigs werth* seien. Diese Art des Schenkens wurde quer durch die gesellschaftlichen Schichten geübt. Der Nikolaustag war der Beschertag in Österreich. Die berühmte Salonière Karoline Pichler schrieb im Jahr 1817, sie beschere *nach der alten österreichischen Sitte am Nikolaustag* statt an Weihnachten. Von Pichler ist in einem Brief ausführlich der Ablauf eines solchen Bescheraktes festgehalten. Wild muss es zugegangen sein, nicht umsonst stellte Joseph II. diese volkskulturellen Bacchanalien ein. Da wurde gepoltert, gebrüllt, gestöhnt, gelacht und dem Personal, den Lakaien und Mägden, haben die Krampusse ihre klirrenden Ketten um den Leib geschlungen. Die Pädagogen der Zeit prangerten diesen Brauch an, weil er für *Fraisen*, Krämpfe, bei Kindern verantwortlich sei. Doch ganz gelang ein Verbot nicht. Mit den Bemühungen, das wilde Nikolotreiben im Zaum zu halten, ging ein Anstieg der Produktion der Zwetschken- und Schokokrampusse einher. Die wilden Gesellen bestanden vor allem *in effigie* – als bildhafter Ausdruck. Getrocknete Zwetschken wurden zu diesem Zweck auf ein Drahtgestell gesteckt. Den Kopf bildete eine Walnuss, eine lange rote Zunge wurde angeklebt und ein Kettchen an der Hand befestigt. Fertig war die friedliche Gabe. Noch immer kann man *Zwetschkenkramperl* kaufen.

In Wien fanden am Ausgang des 19. Jahrhunderts am Hof alljährlich Nikolomärkte statt. Am 6. Dezember war der Andrang besonders groß und auch die *eleganten Zuckerbäcker* der Innenstadt, so die Zeitung *Das Vaterland*, wurden dabei gern besucht. Im 20. Jahrhundert kam es dann österreichweit zu Nikolokränzchen. Die Firma Meinl ließ 1960 ein Plakat mit *Gruß vom Nikolo und Krampus* entwerfen, auf dem der Krampus den berühmten Mohrenhut, das Kennzeichen Julius Meinls, trägt.

Palmbuschen, Palmweihe

Österreich hat von Ost bis West eine reiche Tradition an verschieden gestalteten Palmbuschen aufzuweisen. Am Palmsonntag werden die Palmbuschen, die oftmals einige Tage vorher geschnitten und eingewässert werden, damit die Palmkätzchen aufblühen, auf prächtige oder auch schlichte Weise gebunden, um sie in der Kirche zur Weihe zu bringen. Es ist eine eindeutig christliche Tradition, die an den Einzug Jesu in Jerusalem erinnern soll und die seit dem 9. Jahrhundert belegt ist. Je nach Region werden in den Buschen oder gebundenen Sträußen Buchsbaum, Eichenlaub, Seidelbast, Wacholder, Goldrutenkraut, Weberkarde eingebunden. Mit den während des Hochamtes am Palmsonntag geweihten Buschen holen sich Christen göttlichen Segen ins Haus.

Palmeselumzug

Im Dorf Thaur in der Nähe von Innsbruck findet seit nunmehr über 200 Jahren alljährlich am Palmsonntag die *Palmeselprozession* statt. Beim Umzug nach der Palmweihe werden von den Kindern kunstvoll gebundene **Palmbuschen**, Palmgabeln, Palmstangen und viele kleine, aus Holz geschnitzte *Eselen* – Miniaturausgaben des Palmesels – mitgetragen. Im Mittelpunkt des Geschehens steht aber der **Thaurer Palmesel**: Eine fast lebensgroße Christusfigur sitzt auf einem aus Holz geschnitzten Esel. Dieser ist auf einem vierrädrigen, niedrigen Wagen befestigt. In der linken Hand hält die Christusfigur einen Ölzweig, die rechte Hand ist segnend erhoben. Die Gliedmaßen der aus dem Jahr 1772 stammenden Figur sind beweglich. Die Christusfigur ist mit einem langen roten Gewand bekleidet und wird von einem weiten scharlachroten Mantel umhüllt.
Mancherorts nennt man jene Person, die am Palmsonntag als Letzte aus den Federn kommt, Palmesel.

Percht

Percht oder Plural **Perchten** sind maskierte Gestalten, die ausschließlich an brauchgebundenen Terminen im Salzburgischen auftreten. Man unterscheidet *schöne* und *schiache* Perchten sowie *Schnabelprechten*. Im Pongau, Bad Gastein, St. Johann, Bischofshofen, Rauris und an vielen weiteren Orten im Salzburger Land treten entweder am Tag des heiligen Nikolaus, dem 6. Dezember, oder verteilt während der Adventzeit bis ins neue Jahr hinein diese beeindruckenden Figuren in Erscheinung. Hinter den kiloschweren Masken mit ihrem imposanten Aufbau verbergen sich stets Männer bzw. unverheiratete Burschen. Die Liste mythologischer Auslegungen zu diesem Brauch ist lang. Vor allem NS-ideologische Deuter haben allerlei dämonisch-kultische Interpretationen vorgenommen. Dabei sind die Masken nichts anderes als katechetische Figuren, die der erzieherischen und moralischen Unterweisung – manche heißen deswegen auch *Kinderschreck* – dienten und gleichsam den Unterhaltungswert steigerten. Was bei den Forschungen kaum berücksichtig wird: Derlei Inszenierungen lassen die freie Zeit im dunklen Winter kurzweilig werden. Die Perchten, die in den Winternächten von Haus zu Haus ziehen, ihre Segenssprüche aufsagen und dafür eine kleine Gegengabe bekommen, sind klassische Heischefiguren. Allein dass solche Gestalten fromme und segensreiche Wünsche aussprechen, zeigt ihre moralisch intendierte Herkunft beziehungsweise ihre Verschmelzung mit christlichen Lehren. Auf dem sechsten Reichsbauerntag in Goslar nahm die Elite der NS-Politik mit Reichsminister Walter Darré vom Reichsnährstand, beeindruckt von so viel Exotik, an der Aufführung eines Salzburger Perchtentanzes teil. Während dieser Zeit wurden alle Bräuche rund um den Nikolaus als heidnisch-archaische Geistervertreibungsszenarien interpretiert.

Preberschießen oder Barthlmäschießen

Um den Tag des heiligen Bartholomäus, am 24. August, findet in Tamsweg im Lungau seit 1834 das Preberschießen statt. Benannt ist es nach dem Hausberg Preber. Am letzten Augustwochenende trifft sich dort, was schießen kann. Das Preberschießen ist aber kein gewöhnliches Schützenfest. Es gilt, die Kugel im richtigen Einschlagwinkel zunächst auf das Wasser auszurichten. Durch die besondere Beschaffenheit des Seewassers, es ist etwas dichter, und bei richtigem Aufschlagwinkel der Kugel prallt diese an der Wasseroberfläche ab und soll die Zielscheiben am Ufer treffen.

Rosswallfahrt in Niederösterreich

Im Jahr 2013 fand am kleinen Leopolditag (15. Februar) die zweite Niederösterreichische Rosswallfahrt mit einer eigens zu diesem Zweck erfundenen *Reit- und Fahrtracht* statt. Anders als der große Leopolditag am 15. November erinnert der 15. Februar an die Erhebung der Gebeine des Markgrafen Leopold. Im Ort Klausen-Leopoldsdorf weihten die angesiedelten Holzknechte im 18. Jahrhundert ihre schlichte Kapelle dem heiligen Leopold.

Schleicherlaufen Telfs

Die Marktgemeinde Telfs (Tirol), am Fuß der Hohen Munde (2 661 m), gibt sich modern. Dennoch hängt der Ort sehr an seiner bewegten Geschichte, an seiner alten Tradition, an seinem überlieferten Brauchtum. Lebendige Fasnachten ähnlicher Art und Größe, bei denen 400 bis 500 Männer aktiv, aber noch mehr fleißige Helfer im Hintergrund in das Geschehen einbezogen sind, gibt es nur mehr wenige. Der Unterschied zwischen der Telfer Fasnacht und den anderen großen Tiroler Fasnachten besteht vor allem in den Gruppen der *Schleicher* und der *Wilden*, die das Kernstück dieses örtlichen Brauchtums bilden und von denen Erstere dem Spektakel den Namen gaben. Über Ursprung und Hintergrund des alle fünf Jahre stattfindenden Telfer Schleicherlaufens gibt es mangels eindeutiger Quellen widersprüchliche Mutmaßungen: Zum einen werden gerne in all diesen Fasnachten vorchristliche Wurzeln alter Fruchtbarkeitsrituale, der Beschwörung von Totengeistern oder eines Frühlingskultes zur Winteraustreibung und Ähnliches vermutet, allerdings ohne Quellenlage. Andere Meinungen, die mehr zum *Mythos der Maske als Mittel der Überbrückung gesellschaftlicher und moralischer Schranken*, also einem gesellschaftlichen Spiel tendieren, siedeln die Entstehung der Fasnachtsbräuche, mithilfe derer die Landbevölkerung höfische Feste nachzuahmen und zu parodieren trachtete, im Spätmittelalter an.

Sebastiansprozession

Sebastiansprozessionen kamen vor allem in Zeiten von Seuchen auf. In Zirl in Tirol findet die seit dem 17. Jahrhundert gehaltene Prozession zur Geistbühelkapelle, die den Heiligen Sebastian, Blasius und Rochus geweiht ist, statt. Während jener Zeiten, in denen man versuchte, das volkstümliche

Frömmigkeitsbrauchtum abzuschaffen, waren es stets die Tiroler Schützen, die sich für die Aufrechterhaltung der Sebastiansprozession einsetzten, und so ist es immer noch. Die Sage zur Errichtung der Kapelle und der Prozession beschreibt, dass ein Geist einem Tiroler zugeflüstert haben soll, man möge nur bestimmte Kräuter, Kranebitt und Bibernell, essen, dann käme der Tod nicht so schnell. Und tatsächlich soll sich danach die Zahl der Erkrankungen vermindert haben.

Sonnwendfeuer

Die Sonnwendfeuer werden gegenwärtig im Juni im Salzburgischen und im niederösterreichischen Wein- und Waldviertel abgebrannt. Bevor sie von deutschnational Gesinnten zu Sonnwendfeuern ausgerufen wurden, nannte man sie *Johannisfeuer*. Noch im Jahr 1913 schreibt ein Salzburger Volkskundler, am Vorabend des Johannestages (24. Juni) würden über Berg und Land allseits Feuer abgebrannt und die Bezeichnung „Sonnwendfeuer" sei kaum gebräuchlich. Bis ins Baltische und den hohen Norden brannten die Johannisfeuer. Die zurückgebliebene Asche diente dem Segen von Haus und Vieh. Mit zunehmender Germanisierung während der 1920er-Jahre kam es zur Umbenennung. Auch der Tag des Abrennens wurde vom 24. Juni, der Geburt des heiligen Johannes des Täufers, auf den 21. Juni, dem Tag der Sonnenwende, gelegt, um sich vom Katholischen zu distanzieren. Wie bei vielen Bräuchen ist auch dieser ein synkretistischer Brauch, dessen Ursachen sich auf mehrere Kulturpraktiken zurückführen lassen. Von Aufklärern als abergläubische Sitte abgestraft, erfolgte mit Oktober 1788 ein Verbot, das offensichtlich wirkungslos blieb. Noch heute brennen rund um die Sommersonnenwende zahlreiche Sonnwendfeuer.

Stadtfest

Das Wiener Stadtfest geht auf eine Initiative der jungen Wiener ÖVP in der Person Erhard Buseks des Jahres 1978 zurück. Das Stadtfest verstand sich von der ersten Stunde an als politisches Gegenfest zum 1.-Mai-Aufmarsch der Sozialdemokraten, was dazu führte, dass es terminlich stets Ende Juni (mit Ausnahme des 25-Jahr-Jubiläums des Staatsvertrages 1980) oder unmittelbar nach dem 1. Mai stattfindet. Die Planer des Festes streben ein Generalthema an, unter diesen findet sich dann Platz für alle Künste und Kulturen. Das

Thema des ersten Stadtfestes lautete *Circus* und fand am 29. April 1978 rund um den Hof in der Wiener Innenstadt statt. Kein Geringerer als Gottfried Helnwein konnte zur Plakatgestaltung gewonnen werden.

Sternsingen

Dreikönigsumzüge, Dreikönigsspiele und auch das Dreikönigssingen bereicherten das christliche Brauchtum über die Jahrhunderte hinweg. Von diesen verschiedenen Bräuchen ist lediglich das **Dreikönigssingen**, besser bekannt als Sternsingen, bis in die Gegenwart erhalten geblieben. Die überaus wichtige Stellung, die die Heiligen Drei Könige im religiösen Leben der Menschen einnahmen, kommt in Legenden und auch im Sternsingen zum Ausdruck. Das Dreikönigssingen ist nach einigen Theorien ein eigenständiger Brauch aus dem 16. Jahrhundert. Wahrscheinlich wurde das schon früher übliche Neujahrssingen zum Dreikönigssingen umfunktioniert. Drei als Könige verkleidete Schüler, meist in Begleitung eines Lehrers, zogen durch die Gassen der Dörfer und von Haus zu Haus und baten um eine Gabe. Die wichtigsten Requisiten, der Stern und die Kronen auf den Häuptern der Könige, durften niemals fehlen. Nicht zu allen Zeiten fand das Dreikönigssingen ungeteilten Beifall. Der Brauch wurde oft in Misskredit gebracht, verboten oder nur mit Sondergenehmigungen gestattet. All diese Schwierigkeiten und auch das Gedankengut der Aufklärung, das den Faden so mancher Überlieferung abschnitt, konnten das Dreikönigssingen nicht zum Erliegen bringen. Bis in unser Jahrhundert überlebte das Sternsingen die politischen und gesellschaftlichen Umwälzungen. In Österreich ziehen inzwischen über 70 000 Kinder von Haus zu Haus, verkünden mit ihren Liedern die Botschaft von der Geburt Jesu und sammeln Spenden für notleidende Menschen in anderen Teilen der Welt. Die Österreichische Post hat zu den frommen Königen eine Briefmarke ausgegeben. Sie zeigt eine Sternsingergruppe aus dem Burgenland. Das Sternsingen galt dort und überhaupt im Osten Österreichs lange Zeit auch als Schenktermin. Die Reichspost vom 6. Jänner 1934 verzeichnet eine Annonce der Österreichischen Versicherungsanstalt, in der es heißt: *Die drei Weisen aus dem Morgenlande brachten sinnige Gaben ihrer Zeit. Seither besteht der Brauch, den Dreikönigstag durch Geschenke zu feiern. Wer heute etwas bleibend Wertvolles schenken will, der erwirbt eine Lebenspolizze bei der Versicherungsanstalt der Österreichischen Bundesländer.* Aus dem Burgenland kennen wir auch einen

Bericht aus dem Jahr 1934, der auf den Heische-Charakter dieses Brauches verweist und der von „Zigeunerkindern" berichtet, die verkleidet als die Heiligen Drei Könige von Haus zu Haus ziehen und beschenkt werden, ohne dabei wie sonst üblich, der Tür verwiesen zu werden. *Die Bevölkerung hat vor den heiligen drei Königen soviel Respekt, daß sie überall eingelassen werden, ihr Spiel mit Gesang beginnen können, und daß sie dann mit Gaben beschenkt weiterziehen.* Das Dreikönigssingen ist ein aus christlicher Erzähltradition entsprungener Brauch, der aufgrund seiner Bindung an die Idee der *caritas*, der Nächstenliebe, half, soziale Ungleichheiten in Zeiten eines mangelnden Sozialsystems kurzzeitig zu mildern.

Steyrer Kripperl

Steyr in Oberösterreich verfügt über ein Stabpuppentheater, das in insgesamt 21 Szenen mit um die 450 Stabpuppen die Geschichte der Geburt Jesu zur Aufführung bringt. Seit dem 19. Jahrhundert kennt man in der Gegend das Krippenspiel, dessen Szenen üppig mit Figuren aus dem ländlichen Alltagsleben ausgeschmückt sind. Nicht nur für die Theatergeschichte, auch für die Volksliedforschung ist dieses Puppenspiel von Bedeutung.

Tiroler Fasnacht

Tirols Fasnachttreiben ist bunt und vielfältig, nachgerade weil Tirol manifest katholisch war. Zu diesem aufwendigen Treiben gehören die Nassereither Fasnacht, die Fasnacht in Weer mit ihren Figuren der *Wuller* und *Schellenschlager* sowie der **Telfer Schleicherlauf**, um die bekanntesten zu nennen. Die wichtigsten Fasnachtstermine sind im Internet zu finden, da sie sich sehr gut mit dem Trend zum folkloristischen Eventbedürfnis verbinden lassen. In Tirol wird die Fasnacht *Maschgra* genannt.

Totensemmel oder Konduktsemmel

In Oberösterreich (Mühlviertel) wird Totensemmel oder Konduktsemmel genannt, was andernorts der Trunk (Tirol) oder der Leichen- bzw. Totenschmaus ist. Das nach dem Leichenbegängnis von den Angehörigen ausgegebene Essen, Rindfleisch mit Semmelkren, wird auch mit einer Semmel gereicht, die allerdings größer als die alltägliche Semmel und mit Anis gewürzt ist. Zu Zeiten der BSE-Krise wechselte man vom Rindfleisch zum Schweinsbraten.

Tresterer

Die Pinzgauer und Pongauer Tresterer gehören zu den schönen Perchtenfiguren. Bereits im Kronprinzenwerk des Bandes *Oberösterreich und Salzburg* des Jahres 1889 findet sich eine Fotografie zu diesen Figuren. Sie waren Gegenstand der Forschung, vor allem deutsch-affine Forscher meinten, darin einen archaisch-kultischen Tanz zu erkennen. Auf ihrem Kopf tragen die Tresterer einen Strohhut, der auch *Pinzgerer* genannt wurde. Dieser wiederum ist mit Hahnenfedern und bunten Bändern geschmückt. Eine Volkskundlerin der ersten Stunde meinte, die Zier dieser Gestalten erinnere an Indianerschmuck. Die Tresterer waren über die Gebietsgrenzen hinaus bekannt, was dazu führte, dass sie auch außerhalb der eigenen Dörfer (in Hallein oder in Salzburg) Aufführungen gaben. Das Trestern verlor jedoch an Popularität und so wird berichtet, dass in St. Johann im Pongau der letzte Tresterertanz 1902 stattgefunden habe. In anderen Gegenden wie Flachau, Radstadt, Schladming gar schon um 1850. Eine topografische Beschreibung, die der Verfasser und Pfleger von Mittersill, Ignaz von Kürsinger, Erzherzog Johann gewidmet hat, hält diesen Tanz und andere Volksbelustigungen aus der Zeit um 1841 eben als Vergnügungen der Einheimischen fest. Der Begeisterung eines nationalsozialistischen Forschers ist die Wiederbelebung des Brauches mitsamt seiner spekulativen kultischen Auslegung bis heute geschuldet.

Trommelweiber

Sie sind Teil des Faschingstreibens im steirischen Bad Aussee. Als ganz in Weiß gekleidete Frauen trommeln in Wirklichkeit Männer am Faschingsmontag durch die Gassen. Die Trommelweiber sind wie üblich in patriarchalischen Gesellschaften camouflierte Männer, deren Ritual es ist, sich eines Eides zu bedienen, um die Brauchordnung ja aufrechterhalten zu können. Sie trommeln beziehungsweise lärmen, um möglichst viel Aufmerksamkeit zu erregen.

Volksstimmefest

So nennt sich das alljährlich auf der Prater Jesuitenwiese stattfindende Fest
der österreichischen Kommunisten, wo im Jahr 1938 die Trachtenpärchen für
Adolf Hitler tanzten. Seinen Namen hat es vom Monatsorgan der Partei, der
Volksstimme, und die Partei bezeichnet das Volksstimmefest als *Pressefest* der
Zeitung. Bei seiner ersten Veranstaltung im Jahr 1946 traf man sich allerdings
im Praterstadion. Das Fest steht all die Jahre im Zeichen internationaler So-
lidarität und ist deutlich stärker politisch agitatorisch als die vergleichbaren
öffentlichen Feste der SPÖ und ÖVP. 1962 wurde das kulturpolitische Fest
um einen anziehungskräftigen Sportteil erweitert und so kam es, dass ungarische und russische Sportler in den Disziplinen Boxen, Judo und Gewicht-
heben brillierten. Mit der Idee *Linkes Wort* setzten damals noch nur Insidern
bekannte Literaten wie Peter Turrini, Erich Fried, Gerhard Ruiss, Helmut
Zenker, Elfriede Jelinek mit Lesungen Akzente. Das Volksstimmefest zieht
sich über zwei Tage hin, es wird wie die anderen beiden Feste, das **Donauinselfest** und das **Stadtfest**, mit öffentlichen Mitteln unterstützt. Eingestellt
wurde die Zeitung *Volksstimme* im Jahr 1990. Geblieben ist das Fest, das bis
auf eine einmalige Unterbrechung im Jahr 2004 – damals strich die Stadt
Wien die Subvention, was umgehend Proteste auslöste – noch immer stattfindet. Es ist ein von kommerzieller Professionalisierung weitgehend verschont
gebliebenes kleines Wiener Exotikum, das einen Besuch lohnt.

Zachäussingen

Beeindruckend und ein kulturelles Kleinod ist das jährliche Zachäussingen
am dritten Sonntag im Oktober in Zirl, in der Nähe von Innsbruck. Noch vor
Sonnenaufgang verlassen die Dörfler ihre Betten, um den Kirchweihsonntag
vom Kirchturm aus mit dem Zachäuslied einzusingen. Das Lied ist in den
Zwanzigerjahren des 18. Jahrhunderts vom Frühmesser Georg Kranewitter
verfasst worden.

Dirndl, Tracht und Mode

Kleidung ist seit der Zeit der Entstehung nationaler Eigenheiten im 18. und 19. Jahrhundert Ausdruck nationaler Charaktere. Das Standardwerk zur Österreichischen Identität, das sogenannte *Kronprinzenwerk,* zeigt sehr deutlich, wie unter Zuhilfenahme der Beschreibung und Abbildung von Tracht mentale Eigenschaften aufgezeigt werden sollen. Diese Absicht hat sich wunderbar tradiert und sie wird noch gegenwärtig genau in diesem Sinn genutzt. Tracht und Dirndl dienen noch immer dazu, ethnische oder kulturelle Zugehörigkeit zu markieren, was aufgrund fortschreitender Demokratisierung mehr und mehr infrage gestellt wird. Tracht und Dirndl sind genauso wie Essen und Trinken gesellschaftliches Spiel geworden. Einen ersten spielerischen Dirndltrend gab es während der 1920er-Jahre mit der Entstehungszeit der Salzburger Festspiele. Während des Nationalsozialismus legte man besonderes Augenmerk auf Tracht und Dirndl. Damals war es nicht erlaubt, dass Jüdinnen ein Dirndl trugen. Trachten und Dirndln wurden von der ambitionierten NS-Frau Gertraud Pesendorfer neu entworfen. Dadurch wurde dieses Kleidungsstück hochpolitisch, aber auch von seiner früheren Schwere, die durch das Wickeln, Faschen von Stoffen entstanden war, befreit. Es kam zur Einführung einer leicht erotischen Linie, die Taille wurde betont und die braven, reinen weißen Blusen auch für die Tracht als Reglement eingeführt. Es kam zur Ablösung der überwiegend rot gestrickten Strümpfe und zur Kreation neuer Trachtenregionen. Die Hüte wurden dort, wo es sie bereits gab, belassen, jedoch nicht erneuert. Es entstand ein strenges Dirndl- und Trachtendiktat, das immer noch aufrechterhalten wird. Dieses beinhaltet eine ordentliche Frisur, eine gewisse Länge der Schürze im Verhältnis zur Rocklänge, einheimische Materialien und keine lackierten Nägel oder Make-up. Im Zug dieses Trends entstanden ganze Landschaften, die in sogenannten Trachtenmappen (Salzburg, Oberösterreich) ihren Niederschlag fanden und über Vereine verbreitet wurden und werden.

Mittlerweile haben sich auch Designer des guten nationalen Stückes angenommen. Herausgekommen ist eine Reihe schöner, verspielter und auch kitschiger Exponate. Die Demokratisierung der Gesellschaft brachte es mit sich, dass Tracht und Dirndl auch beim Essensdiscounter zu bekommen sind. Derart vom Diktat befreit wird Dirndl-Tragen zum Spiel. In diesem Abschnitt werden einige wichtige Firmen, Materialien, Produkte und Details rund um die österreichische Kleiderkultur angeschnitten.

Adlmüller

Fred Wilhelm Adlmüller, geboren in Augsburg im Jahr 1909, war Österreichs erster Modezar mit einem Modesalon in der Kärntner Straße. Er begann seine Karriere als Kochlehrling im *Hotel Vier Jahreszeiten* in München. Im Spätherbst des Jahres 1929 ging er, ausgestattet mit seinen Ersparnissen, nach Wien, wo er bei der Firma *Ludwig Zwieback & Bruder* in der Kärntner Straße in der Herrenabteilung als Verkäufer arbeitete. Nach nur einem Jahr wechselte Adlmüller zu *Tailors, Stone & Blyth*, einem vornehmen Sportmodengeschäft. Ab diesem Zeitpunkt stand die Modelaufbahn des ehemaligen Kochlehrlings fest. Adlmüller entwarf Kostüme für Opernaufführungen an der Staatsoper in Wien, an der Deutschen Oper am Rhein in Düsseldorf, für das National-theater in München und die MET in New York. Der engagierte junge Mann brachte das Geschäft der Familie Sass, denen *Tailors, Stone & Blyth* gehörte, über die Kriegsjahre, während die Eigentümerfamilie es schafft, nach London zu emigrieren. Nach dem Krieg führte Adelmüller das Geschäft gemeinsam mit dem nach Wien zurückgekehrten Ehepaar weiter, bis er 1950 gegen eine Leibrente für die Eheleute das Geschäft ganz übernahm. Bereits während der Kriegsjahre und auch danach schaffte es Adlmüller stets, die Prominenz aus Kultur, Wirtschaft und Gesellschaft angemessen zu kleiden. Sein Salon in der Wiener Innenstadt, Kärntner Straße, war zu all diesen Zeiten ein vor-nehmer Ort für stilbewusste Menschen. Romy Schneider, Anneliese Rothen-berger, Eliette von Karajan, die Baronin von Thyssen, Fürstin Gracia Patricia von Monaco, Thailands Königin Sirikit, Hilde Güden und noch viele mehr gaben viel, um von Adlmüller eingekleidet zu werden und sein Salonleben zu genießen. Er war als erster österreichischer Nachkriegsdesigner ein Aushän-geschild für die neue Nation.

Arbeitertrachtenverein

Die Mär, dass nur Bauern Tracht tragen und volkstanzen würden, haben die Nationalsozialisten nachhaltig in Umlauf gebracht. Noch im Jahr 1932 veran-staltete der Arbeitertrachtenverein auf dem Wiener Rathausplatz ein Schau-tanzen österreichischer Volkstänze. Während der 1930er-Jahre wurden diese Vereine von der reaktionär-konservativen Regierung aufgelöst.

Babuschn, Puschn

Was im Unterinntal und im Pinzgau die **Doggln**, sind in der Umgebung von Wien die Puschn, die Hausschuhe. Aus dem Türkischen über das tschechische *paupuc* ist der Begriff ins Wienerische eingewandert.

Bodensee-Radhaube

Diese Kopfbedeckung für Frauen gehört zum Typus der Goldhauben. Sie wird in der Region Feldkirch getragen und fällt durch ihre besondere Art der Herstellung auf, sie wird mit Laméspitze, einem Fadengewebe, der sogenannten Seele, das mit goldenen oder silbernen Drähten ummantelt ist, hergestellt. Im Zug der Demokratisierung der Gesellschaft erlaubten sich die Bürgersfrauen Materialien, die ansonsten nur bei Hof Anwendung fanden, diese schillernde Kopfbedeckung im 19. Jahrhundert zum Repräsentieren zu nutzen. Stilistische Anlehnungen kommen aus der Rokokomode. Was im Osten Österreichs nicht überall bekannt ist, ist die Tatsache, dass Vorarlberg Österreichs frühestes Textilzentrum war und daher mit edlen Rohstoffen umzugehen wusste. Die habsburgischen Vorlande, und dazu zählte das Gebiet Vorarlberg, wurden bereits im 18. Jahrhundert durch ein Importverbot von Schweizerischen Tüchern geschützt und den Mühlhausner Tuchhändlern war nicht erlaubt, auf den vorländischen Märkten ihre Ware anzubieten, was zu beträchtlichem Reichtum in der Region führte, der seinen Ausdruck auch in dieser Haube fand. Die Bodensee-Radhaube wurde ob ihrer edlen Arbeitsweise in die Liste der Immateriellen Kulturgüter der UNESCO aufgenommen.

Dirndl

Das Dirndl wurde in den 1930er-Jahren auch *Dirndel* geschrieben und war damals selbstverständlicher Teil der Sommertoilette. Es unterscheidet sich von der Tracht darin, dass es aus weniger schweren Stoffen gefertigt ist und zeitgleich mit der Mode, Sommerfrischen zu begehen, in Erscheinung trat. Eine internationale Frisurenzeitschrift aus dem Wien dieser Jahre zeigt die gängige Praxis der Städterinnen, bei ihren Landausflügen Dirndl zu tragen. Ausgehend von Salzburg und dem Sportbekleidungsverkäufer *Lanz*, eroberte das *Dirndlgwand* in der Tat die Welt und kam während der sommerlichen Salzburger Festspiele wieder zurück nach Österreich. Amerikanerinnen, Engländerinnen,

Französinnen und selbstredend Jüdinnen trugen diese Mode. Das Frisuren-magazin schreibt im Sommer 1936, das gute Stück gefiele den Gästen *so sehr, daß ihr erster Weg meist in einer der Läden zu führen pflegt, den man als Eng-länderin oder Französin betritt, um ihn als „Tyrolienne" zu verlassen.* Selbst ein katholisches Mädchenjournal lieferte Schnittzeichnungen für die, wie ge-schrieben wird, *jetzt so beliebten und praktischen Dirndlkostüme, z. B. Kärntner-, Tiroler, SteirerDirndl.* Die Dirndln dieser Mode unterlagen keinem strengen Diktat. Ein solches führte erst die Reichsbeauftragte für das Trachtwesen im NS-Staat, die Innsbruckerin Gertraud Pesendorfer, ein. Mit ihr setzte sich ein Programm durch, das das Dirndl als nicht authentisch ansah. *Nicht auf Echtheit und Durchbildung der Form, wie es der trachtentreue Stil* täte, wäre das Dirndl aus, da vor allem jüdische Geschäfte derlei Mode als *echt* verkauften. Das bis dahin international getragene Dirndl war nunmehr nur für die deutsche Frau vorgesehen. Rechnung trug man dieser Idee, indem man kurzerhand die *volks-echte Ostmark-Tracht* entwarf, die in Form und Fasson dem damals getragenen *jüdisch-modernen* Dirndl sehr ähnlich war. Heute setzt man das Dirndl zur fol-kloristischen Gaukelei bei allerlei traditionellen und frisch erfundenen Festivi-täten ein. Die Österreichische Post eröffnete mit 23. August 2013 eine Serie *Klassische Trachten – eine Reihe also, die Traditionalismus, Heimatverbundenheit, Mode und Alltag in zeitgemäßer Interpretation und dementsprechender Bildsprache auf interessante Weise verbindet,* die mit einem Gmunder Dirndl beginnt. Dirndl heißt auch die Kornelkirsche *(comus mas),* die in den Gärten neuen Aufwind bekommen hat.

Dirndlgwandsonntag

Das Land Niederösterreich legt sehr viel Wert auf die Pflege der Volkskul-tur. Dies führte dazu, dass die Volkskultur Niederösterreich, auch „Kultur. Region.Niederösterreich GmbH" genannt, im Jahr 2009 erstmals unter dem Motto *Dirndlgwandsonntag* dazu aufrief, im ganzen Land zum Zeichen der Gemeinsamkeit in Dirndl oder Tracht zur Kirche zu gehen. Die Initiative ist sehr erfolgreich. Sie wird sowohl von der katholischen wie der evange-lischen Gemeinde getragen. Der Dirndlgwandsonntag findet immer rund um den 13. September statt. Das ist der Tag der Tiroler Gesindeheiligen Not-burga, die auf Votivbildern stets in Tracht abgebildet wurde, den man hier zur Findung des Termines und als traditionelle Anknüpfung heranzog. Dieser

Dirndlgwandsonntag ist zwar noch jung und neu, Ähnliches gab es allerdings bereits früher. Am Sonntag, dem 23. Juli 1972, wurde im steirischen Bad Aussee zu einem *Kirchgang in alter Tracht* aufgerufen.

Doggl

Im tirolischen Unterinntal bis in die Gegend um Zell am See im Pinzgau ist ein Doggl ein Schuh aus Stoffresten, aber auch ein Mensch mit etwas schwerfälligem Verstand. Im Brixental spielten die Kinder vor Einführung des Fernsehens und anderer Digitaltechnologien ein Spiel, bei dem sie ebenfalls einen Doggl benutzen. Doggln, also wohlig warme Hausschuhe, die Bäuerinnen einst aus Stoff- und Lodenresten zusammenbastelten, werden inzwischen aus hochwertigem Stoff geschaffen. Eine Tiroler Tageszeitung berichtete im November 2011, der Papst würde Zillertaler Doggln tragen. Zwei junge Pinzgauerinnen stellen inzwischen richtig stylische Doggln her, die bei gutem Wetter sogar als passende Schuhe zum Dirndl getragen werden könnten. Ein Tiroler Idiotikon aus dem Jahr 1866 führt in der Schreibweise **Togkl** (Filzschuh) an, das Wort kommt vom italienischen *zoccolo* (Holzschuh).

Goldhaube und Riegelhaube

Sind vom Vorarlbergischen über das Salzburgische bis ins Niederösterreichische eine kostümhistorisch hochgelobte Kopfbedeckung bürgerlicher Frauen. Die bekannteste Typenbezeichung ist die „Linzer Haube". Entlang der Donau und darüber hinaus war sie lange Zeit begehrtes modisches Stück der bürgerlichen Frau. Ein bayerischer Volkskundler nannte die Donau einst auch „Goldhaubenstraße". Ein Goldhaubenfrauenkopf zierte 1957 die Zehnschillingnote und verstärkte damit die nationale Bedeutung dieses kostümhistorisch-modischen Stückes.

Innviertler Trachtengruppe

Die Innviertler nahmen in Wien am Kaiser-Huldigungszug 1908 mit großem Erfolg teil. *Mit gehobener Stimmung* kamen die Oberösterreicher in ihre Heimat zurück, so heißt es im Vorwort des dazu erschienenen Büchleins mit dem Titel *Alt-Innviertler Trachtenfest. Taufkirchen bei Schärding. Pfingsten 1909.* Eine

Handvoll Innviertler organisierte sich, schuf ein Volksschauspiel und zeigte, wie schon immer ohne großen mythischen Überbau Bräuche erfunden wurden, die dann wieder verschwanden oder erhalten blieben. Dieses Ereignis machte bei den Ethnografen der ersten Stunde Eindruck. In dem Fachblatt *Zeitschrift für österreichische Volkskunde* des Jahres 1909 gab es einen vierseitigen Bericht dazu.

Jungmann & Neffe

Das renommierte Stoffgeschäft gleich hinter der Wiener Oper, unmittelbar neben dem Hotel Sacher gelegen, wurde 1836 gegründet. Seit 1841 befindet es sich am selben Ort im Zentrum Wiens, in einem von Otto Hieser (1850–1892) gestalteten, beeindruckenden Laden. Das Geschäft besticht nicht nur durch die ungewöhnlich hohe Dichte der besten Woll- und Seidenstoffe, es vermittelt auch ein Gefühl dessen, was repräsentative Innenausstattung zu leisten vermag. Im Zentrum der Decke ist ein Fresko über die reizende Allegorie mit drei Putten zur Seidenherstellung von Franz Lefler (1831–1898) zu sehen. Das Interieur mit edler Holztäfelung kommt noch immer ohne Heizung aus, um die Inneneinrichtung nicht zu strapazieren. Jungmann & Neffe avancierte im Lauf der Jahre vom einfachen *Schneiderzugehörgeschäft* zum wienerischen kaiserlich-königlichen Hoflieferanten und stellte eine Reihe von edlen Damen zufrieden. Dadurch schafften es die Tuchhändler, zum Lieferanten des königlichen italienischen sowie des sächsischen- und württembergischen Hofes aufzusteigen. Die Besitzer wechselten mit den Jahren, der Name jedoch ist geblieben. Inzwischen überwiegen bei der Anzahl der Stoffe die Herrenstoffe. Das Geschäft Jungmann & Neffe ist einer der letzten Orte, an dem es möglich ist, sich maßgeschneiderte Kleidung aus den feinsten Stoffen der Welt anfertigen zu lassen. Die Schneider kommen dazu aus Budapest, Bratislava oder Prag nach Wien. Maß genommen und probiert wird im Geschäft in Wien am Albertinaplatz hinter der Oper.

Kropfbandl

Als Kropfbandl bezeichnet man den Halsschmuck, den man zur Tracht trägt. Ursprünglich verdeckte er bei wohlhabenden Bäuerinnen den Kropf *(struma)*, der bis zur Entdeckung des Zusammenhangs zwischen dem Jodmangel und der Vergrößerung der Schilddrüse in manchen Gebieten als derart selbstverständlich galt, dass man ihn zu den *graden Gliedern* (in der Steiermark) zählte. Die Steiermark und Tirol galten als bekannte Kropfgegenden. Das Kropfbandl diente bis zum Zeitpunkt des Verschwindens der Kröpfe mit seinen breiten – verschiedentlich auch samtenen – Bändern dazu, den Auswuchs zu camouflieren.

Lanz

Trachtengeschäft: Zwei Bergsteiger, Josef Lanz und Fritz Mahler, gründeten in den 1920er-Jahren in Salzburg ein Sportmodengeschäft, in dem sie auch trachtige Entwürfe verkauften. Diese Mode bestimmte bis weit in die Nachkriegszeit hinein das modische Erscheinungsbild der Stadt Salzburg, vor allem zu Zeiten der Salzburger Festspiele. Damals wurde es chic, sich bei Landausflügen in Dirndl, Tracht und Lederhose zu kleiden. Die Künstler und das internationale Publikum der Salzburger Festspiele hegten einen großen Wunsch nach der Exotik trachtiger Kleidung, nach diesem scheinbar typischen Gewand der Einheimischen. Der Salzburger Carl Mayr, Bruder des renommierten Kammersängers Richard Mayr, entwarf viele Stücke für Lanz. Carl Mayr – er würde in unseren Tagen als der Designer, der die Tracht modernisiert hat, durchgehen – hatte den heute als echt und traditionell geltenden und aus der Trachtenwelt nicht mehr wegzudenkenden *Henndorfer Janker* oder das *Henndorfer Dirndl* entworfen und Lanz führte diese dann im Sortiment. Die *Neue freie Presse* schrieb im August 1936 über Carl Mayr unter der Schlagzeile *Modeschöpfung in Henndorf,* Mayr sei der *Urheber der Henndorfer Tracht.* Bei dieser Gelegenheit merkte der Berichterstatter an, dass mehr und mehr die alte Tracht in die Truhen verbannt würde. Mayrs modische Initiative ergebe also Sinn, zumal er ja auf typisches Material aus der Gegend zurückgreife, bei seinen Entwürfen das *Leinen der Henndorfer Bauern* vor Augen habe. So trug er zur Wert- und Sinnstiftung der Tracht bei. Lanz war für seine modische Sport- und Trachtenkleidung bekannt. Selbst die Zeitschrift *Frisierkunst der Mode* bringt im Jänner 1937 in einem Artikel über angesagte Wintermode: *Gürtel und Fäustlinge in lustiger Abwechslung [...] von Lanz, Salzburg herausgebracht – geben der Erscheinung die echte Note.* Trachten Lanz verfügt über ein eindrucksvolles Gästebuch, in dem alles, was nationalen und internationalen Rang und Namen hatte, verewigt ist. Eine nicht überlieferte, aber viel kolportierte sympathische Geschichte erzählt von der exotischen Auswirkung von Trachten Lanz. Josef Lanz zog es Mitte der 1930er-Jahre in die USA. Er übergab das Geschäft an seine Geschwister und machte sich auf den Weg nach New York. Er nahm die Idee mit, dort Dirndl und Tracht zu verkaufen. Lanz hatte verstanden, dass sich mit der alpinen Exotik, die Tracht verkörperte, Geld machen ließ. Zunächst in New York und dann im Zentrum der Filmindustrie, in Los Angeles, begann Lanz also Sport- und Trachtenmode zu verkaufen. Im Lauf der Zeit führte dieses Spiel mit dem Fremden dahin, dass Tracht wie ein eigener Kleidungsstil verstanden wurde. So sollen die schönen Amerikanerinnen, wenn sie Dirndl oder etwas Trachtiges trugen, gesagt haben, sie würden sich heute *lanzy* kleiden. Erich Kästner (1899–1974), der deutsche Schriftsteller und Reisende, beschrieb unter Zuhilfenahme der Figur Georg Rentmeisters lebhaft das mit Unterstützung von Lanz entsponnene Treiben des Trachten-Verkleidens in seinem 1938 erschienenen Buch *Der kleine Grenzverkehr oder Georg und die Zwischenfälle*. Amüsiert liest man bei Kästner, wie er die Ausländer beobachtet: *Viele von ihnen wollen, was die Tracht anlangt, die Einheimischen übertrumpfen und kommen voll kindlichen Stolzes als Pinzgauer Bauern daher, oder als Lungauer Bäuerinnen; tragen Kropfketten, ohne einen Kropf zu besitzen; haben englisch gerollte Regenschirme über dem Arm oder fahren gar, vom Trachtengeschäft Lanz herrlich ausstaffiert, in Automobilen mit mindestens zwei Chauffeuren!*

Loden

Waren im k. u. k. Österreich lange Jahre in Verwendung. Lodenmäntel, Lodenjanker, Lodenhüte – Loden war ein geschätzter Mantelstoff genauso wie Material für Modisten. Als Stoff oder bereits als fertiges Endprodukt ging der österreichische Loden in die Welt hinaus. Der stilbewusste Adolf Loos (1870–1933), Architekt und Verfasser zahlreicher Kulturkommentare, berichtet 1898, als er über eine Jubiläumsausstellung und den Hutmodeverein schrieb, sogar der Prinz von Wales kenne und schätze seit seinen Jagdausflügen in Österreich den Lodenhut, der ein *österreichischer Nationalhut* sei. Er würde diesen derart achten, dass er ihn sogar nach England mitgenommen habe. Seither wäre er bei Damen und Herren gleichermaßen gefragt. Österreichs Loden kam in seiner Blütezeit während der Monarchie aus dem Süden Tirols, genauer aus dem Schnalstal (der Gegend, in der Ötzi lebte) und aus der Steiermark.

Nebelstecher

So nannte man den Trachtenhut der Pinzgauerinnen. E. Tony Angerer (1884–1950), ein exzellenter Salzburger Künstler, malte einen dieser Nebelstecher in Öl und tradierte ihn für uns auf diese Weise eindrucksvoll (Salzburg Museum).

Öblarner Festspiele

Im steirischen Öblarn im Ennstal findet alle fünf Jahre das angeblich größte Laienschauspiel Europas statt. Die aus dem Ort stammende Dichterin Paula Grogger (1892–1984), verfasste während der 1930er-Jahre ein Stück mit dem Titel *Die Hochzeit*. Dieses hat die erste Begegnung Erzherzog Johanns mit seiner späteren, bürgerlichen Ehefrau Anna Plochl zum Inhalt. Um die 300 Öblarner machen beim Freilichtspektakel mit. Die Aufführung beeindruckt durch mehrere Hundertschaften an Trachtenträgern und die ländliche Kulisse. Die Autorin, deren Heimathaus man dort besichtigen kann, gilt als NS-affin.

Schäppel

Schäppelen heißen die Jungfernkrönchen auf dem Kopf der Vorarlbergerinnen, sie sind der ganze Stolz der Voralberger Trachtengeschichte. Begriff und Wort kommen aus dem Französischen und meinen den Hut, *chapeau*. Nachweisbar seit dem Mittelalter, bezieht sich der Begriff auf die Brautkrone, die ursprünglich aus einem Braut- oder Blumenkranz hervorging. Während der Zeit des Hochmittelalters auch von Männern getragen, sind die Schäppel inzwischen eine Rarität.

Schladminger

Der Schladminger ist ein besonders robuster, im Erscheinungsbild starrer Wolljanker aus Loden, der in der gesamten Obersteiermark im Winter von den Männern getragen wurde und noch immer wird. Der in der steirischen Ramsau am Fuß des berühmten Dachstein produzierte Perlloden gab dem schweren, witterungsfesten Material den Namen. Der Schladminger ist ein Zweireiher mit Hirschhornknöpfen und grünem Kragen, grünem, breitem Ärmelbesatz sowie zwei bis vier Pattentaschen und einer Diagonaltasche (als

Mufftasche), sodass der Mann bequem seinen Arm im rechten Winkel wärmend verstauen kann. Auf dem Rücken verfügt der Janker über eine Quetschfalte. Gefüttert ist er mit Schafwollflanell von grüner, violetter oder weinroter Farbe. Er ist so etwas wie die Nationalkleidung der Steirer. Die Wolle des Schladmingers kommt noch immer von den heimischen Bergschafen.

Steiner Lodenfirma oder Steiner 1888

Seit 1888 wird in der Ramsau am Dachstein Loden erzeugt. Franz Steiner, ein passionierter Bergsteiger, gründete mit seinem Bruder eine kleine Lodenwalkerei zu Verarbeitung der Schafwolle. Noch heute produzieren die Nachfahren am selben Standort Steiners Loden aus einheimischen und australischen Schafwollen. Das obersteirische Vorzeigestück ist der **Schladminger**, der noch immer von Steiner vertrieben wird.

Steireranzug

Der graugrüne Steireranzug hat mittlerweile seine angestammte Erzählung in der österreichischen Tracht- und Modegeschichte. Verbreitet durch den österreichischen und bayerischen Hochadel im 18. und 19. Jahrhundert, hat die graugrüne Tracht ihren Ursprung im grauen Loden, der mindestens seit der Zeit Karls des Großen im 8. Jahrhundert als Stoff für die allgemeine Land- und Bauernkleidung galt. Kaiser Max I. von Habsburg (geboren 1459 in Wiener Neustadt und gestorben 1519 in Wels) hatte dieses graue Lodenwerk als vorzügliche Jagdkleidung für sich entdeckt. In seinem *Geheimen Jagdbuch*, das im 19. Jahrhundert erfolgreich erstmals von einem gewissen Karajan in Wien nach einer Handschrift aufgelegt wurde, schreibt er neben den Waffen, die der Jäger stets bei sich tragen solle, auch über die passende Kleidung. Grau und grün seien die Farben, die am besten zu Hirschen und Gämsen passen würde. Was heute als extraordinäres steirisches Trachtenkleid lanciert wird, wurde seit den frühesten Kleiderordnungen auch in bayerischen Landen gepflegt und überall dort, wo es grauen Loden gab. Im ausgehenden 18. und im Verlauf des 19. Jahrhunderts wurde das gute Stück Kleidung zu einem guten Stück Tracht. Dieser Wandel vollzog sich im Zug der Romantisierung des Landlebens durch den Adel und die bürgerliche Elite weg von der ursprünglichen Tarnkleidung des Privilegierten. Das nunmehr vollständige Grün der allgemein steirischen Männertracht hörte sich ursprünglich um 1816 herum anders an, so anders, dass hier im Original zitiert werden will: *Am Leibe trägt man eine rothtuchene Weste, in der Landessprache Leibel genannt, mit einer Reihe kugelförmiger Metallknöpfe, und über diese einen grünen Hosenträger. Ferner trägt man kurze Beinkleider von schwarzem Leder, blaue wollene Strümpfe, und sehr grobe Bundschuhe. Der Rock ist von grauem, braunen oder grünen Tuch (Loden) mit kaum merkbar stehendem Kragen und hoher Taille. Ein schmucker Bursche trägt wohl auch ein Fürtuch von blauer Leinwand mit Seidenbändern von gleicher Farbe, die meistens Geschenke der Geliebten sind, gebunden um den Leib geschlungen.* Dazu trug der steirische Mann eine Vokuhila-Frisur (vornkurzhintenlang), auf die er sich einen *runden Hute mit breiten Krämpen und niederem Gupfe* setzte. Die Veränderung des Steireranzuges von einem bunten Erscheinungsbild zu einem monochromatischen Grün und Grau, und das Gerede von der *Lampasse*, dem aus dem Militär am Hosenbein eingefügten Grünstreifen in der grauen Hose, beweist einmal mehr, wie Tracht von einer wissenschaftlichen Elite im 20. Jahrhundert verwendet wurde, um eine nationale Sinnstiftung zu unterstützen.

Voralberger Volkstracht

Was schon Ludwig von Hörmann 1901 über die Trachten Vorarlbergs berichtete, gilt eigentlich noch immer. Die Bregenzerwälderinnen, die Montafonerinnen und die Walsertalerinnen tragen die für die Region typisch erscheinenden Frauentrachten. Die bei den Trachtenverbänden Vorarlbergs angegebenen Trachten stimmen annähernd mit einer der letzten ausführlichen Beschreibungen von Trachten des Kulturhistorikers Hörmann überein. Allerdings sind sie im Schnitt verfeinert und lassen die Frauenfigur etwas femininer erscheinen. Die Materialien wurden im Lauf der Jahre veredelt, die Kopfbedeckungen wurden leichter. Man trug nicht mehr Otterfellmützen oder die teure blaue Spitzkappe. Die blauen, roten und schwarzen Strümpfe waren nicht mehr aus juckender Schafwolle. Die Trauertracht wurde fast gar nicht mehr getragen. Diese trug bei der Bregenzerwäldertracht nur ein Mitglied der Familie, entweder die älteste Tochter oder die Mutter. Sie bestand aus einem weißen Leinensack, in den man schlüpfte, und dem *Leidmantel,* bestehend aus dunkelblauem Tuch, gefältelt, ohne Ärmel, der teilweise mit grober Leinwand gefüttert war und den man darüberlegte. Er reichte bis kurz

unter die Hüften. Die Walsertaler Tracht war eine ausladende, wenig vorteil-
hafte, üppige Tracht, bei der die Frauen bis zum Kragen hin eingepackt waren.
Bei den Trachten versteht sich von selbst, dass die Sonntagsausfertigung von
edlerem Material war als die Alltagskleidung. Die Kopfbedeckungen werden
inzwischen nur mehr selten getragen.

Essen und Trinken

Österreich ist sehr stolz auf seine Küche. Sie wird so sehr geschätzt, dass sie sich im Lauf der Jahre als Stereotyp zu verbreiten vermochte. Der Topos „Österreichische Küche" hatte eine starke Tendenz zur Wiener Küche hin was nichts anderes bedeutet, als dass sie die Essgewohnheiten urbaner und nicht der ländlichen Bevölkerung wiederspiegelt und der Einfluss des Ernährungsverhaltens der oberen Gesellschaftsschichten zum Tragen kommt. Dies wiederum zeitigt eine gewisse Verschlankung bei den Kalorien und eine Veredelung im Geschmack. Auch weil Mahlzeiten generell sehr oft von den vorhandenen Ressourcen abhängig sind. In jüngster Zeit spielen aber auch gesetzliche Regelungen über die Zusammensetzung bei der Erzeugung sogar von regionalen Produkten eine große Rolle. Essen unterliegt inzwischen einem gesellschaftlichen Spiel, das sich unter den Überbegriffen „Lebensstil und Ethno-Food" fassen lässt und dessen Zweck es ist, Weltoffenheit zu demonstrieren. Essen ist Ausdruck individueller Lebensgestaltung sowie gesellschaftlicher Eigenart. Die Möglichkeit des Reisens brachte es mit sich, dass stil- und lebensbewusste Menschen als Souvenir ein Rezept oder Zutaten mit nach Hause brachten. Kenntnisse über exotisches Essen werden stetig zum Beweis kultureller Kompetenz herangezogen. Dieses Spiel wird durchaus ernst betrieben und hat zum Ergebnis, dass früher geschmähtes, zu schlichtes einheimisches Essen einen ähnlich identitätsstiftenden Status zugewiesen bekommt. So hält früheres Arme-Leute-Essen nunmehr inklusive Veredelung Einzug in die *haute cuisine*. Ganze Regionen schmücken sich mit dem für sie so „typischen Essen". Ethno-Food nennt es die Wissenschaft und dies bedeutet nichts anderes als „Stammesessen". Nun denn, Essen und Trinken dienen kaum mehr nur der Sättigung. Sie stiften nationale und regionale Identität und gerade daher sollte nie vergessen werden, dass Essen Ausdruck ökonomischer, ökologischer und damit politischer Natur ist. Nicht umsonst hatte man im „Dritten Reich" einen für alle anzuwendenden Tag des Eintopfes ausgerufen, der in den steirischen Mandlkalender als Symbol Eingang fand, und sogar einen *Reichsvollkornbrotausschuss* gebildet. Im Detail äußert sich der Mensch also mit seiner Esskultur auf gar wundersame, exotisch humorvolle Weise.

Achterl

Das Achterl ist ein Gläschen Wein vom Volumen 0,125 l (in Bayern ist ein Achterl 0,133 l). Man trinkt es aus einem kleinen, schlichten Achterlgläschen. Die Edelvariante davon kann man im MAK-Design-Shop oder auch bei LOBMEYR, dem ehemaligen k.u.k. Hoflieferanten für Tischgeschirr, kaufen. Das Achterl ist nicht bloß irgendein Hohlmaß, es ist Ausdruck gepflegter Trinkkultur. Beispielsweise gibt es das **Stehachterl**. Dieses trinkt man an *der Schank* im Stehen. Nach einem oder mehreren Achterln oder Stehachterln avisiert man das **Fluchtachterl**. Es ist das ausgesprochen letzte Achterl vor dem Nachhausegehen. Es kann schon einmal vorkommen, dass aus dem einen Fluchtachterl mehrere werden.

Ashanti

Sind karamellisierte, geröstete Erdnüsse der Firma Manner, die seit über 40 Jahren im Sortiment der Süßwarenfabrik mit Sitz in Wien-Ottakring aufscheinen. Das Königreich der Ashanti, aus dem man in den Anfangsjahren der Kolonialzeit die in Europa unbekannte Erdnuss importierte, diente als Namensgeber dieser Süßigkeit. Bis jetzt hat niemand Einspruch gegen diese Verwendung zur Benennung des Süßzeuges erhoben.

Äutl

Ein Wiener Weinkenner, der einem alten Wein ein Äutl attestiert, sagt uns, dass der Wein über ein feines Bouquet verfügt.

Baumwollsuppe und Baumwollmehlspeise

Stammen aus Salzburg. Im Salzburg des 19. Jahrhunderts erschien ein Kochbuch, das eine *gute Baumwollsuppe* anführte. Dabei handelt es sich um eine Einlage zur Rindsuppe. Man nimmt 3 Eier, eine Kaffeetasse Milch oder Rahm und versprudelt beides. 3–4 Esslöffel Mehl werden dazugerührt. Danach gießt man die Masse in die fertige Suppe und fügt zum Abrunden ein wenig Safran und Muskatblüte hinzu. Was den Salzburgern ihre Suppe, ist den Tiroler Köchinnen ihre *Baumwollmehlspeise*. Dabei werden viel Ei, viel Zucker, viel Butter und Mandeln eine Stunde lang gerührt. Dazu wird Eischnee mit fein geschnittener Zitronenschale zu den vielen Eiern gegeben und anschließend kommt das Ganze zum Überbacken ins Rohr.

Beiried

Das ist jenes Stück Rindfleisch, das andernorts als Roastbeef verkauft wird. Der Begriff kam in die Liste des Zusatzprotokolls Nr. 10 zur EU-Beitrittsakte im Jahr 1994.

Beugel

Ist ein Kipferl, ein Hörnchen, ein süßes Stück, das mit Nüssen oder Mohn gefüllt sein kann. In Oberösterreich kennt man ein rundes Fastenbeugel als salzige Variante, verfeinert mit Kümmel.

Beuschl, Kalbsbeuschl

Das Beuschl meint eine spezielle Mahlzeit, die nur mehr in wenigen Wirtshäusern angeboten wird. Das Beuschl wird so gut wie nicht mehr zu Hause gekocht. Ein gutes Beuschl besteht aus Lunge, Herz, Milz, Magen, das gibt zumindest kein Geringerer als der Küchenmeister Erzherzog Johanns, Franz Zelena, an. In jüngster Zeit wird nur mehr die Lunge verwendet. Zusammen mit Fett, Mehl, Zwiebeln, Essig oder Zitrone, Salz und Pfeffer, Thymian und einem Lorbeerblatt lässt man das Ganze kochen. Ein Tupfer Sauerrahm am Ende rundet das Gericht ab.

Blunzn

In Wien und Umgebung ist eine Blutwurst mit kleinen Fettstücken angereichert. Sie wird auch zusammen mit Sauerkraut oder *Erdäpfelgröstl* gereicht. Über das *Kraut mit Blunzn* streut man Kren (Meerrettich), der für eine rinnende Nase und einen klaren Kopf sorgt.

Eine *blade Blunzn* ist hingegen nichts, was man isst, es ist ein wenig charmanter Ausdruck für eine dicke Frau.

Bramburi

Vornehmlich jene Regionen Österreichs, die zum mährisch-böhmischen Kulturraum hinreichen, kennen diesen Begriff für Kartoffeln. Der Ausdruck kommt aus dem Tschechischen und bedeutet „Brandenburg", „aus Brandenburg kommend". Als Friedrich II. (1712–1786) – auch „Preußenkönig" oder „Kartoffelkönig" genannt – während der elendigen Jahre des Siebenjährigen Krieges seinen Untertanen gegen deren Widerstand befahl, Kartoffeln anzubauen, wirkte sich dies auch auf das benachbarte Böhmen aus. Die Böhmen nannten die Kartoffeln nach dem Verursacherprinzip. Die Österreichische Nationalbibliothek verfügt über ein Exemplar eines der frühesten Bücher aus dem Jahr 1621 von Caspar Plautz, wo auch Anleitungen zur Verwendung der Kartoffel (samt anderer fremder Gemüsesorten) enthalten sind. Es ist inzwischen digitalisiert im Internet abrufbar.

Breinwurst

Diese Wurst wird in der Südsteiermark serviert. Es ist nicht auszuschließen, dass sich der Name aus dem Slowenischen herleitet, dort bedeutet *brej* trächtig. Denn die Breinwurst ist eine wahrhaft trächtige Eigentümlichkeit. Rund und dick gefüllt mit gekochtem Reis, Buchweizen und Rollgerste sowie mit gekochtem Schweinskopf und Gewürzen wird sie in den Metzgereien verkauft. Die Breinwurst wird circa 40 Minuten im Rohr gebraten. Sie diente wohl als Winteressen, auch weil sie auf Sauerkraut oder gerösteten Kartoffeln serviert wird.

Bruckfleisch

Ist eine Mahlzeit aus den Innereien und dem Blut des Rindes, die vermutlich ihre Bezeichnung vom Hackstock, auf dem der Metzger Fleisch auslöst, hat. Gegessen wurde Bruckfleisch mit Knödeln. Früher war es weit verbreitet und den ostösterreichischen Dichtern von Nestroy bis H.C. Artmann immer wieder eine Erwähnung wert. In dem Kochbuch der Anna Bauer mit dem Titel *Die praktische Süddeutsche Köchin*, das für *Frauen, Mädchen und angehende Köchinnen* in Wien 1897 bereits in der 9. Auflage erschien, ist das Rezept mit der Nummer 336 mit folgenden Zutaten angegeben: Hals (Stichfleisch), Bries, Milz, Schlund und frisches Rindsblut, Zwiebel, Wurzelwerk,

Kuttelkraut (Thymian), Lorbeerblatt, Salz und Pfeffer sowie Zitronenschale werden zusammen gekocht. Dazu gibt man noch etwas Essig und Rahm. Frau Bauers Rezept endet mit dem Satz: *Bruckfleisch wird auch ohne Blut gedünstet.*

Buffet

Man stellt sich beim Heurigen in die Reihe vor dem Buffet und lässt sich dann die ausgewählten Speisen über die Theke reichen. Am Heurigenbuffet verhält sich jeder so diszipliniert wie die Engländer an der Busstation. Kein Rempeln, kein *Motschgern*, kein Rufen im Offizierston wie im Supermarkt. Das Buffet liefert neben einem Einblick in die Speisen auch einen Hinweis auf die Keramiktradition Ostösterreichs. Die aus dem oberösterreichischen Gmunden importierte *grün geflammte* Gmundner-Keramik gehört zur Ausstattung eines Heurigen oder eines Buffets wie die Blunzn zum Gröstl. Ein wunderbares Buffet, jedoch kein Heuriger, ist auch die Selbstbedienungstheke – eben Buffet genannt – Colosseum in der Wiener Nussdorferstraße des 9. Bezirkes.

Buschenschank

Was in Wien der Heurige, ist in Niederösterreich *die* Buschenschank. Auch dort wird frischer oder alter Wein ausgeschenkt. Der höchste Anteil sogenannter Buschenschanken fand sich im Süden Wiens, vornehmlich in Baden. Das Niederösterreichische Buschenschankgesetz von 1994 besagt: *Zur Ausübung des Buschenschankes sind nur Besitzer von Wein- und Obstgärten berechtigt. Als Besitzer gilt nicht nur der bewirtschaftende Eigentümer, sondern auch der Pächter oder Inhaber eines Fruchtgenussrechtes. Diese Personen sind berechtigt, Wein und Obstwein, Trauben- und Obstmost sowie Trauben- und Obstsaft aus eigener Fechsung sowie selbst gebrannte geistige Getränke entgeltlich auszuschenken.* Darin unterscheiden sich die Buschenschanken von den Heurigen. Die ursprüngliche Schankordnung für die Buschenschanken kommt aus dem Jahr 1784. In Niederösterreich heißt es im Volksmund vermutlich schon seit damals, *der Herrgott hat seine Hand ausgestreckt,* also den Buschen *ausgsteckt.* Zur Kultur des Buschenschanks gehörte auch das Treten im Tretschaff. In der Wachau machten dies 13- bis 14-jährige Burschen, die mit sauberen Füßen in die Maischebottiche stiegen und dort die Trauben „traten", stampften. Diese Burschen trugen ein weißes Hemd und einen Hut, der mit farbigen Seidenbändern geschmückt war. Sie sangen während des Arbeitens: *Tret' aus, tret aus! Wird a guater Most daraus. Schenk ein, sauf aus. Juchu!* Österreich ist nicht allein mit seiner speziellen Art des Weinausschenkens. Ähnliche Rechte, die vom Wiener Hof vergeben wurden, sind das *Törggelen* in Südtirol oder die *ozmica* im Slowenischen. Im benachbarten Deutschland, im Schwäbischen, nennt man es Besenwirtschaft.

Buttersemmel

Zur Kultur der Semmel in Wien gehört neben der Kaisersemmel auch noch die Buttersemmel. Diese bekommt man im Kaffeehaus horizontal halbiert und mit Butter bestrichen serviert. Manche Wiener streuen eine Prise Salz auf die Buttersemmel. Die Semmel wurde von nationalsozialistisch Gesinnten mit deren Vorliebe für die Sonnenkultverehrung als *Fruchtbarkeitssymbol* in Verbindung gebracht. So schrieb der Volkskundler Ernst Burgstaller am 9. Jänner 1938 in der illustrierten Zeitschrift *Wiener Bilder* mit dem Titel *Unser täglich Brot und die Bedeutung seiner Formen. Die Semmel, entstanden aus einem alten Fruchtbarkeitssymbol (Wirbelmotiv): bezeichnend, daß sie z.B. in Oberösterreich besonders als Hochzeitsgebäck beliebt ist.* Seriöse Forschungen nehmen an, Wort und Begriff „Semmel" haben ihre Wurzeln bei den Römern. Die Römer hatten einen Weizen, den sie sehr fein mahlten und den sie *simila* nannten. Ob des feinen Mahlgrades vermochten sie, feines Gebäck damit zu erzeugen.

Die kleine Prato

Ist ein Kochbuch, das von Dora Lara-Zelinka, einer Schülerin von Viktorine Leitmaier, Herausgeberin der *Pratobücher*, nach dem Zweiten Weltkrieg den Hausfrauen zur Hand gegeben wurde. Leitmaier wiederum war die Stieftochter der Katharina Prato und edierte seit 1897 Kochbücher, die ihren Fokus stets auf eine ausgewogene Ernährungsvielfalt richteten. Ausgelegt waren die Speisenfolgen sowohl für festliche Anlässe als auch für weniger feierliche Ereignisse. Ziel war es, stets ein Kochbuch für alle Hausfrauen zu sein. Prato wurde im Februar 1818 in Graz als Katharina Polt geboren, heiratete später einen gewissen Eduard Pratobevera, der aufgrund seiner Magenleiden der besonderen Kost bedurfte. Dies soll dazu geführt haben, dass sie anfing Rezepte aufzuschreiben, die später, hervorgerufen durch die vielen Reisen, die sie mit ihrem zweiten Ehemann Johann Scheiger, einem Postdirektor und

Konservator in kaiserlichen Diensten, unternahm, ihre Menüaufzeichnungen um regionale Rezepte ergänzte. Im Jahr 1898 erschien erstmals in Graz eine *Prato* mit dem Titel *Die Süddeutsche Küche*. Nach dem Zweiten Weltkrieg wurde *Die Süddeutsche Küche* als *Die große Prato: Kochbuch der österreichischen und süddeutschen Küche, mit böhmischen, englischen, französischen, italienischen, serbischen und ungarischen Nationalspeisen* herausgegeben. Dieses Kochbuch trug wesentlich dazu bei, den Begriff *Österreichische Küche* quasi als Genre zu etablieren.

Eier im Glas

Diese bestellt man sich in Wien im Kaffeehaus zum Frühstück. Es sind immer zwei weich gekochte Eier, die man in einem Dessertglas serviert bekommt. Man zerstückelt sie unter Zugabe von Salz und Pfeffer, Feinspitze nehmen ein bisschen Butter dazu.

Eierspeis

Der Wiener Sänger Georg Danzer machte sich beim EU-Beitritt Österreichs Sorgen um die Eierspeis'. *Mia geht total da reis um unsa eiaspeis' – ums kriagl und ums seidl und ums burenhäudl,* singt der Barde. Eine Eierspeis' wurde und wird auch noch meistens im Kaffeehaus aus zwei Eiern mit Wasser oder Soda verrührt und in Butter leicht angebraten. Die vornehme Eierspeis' wird mit ein paar Tropfen Trüffelöl geadelt. Ein Rezept für die Eierspeis' aus dem Jahr 1946 in *Die kleine Prato* lautet folgendermaßen: *5 Eier, 2 bis 3 Deka Butter oder Fett, Salz, (5 Esslöffel Milch, etwas Schnittlauch oder Pfeffer). Man sprudelt die Eier mit ein wenig Salz (und Milch) gut ab, läßt das Fett in einer flachen Pfanne heiß werden, schüttet die Eier hinein, wartet, bis sie bei gelinder Hitze gestockt sind, wobei man das, was sich anlegt, mit der Gabel lockert und trägt sie gleich auf. Man kann die Speise mit feingehacktem Schnittlauch, Pfeffer, gewiegtem Schinken oder geriebenem Käse bestreuen oder sie als Auflage auf Gemüse geben.*

Eitrige

Auch weich ausgesprochen **Eidrige**. Es handelt sich dabei um eine Käsekrainer, die man am Würstelstand in Wien bestellt. Es ist zu vermuten, dass Würstelstand-Stammgäste sich den Namen einfallen haben lassen. Sie schmeckt um einiges besser, als der Name vermuten lässt. Die Legende zur Entstehung der Wurst besagt, dass sie in Wien nach dem Zweiten Weltkrieg erfunden worden sein soll. Slowenische Emigranten jedenfalls brachten eine Variante dieser Wurst nach Übersee. Die Käsekrainer war 2012 Gegenstand politischer Auseinandersetzung zwischen Österreich und Slowenien. Beabsichtigte doch Slowenien, sich hinkünftig in Europa als alleiniges Ursprungsland der Käsekrainer zu bezeichnen und den Namen als eigene Produktbezeichnung verwenden zu dürfen. Wirtschaftskammer, Landwirtschaftskammer und sogar Experten der Universität kämpften geschlossen für die Käsekrainer. *Wir lassen uns die Krainer nicht verbieten!*, soll sich der damals amtierende österreichische Landwirtschaftsminister geäußert haben. Gegessen wird die Wurst da wie dort mit Senf, man kann sich auch einen frisch geriebenen Kren dazunehmen. „Süß" oder „scharf" wird man fragend am Standl angeherrscht. Dazu wird eine Scheibe Schwarzbrot oder ein Gebäck (Semmel, Wachauer, Salzstangerl) gelegt.

Erdäpfel

Das sind schlicht Kartoffeln. Die Österreicher haben den Begriff als Typikon in ein Zusatzprotokoll mit der Nummer 10 zum EU-Beitrittsvertrag 1994, neben 23 anderen Begriffen, aufnehmen lassen. *Erdäpfelsalat bleibt Erdäpfelsalat* war ein Slogan, der vom Wiener Bürgermeister Helmut Zilk als politisches Dogma entlang der Autobahnaus- und -zufahrten rund um Wien plakatiert wurde, um EU-Gegner zu beschwichtigen. Dies nahm Georg Danzer zum Anlass, ein Lied mit demselben Titel zu komponieren. Leider wurde er nicht zu den Beratungen für das Zusatzprotokoll hinzugezogen, er hätte den einen oder anderen Begriff in petto gehabt, wie sein Liedtext zeigt. Der Erdäpfelsalat bestand dereinst beim Heurigenessen aus Kartoffeln der Sorte Kipfler. Sie haben die Form eines Kipferls, sind also leicht länglich und gebogen und verfügen über einen nussigen Geschmack.

Faschingskrapfen, Ambrosia der Wiener

Im Februar des Jahres 1730 kommt es zu einer Notiz im Wienerischen Diarium, die lautet: *Mittwoch/den 15den Dito/hat der Regierende kaiserl. Hof sein wie sonst jährlich gewöhnliches Faschings- oder so genanntes Krapfen-Schießen angefangen.* Der Faschingskrapfen hat, so kann man ruhig sagen, vor allem in Wien Tradition: Bereits 1486 kommt es zu einer Notiz über die *Krapffenpacherinnen.* Man kennt den Krapfen auch aus antiken Kulturen, aber so viel Bedeutung wie in Wien scheint ihm selten beigemessen worden zu sein. Der Verbrauch in der Hauptstadt schien beachtlich, denn man findet den Krapfenverkauf sogar in den Zeitungen annonciert. 1815 hat ein Statistiker ausgerechnet, die Wienerinnen hätten bis zu zehn Millionen Krapfen gebacken, die allesamt verzehrt wurden, und dieses viele Krapfenbacken trüge nicht unwesentlich zur Brandgefahr in der Stadt bei. Man nannte den Krapfen *Ambrosia der Wiener,* und man kann sich lebhaft vorstellen, wie sich der Duft des Schweineschmalzes, mit dem Duft der Pferdeäpfel und des Pferdeurins vermischt, in den Gassen des biedermeierlichen Wien verbreitete.

Festtagsgebäcke

Im Brauchtumsleben kam und kommt es noch immer vor, dass Menschen sich zu besonderen Anlässen ein spezielles, meist süßes Hefebrot schenken. Sei dies, dass die Paten die Patenkinder beschenken oder man der Hausfrau oder den Hausbewohnern damit besondere Freude bereitet. Festtagsgebäcke in Form gebacken nennt man auch **Gebildbrote**. Alles was die Natur an Formen und Arten hat gedeihen lassen, finden wir in den Gebildbroten vor. Hasen für die Buben in Tirol an Weihnachten oder Allerheiligen, Hirsche an Nikolaus in Oberösterreich, an Pfingsten gab es in der Steiermark Heiliggeistvögel und Hasen auch in Oberösterreich. In Baden und Wiener Neustadt buk man ehemals Schlangen. Beim Jahresübergang verschenkt man Ferkel und im Wienerischen Fische, die man „Glücksfische" nennt. Letztere muss man mit dem Kopf voran essen, sonst schwimmt einem das Glück davon. Noch nach dem Zweiten Weltkrieg war es im burgenländischen Bezirk Oberwart üblich, ein *Hausvater* oder *Christkindbeugel* genanntes Weihnachtsgebäck auf den Tisch zu stellen. Zur Hochzeit und sogar beim Almabtrieb gab es fast überall in Österreich schmackhafte Brote.

Fischotter

Fischotter in Limoni- oder Zwiebelsoße war im Wien des 16. und 17. Jahrhunderts ein durchaus übliches Essen. Die Flüsse des Landes waren reich an diesen Tieren. Der Leibkoch Erzherzog Johanns, Franz Zelena, schrieb in seinem Kochbuch zu Fischotter und Biber: *Der Biber und der Fischotter werden besonders geschätzt, und des Bibers Schweif wird als eines der köstlichsten Gerichte gerühmt. Auch bey diesen Thiern zieht man die Jungen den Alten vor.* Vor allem im südlichen Burgenland wurde die Biberfischerei lange Zeit ausgeübt, da ja den armen Leuten das Fangen von Krebsen oder Fischen verboten war.

Fogosch

Ist die ungarische Bezeichnung für den Zander. Er war fester Bestandteil der sonst fischarmen bürgerlichen Wiener Küche um 1900. Die Ungarn haben ihn in die Reichshauptstadt gebracht, dort war er lange Zeit auf den Speisekarten und in den Kochbüchern geführt.

Frittatensuppe

Der nicht allseits gemochte, ja gar liebgehasste Autor Thomas Bernhard lässt die Frittatensuppe im „Theatermacher" zu einer „Existenzsuppe" werden. Die Frittatensuppe gilt als typisch österreichische Mahlzeit und das führt schon mal dazu, dass die Übersetzer der Werke Thomas Bernhards nach dem entsprechenden Begriff suchen müssen. Letztlich ist sie eine auf Umwegrentabilität beruhende Suppe, die die Reste der **Palatschinken** verwendet, da früher nichts weggeworfen wurde. Frittaten, als Hauptspeise zubereitet, werden gebacken, gedünstet oder gefüllt. Es gab sogar mit Faschiertem und Hirn vermengte sogenannte Frittatenwürstchen. Letztlich wird stets ein leicht gesalzener Teig aus Mehl, Ei und Milch gebacken, was der Herkunft des Begriffes aus dem Italienischen entspricht.

Gansl

Um Martini, das Fest des heiligen Martin am 11. November, – zu diesem Datum wird der erste Heurige geweiht und die Sturmzeit ist bereits vorbei – trifft man sich zum *Ganslessen* mit Blaukraut. Ohne Unterschied von Stand und Sitte begegnen sich die Ostösterreicher beim *Wirten*, beim Heurigen oder privat zu Hause. Wer etwas auf sich hält, pflegt die Tradition.

Ganslsuppe

Ist die zeitgemäße Form der Umwegrentabilität des *Ganslessens*. Was übrig bleibt beim Tranchieren der Gans, wird zu einer mit Mehl angeschwitzten Suppe verarbeitet. Ursprünglich kochte man diese nach einem Kochbuch des 19. Jarhunderts allerdings noch, der Rindsuppe nicht unähnlich, aus folgenden Zutaten: *Flügel und Hals, Herz und Magen, das gewaschene, abgeschabte, mit der Zwiebel blättrig geschnittene Wurzelwerk und einige Pfefferkörner in das Wasser, kocht alles weich, seiht die Suppe, röstet das Mehl im Fett hellgelb, kocht unter Rühren nach und nach mit der Suppe auf, gibt das ausgelöste, mit Magen und Herz nudelig geschnittene Fleisch hinein, läßt verkochen und reicht gebähte* [unter Rütteln in einer Pfanne angebräunt] *Semmelwürfel dazu.*

Gemischter Satz

Kein reinsortiger Wein. Wie der Name schon sagt, wird er aus verschiedenen Sorten gemischt.

Gerstl

Unter Gerstl versteht man als Suppe gekochte Gerstenkörner, vor allem auch in Tirol zur frühen Winterzeit. In die Gerstlsuppe gehören Karotten, Sellerieblätter und ein oder zwei Kartoffeln. In westösterreichischer Manier werden frisch geselchte Schweineripperl mitgekocht.
Darüber hinaus meint man mit *Gerstl* auch Geld.

Golatsche

Die Golatsche oder **Kolatsche** ist uns aus dem Mährischen bekannt. Es handelt sich dabei um eine Mehlspeise, eine gefüllte Mürb- oder Blätterteigtasche. Die beliebteste Variante in Österreich ist die Topfengolatsche. In einem Dorf namens Kumrovitz soll es im August vergangener Jahre, am Beginn des 19. Jahrhunderts, zu einem regelmäßig stattfindenden *Kolatschenfest* gekommen sein.

Grammeln, Grammelbrot

Begriff und Brot gelten den Österreichern derart viel, dass sie mit in die Liste des Zusatzprotokolls zu den Beitrittsverhandlungen der EU aufgenommen wurden. Grammeln meint jenes Fett, das beim langwierigen Auskochen der Schweineschwarte entsteht. Das Grammelbrot ist eine schlichte Mahlzeit, die andernorts „Schmalzbrot" genannt wird. Es war ein Arme-Leute-Essen, bei dem das Grammelschmalz auf eine Scheibe Schwarzbrot gestrichen verzehrt wird. Das Grammelbrot wird mit etwas Salz gegessen und mit einem Weißen Spritzer kombiniert. Nachgerade die ältere Generation der Wiener greift nach wie vor gerne zum Grammelbrot, weil es eine gute Unterlage beim Heurigen bildet.

Grubenkraut

In der Region auch **Ohlakraut** genannt, ist, ebenso wie Käferbohnen und Kürbiskernöl, Teil der neuen steirischen Küche. Das Kraut ist in seiner Herstellung von schlichter Herkunft, was wohl die Slowfood-Bewegung dazu bewog, die Köpfe lobend in ihren Kreis erwähnenswerter Nahrungsmittel aufzunehmen und auszuzeichnen. Früher war es in der Steiermark üblich, Krautköpfe zu konservieren, sodass man alle Nöte und Zeiten damit überstand. Eine junge Bäuerin und Volkskundlerin im steirischen Joglland oder Fischbachland, Waltraud Froihofer, hat die noch bis lang in die Nachkriegsjahre hinein gebräuchliche Art der Sauerkrautkonservierung zur allgemeinen Freude von kulturbewussten Köchen und Hobbyköchen wiederbelebt. Zur Herstellung von Grubenkraut werden die ganzen Krautköpfe zunächst blanchiert, anschließend legt man sie zum Abtropfen im Freien ab. Nun kommen sie in eine runde Grube (früher aus Holz), wo sie für mindestens vier Monate zum Reifen ausgelegt werden. Das Kraut wurde offenbar nicht nur gegessen, es kam auch volksmedizinisch zur Anwendung. Peter Rosegger schreibt in seiner Erzählung *Sonnenschein* dazu: *Das Fieber schüttelte ihn, als er sprach. Das Weib hatte Mühe, ihm die Schuhe von den Füßen zu bringen; sie waren schier angefroren. Der Knabe ächzte vor Schmerz, die Pecherin legte ihm kaltes Grubenkraut auf die froststarren Hände und Füße, dann brachte sie heiße Milch und führte den Löffel selbst zu seinem Munde.* Bei Rosegger kommt das Grubenkraut in mehreren Erzählungen vor, beispielsweise liefert er uns an anderer Stelle eine Beschreibung der Grube. Diese sei *mehrere Klafter tief, schachtartig, mit dicken Brettern ausgetäfelt.*

Im niederösterreichischen Waldviertel, einer nicht minder kargen Region als das *Joglland*, wurde auch Grubenkraut oder **Graukraut** hergestellt und gegessen.

Hetschebetsch-Soße

Ist eine Soße aus Hagebutten, die einstmals recht verbreitet war. Ein Rezept aus dem Salzburgischen gibt an, die mit Wein eingekochten Hagebutten würden so lange eingedickt, bis sie als zähe Soße zu Rindfleisch und Wildbret gereicht werden können. Auch die Tiroler Küche kennt eine Hetschebetsch-Soße, die man zu Wild reicht. Eine gewisse Rosina Kastner, ihres Zeichens Tiroler Köchin, liefert ein Rezept eines *Hetschebetschpfeffers*. Sie lässt dazu Semmelbrösel mit etwas Wein aufkochen, fügt Hagebuttensaft, Zitronenschalen und Zimt hinzu und versüßt die herbe Hagebutte mit Zucker, um dann alles über den Rehrückenbraten zu gießen.

Hirn mit Ei

War bis zur BSE-Krise an Schlachttagen ein beliebtes Essen in ganz Österreich. Man bekommt es inzwischen wieder vereinzelt in Wiener Gasthäusern.

Jagatee

Ist ein Heißgetränk, das, wie der Name schon sagt, von den Jägern auf der Pirsch bevorzugt getrunken wurde. Es besteht aus Schwarztee mit Rum oder Schnaps. Mit der Skihütten- und Skihaserlpraxis wurde er Teil der Ski-Eventkultur. Mittlerweile ist der Begriff „Jagatee" in der Spirituosenverordnung der EU geregelt. *Jagertee, Jagatee* und *Jägertee* darf ausschließlich in Österreich so genannt werden, in Deutschland muss das gleiche Getränk *Hüttentee* heißen.

Johanneswein, Hanslwein

Am 27. Dezember kommt es bei vielen Pfarren in den Weingebieten zur Weihe des frischen Weines. Früher ging der Pfarrer durch den Ort und segnete bei den Hauern den Wein oder der Wein wurde in der Kirche geweiht. Man trank ihn nur zu besonderen Anlässen. Manchmal wurde der geweihte Wein tröpfchenweise in die anderen Fässer geträufelt, um die Segnung zu übertragen.

Als Ursprungslegende gilt die Erzählung vom Götzendiener Aristodemus, der dem heiligen Johannes vergifteten Wein mit der Aufforderung, diesen zu trinken, gereicht haben soll, anschließend würde er Christ werden. Nachdem Johannes diesen Anschlag unbeschadet überlebt hatte und die Legende ihre Verbreitung fand, schlich sich der (Aber)glaube ein, geweihter Johanneswein schütze vor allerlei Gefahren, insbesondere vor Vergiftungen.

Jungwein, Junker oder Heuriger

Er soll, so wussten bereits die Menschen in der Antike, in einer klaren Vollmondnacht, aber vor allem in trockener Zeit abgezogen werden. Oftmals wurde dieser Wein im November an Martini getauft. In der Steiermark begegnet einem dieser neue Wein als Junker oder Steirischer Junker.

Käferbohnen

Andernorts als Feuerbohne bekannt, sind Käferbohnen (*Phaseolus coccineus*) eine steirische Spezialität. Sie werden nach langem Kochen mit roten Zwiebeln, Essig und Kürbiskernöl als Salat angerichtet und zu jeder Jahreszeit gegessen. Der Käferbohnensalat ist ein karges Arme-Leute-Essen, das inzwischen Einzug in die gehobene Küche gefunden hat.

Kaffee

Wien rühmte sich bis zur epidemischen Universalisierung durch den *Caffè Latte* seiner Kaffeekreationen. Darunter finden sich einige klingende Namen, die oftmals auf Berufe verweisen. Sie vermitteln ein umtriebiges Leben im Kaffeehaus. So gibt es einen **Fiaker**, dieser besteht aus schwarzem Kaffee mit etwas Kirschwasser oder Rum. Der **Franziskaner** wiederum ist ein kleiner, gestreckter Mokka mit heißer Milch und Schlagobers. Als **Konsul** bezeichnet man einen großen Mokka mit Schlaghaube. Der **Kosak** wird im Einspännerglas mit Henkel, Rotwein, Wodka und flüssigem Zucker gereicht. Der **Einspänner** ist nichts anderes als schwarzer Kaffee mit Obers und Staubzucker. Die Kellner servierten ihn im Henkelglas, angeblich damit die Fiaker gleichzeitig die Zügel halten konnten. Daheim am Hof saß währenddessen der Kaiser bei seiner **Kaisermelange**, einem großen Mokka, der mit Eidotter, Honig und Cognac gerührt wird. Sollte einem dies alles zu viel sein, gibt es noch den **Obers gspritzt**: Das ist flüssiges, nicht geschlagenes Obers mit ein ganz wenig schwarzem Kaffee. Bevorzugt man etwas mehr Milch und weniger Kaffee, bestellt man einen **Kaffee verkehrt** – dieser entspricht dem Norditalienischen *Caffè Latte*. Obligat zu jedem Kaffee ist in Wien das Glas Wasser.

Kaiserschmarren

Der Kaiserschmarren wurde zwar vom Hof und vom Adel hoffähig gemacht, allerdings hat er seine Herkunft im *Kaserschmarren* und hat mit der Milchkultur und Käsekultur im Alpenbogen zu tun. Auf den Almen gab es kaum etwas anderes als Gerichte mit Ei, Mehl und Milch. Ziemlich sicher hat der Kaiser bei seiner Jagd im Gebirg' irgendwann einmal auf einer Hütte, auch Kaser genannt, so einen Schmarren serviert bekommen.

Kernöl oder Kürbiskernöl

Was ziemlich sicher einst als Öl ärmerer Gegenden in der Steiermark galt, gehört inzwischen zum lukullischen Olymp. Es wurden in Berlin, Wien und in der Schweiz zwar am Beginn des 19. Jahrhunderts Bücher herausgegeben, die die Nutzung von Kürbissen besprechen, von einem Öl aus Kürbiskernen ist aber nicht die Rede. So berichtet für die Steiermark Dr. Franz von Sartori 1816, seines Zeichens Regierungssekretär in der Untersteiermark, dass die Leute Kürbisse essen würden, aber auch er erwähnt kein Kürbiskernöl. Als *Nationalspeisen* zählt er *Schmalzkoch, Schottensuppe, Milchsterz* und *Poganzen* auf. Ein steirischer Botaniker spricht von anonymen Quellen des 16. Jahrhunderts, die von einer Milch berichten, die labend sei und aus Kürbiskernen hergestellt würde. Damit könnte das derzeit so beliebte Öl gemeint gewesen sein. Eine kaiserlich-königliche Verordnung vom 16. Februar 1773 empfiehlt jedenfalls den Anbau von *Kürbes, oder sogenannter Plüzer*. Ungefähr 100 Jahre später, als man beginnt, Tabak und Hopfen in der Steiermark anzubauen, ist dann die Rede vom kostbaren dunklen Kürbiskernöl, das man als Heilmittel verwenden könne, die Kerne möge man von den *lüsternen Kindern* fernhalten und sie dem Apotheker zum Kauf anbieten. Inzwischen gibt es einen wahren Boom ums Öl und um den Kürbis. In der frühherbstlichen Kürbiszeit findet man allerorts in Niederösterreich und der Steiermark laute und leisere Kürbisfeste.

Kipfler

Eine Kartoffelsorte von leichter Krümmung und feinem, leicht nussigem Geschmack. Kipfler wurden bis zur weltweiten Vereinheitlichung der Kartoffelsorten vorwiegend für Erdäpfelsalat verwendet. Im weit verbreiteten Kochbuch der Anna Bauer heißt es dazu: *Man verwendet hierzu immer Kipfel=Erdäpfel.*

Kochsalat

War im Wienerischen eine typische gesunde und schlichte Speise. Entweder mit Erbsen oder Bröseln zubereitet, fand man ein Rezept in vielen Haushaltsbüchern für junge Frauen. Dazu kochte man Salat (*Lactuca sativa*) in Salzwasser und dünstete ihn gemeinsam mit Spargel oder Karfiol. Dann übergoss man ihn mit brauner Butter.

Kracherl

Das Kracherl ist eine süße Limonade. Himbeerkracherl, Zitronen- oder Orangenkracherl werden sprudelnde süße und eingefärbte Getränke genannt. Der Begriff ist eine Anlehnung ans Krachen, ein lautes Geräusch, das beim Öffnen der ältesten Kracherlgetränkeflaschen entstanden war. Limonaden (vom italienischen Wort für Zitrone), Veilchen-, Himbeer- und sonstige Fruchtwässerchen zur Erfrischung gab es nachweislich schon in der Antike. Die ersten Limonadenflaschen verfügten über eine Glaskugel, die durch den Auftrieb der Kohlensäure den Flaschenhals verstopfte. Drückte man diesen ein, um an das Getränk zu kommen, krachte es ordentlich. Heutzutage zischt es ob der perfekten Dosierung der Kohlensäure und der anderen Verschlusstechniken nur mehr. Gut, dass das Kracherl vor den Bügelverschlüssen und den auf diese folgenden Kronenverschlüssen da war, sonst würden wir vermutlich „Zischerl" sagen – das will man sich gar nicht vorstellen.

Krautfleckerl, Schinkenfleckerl

Kleine eckige Nudeln, die zusammen mit angedünstetem Süßkraut – oftmals wird das Kraut karamellisiert – oder mit Schinken angerührt werden. Kraut- und Schinkenfleckerl gehören im Osten Österreichs unwidersprochen zur Ethno- oder Heimatküche. Vom einfachsten bis zum gehobensten Lokal findet man sie für den sogenannten *Mittagstisch* auf der Speisekarte.

Kren

Der Kren, der so gerne als typisch wienerisch zum Würstl serviert wird, wurde lange Zeit aus bayerisch Franken importiert. Der Hauptabnehmer des fränkischen Meerrettichs war im ausgehenden 19. Jahrhundert Österreich.

Krügl

Ist ein Hohlmaß von 0,5 Litern, aber eben keine *Halbe* wie im Westen Österreichs. Bestellt man ein Krügl, trinkt man, ohne es gesondert betonen zu müssen, Bier und nicht Wein.

Kuheuter

Zur österreichischen oder süddeutschen Küche, wie sie vor ihrer nationalen Adelung hieß, gehört neben Biber, Otter, Schnecken und Krebsen auch das Kuheuter. Die Euter wurden gewaschen und sehr lange in Salzwasser weich gekocht, um anschließend die Haut abzulösen. Es soll schon vorgekommen sein, dass ein Tag kochen nicht reichte, um das Euter weich zu bekommen. Dann riet man der Köchin, es herauszunehmen und am nächsten Tag erneut zum Kochen anzusetzen. Paniert mit Ei und Semmelbröseln oder mit Zwiebel, Butter und Rahm angedünstet, war es zum Verzehr bereit.

Liptauer

Der Liptaueraufstrich ist wie das Schmalz fixer Bestandteil der Brotaufstrichkultur Ost- und Südostösterreichs. Seinen Namen hat er vom slowakischen Ort Liptau. Liptauer fehlt in keinem Heurigen und in keinem Lebensmittelgeschäft. Wahre Aufstrichkenner bestehen darauf, dass der Liptauer aus frischem Brimsen gemacht wird.

McTafelschmaus

In Kooperation mit einem der umtriebigsten Haubenköche Österreichs, Toni Mörwald, kam es zur internationalen Beziehung zwischen den USA und Österreich und zur Synthese zwischen traditionsreicher Esskultur und gegenwärtiger Schnell-Ess-Moderne. Teurer als die gängigen Burger-Kreationen bot McDonalds den McTafelschmaus in Anlehnung an die Wiener Küche und an die neue Ethnoküche an. Bestandteil waren: österreichisches Rindfleisch, Apfelkren, Häuptelsalat und ein Rösti zwischen zwei Brotscheiben. Empfehlung: Wenn schon Burger, dann diesen!

Mehlspeisen

Wurden und werden in Österreich und der ehemaligen Monarchie „Nachspeisen" genannt. In die Liste berühmter Mehlspeisen gehören Apfelstrudel, Topfenstrudel, **Palatschinken,** Topfenknödel und Zwetschkenröster, in der Salzburger Gegend die Salzburger Nockerl, im Tirolischen der **Ka(i)serschmarren.** Jedenfalls ist Mehl immer ein Bestandteil. Viele Jahre Wien-Erfahrung lehren, dass die Wiener Hausfrau der Mehlspeiskunst mächtiger als der Kochkunst ist. Die Mehlspeis' zur täglichen Jause ist im Raum Wien von großer Bedeutung. *Die Mitteilungen für Gasverbraucher,* ein Heft der Wiener Stadtwerke-Gaswerke, brachte im März 1954 ein Heftlein im A5-Format mit für damals als typisch geltenden regionalen *Mehlspeisen aus den Bundesländern* heraus.

Most

Der Süßmost ist ein ungegorener Traubensaft. Im Süden und Osten Österreichs, dort wo keine Trauben wachsen, bezeichnet man den Apfel- oder Birnenwein als Most. Dieses schlichte Getränk wird immer beliebter.

Mozartkugel

Fürst in Salzburg ist die Konditorei, die über das „originale" Mozartkugelrezept verfügt. Der wohl fürstlichste und vornehmste unter den Zuckerbäckern Österreichs befindet sich noch immer in Salzburg. Die Firma wurde von Paul Fürst gegründet. Heute hat der Betrieb rund 50 Angestellte und besticht durch Qualität in der Produktion sowie Bescheidenheit im Auftreten. Fürst repräsentiert die feine Handwerkskunst des Zuckerbäckers seit der Gründung im ausgehenden 19. Jahrhundert. Paul Fürst wagte einst, zu Zeiten, als Reisen noch mühsam war, einen Ausflug ins Paris des Jahres 1905, um dort auf einer internationalen Lebensmittelmesse seine Pralinés zu präsentieren. Mit einer kleinen, runden, *Mozartbonbon* genannten Praline machte der Herr aus *Autriche* derart Eindruck, dass man ihm dafür eine *medaille d' or* mit auf den Weg gab. Paul Fürst kehrte sicher erschöpft wie erfreut nach Salzburg zurück und führte sein Geschäft mit ruhiger, aber bestimmter Hand weiter. Seine Angestellten waren während der Produktion angehalten zu pfeifen, damit der Arbeitgeber sicher sein konnte, dass sie nicht naschten. Der Ur-Ur-Urenkel des Paul Fürst, Martin Fürst, der zusammen mit seinem Vater die Tradition weiterführt, ist von dieser strengen, sicher auch den teuren Rohstoffen geschuldeten Gepflogenheit abgekommen. Es wird sogar vom Personal gewünscht zu kosten, schließlich könnte es ja mal passieren, dass zu viel Zucker in die Masse gelangt. Fürst hat in seinem breiten Sortiment und neben der Mozartkugel eine Reihe weiterer Namenspralinen: den Bachwürfel, Wolf-Dietrich-Block, nach dem Fürsterzbischof benannt, Dopplerkon[ef]fekt, ein Tribut an den Salzburger Physiker Christian Doppler (1803–1853), Paris-Lodron-Trüffel, erinnert an den Erzbischof Fürst Paris Lodron (1586–1673), der sich als Friedenswahrer während des Dreißigjährigen Krieges in Salzburgs Geschichte eingeschrieben hat. Und zu guter Letzt gibt es noch den Fürst-Trüffel. Jedes einzelne Konfekt ist ein Kunstwerk für sich, jede Praline erzählt von der kulturellen Tradition der österreichischen Zuckerbäckerei. Wenn wir heute die Fürst'sche Mozartkugel wegen ihrer reinen Zutaten und ihrer Handfertigung schätzen, vergessen wir, dass Paul Fürst in einer Annonce um die Jahrhundertwende ausdrücklich auf seine Modernität mit dem Einsatz von Maschinen in seinem Betrieb hinwies.

Obergaumen

Der Gaumen eines Ochsen gehörte wie das Euter der Kuh oder andere innere Teile eines Viehs zur österreichischen Küche. Der Obergaumen wurde in Salzwasser gekocht, bis sich die Haut ablösen und der sogenannte innere, braune Teil abschneiden ließ. In fingerdicke Streifen geschnitten und mit Butter angerührt kam er auf den Tisch.

Ochsenaugen

Anstelle einer **Eierspeis** bestellte man sich in früheren Zeiten zur Abwechslung Ochsenaugen. Das sind Spiegeleier, diese aß man mit Gemüse, Haschee oder Beefsteak.

Österreichische Begriffe

Österreichs Kulturbewusstsein ist groß, das zeigt sich immer wieder. Am deutlichsten jedoch im *Protokoll Nr. 10 zur EU-Beitrittsakte 1994.* Die Verhandler bestanden darauf, dass bestimmte Begriffe, insgesamt 23, in den Protokollen nicht von den entsprechenden hochdeutschen Ausdrücken ersetzt werden dürfen. Diese Liste sieht also vor, dass die Protokollanten jeweils beide Begriffe ins Protokoll mit aufnehmen müssen. Folgende österreichische Ausdrücke fanden Eingang in den rechtsgültigen Vertrag: **Beiried** (Roastbeef), **Eierschwammerl** (Pfifferlinge), **Erdäpfel** (Kartoffel), **Faschiertes** (Hackfleisch), **Fisolen** (Grüne Bohnen), **Grammeln** (Grieben), **Hüferl** (Hüfte), **Karfiol** (Blumenkohl), **Kohlsprossen** (Rosenkohl), **Kren** (Meerrettich), **Lungenbraten** (Filet), **Marille** (Aprikose), **Melanzani** (Aubergine), **Nuss** (Kugel), **Obers** (Sahne), **Paradeiser** (Tomaten), **Powidl** (Pflaumenmus), **Ribisel** (Johannisbeere), **Rostbraten** (Hochrippe), **Schlögel** (Keule), **Topfen** (Quark), **Vogerlsalat** (Feldsalat), **Weichsel** (Sauerkirsche).

Österreichische Küche

Die Vorstellung, Österreich hätte schon seit seiner Entstehung eine eigene, spezielle Küche, ist der wohl am dauerhaftesten kolportierte Mythos. Es wird zu gern übersehen, dass Gerichte, Speisen und Essen seit der Entstehung der Nationalstaaten vorwiegend an die vorhandenen Ressourcen geknüpft waren. Zudem entwickelt sich eine allgemeine Kochkunst mitsamt kompletten Geschirrausstattungen überhaupt erst im 19. Jahrhundert, was gewissermaßen mit der Demokratisierung der Gesellschaft und der Auflösung der Großfamilieneinheiten zusammenhängt. Die Entstehung von Haushaltsschulen und Mädchenschulen war dabei eine tragende Säule, ebenso die Industrialisierung. Von einer immer schon vorhandenen elaborierten Vielfalt von Gerichten auszugehen ist daher ein Irrtum. Noch im 18. Jahrhundert schrieb man in einem in Graz erschienenen Kochbuch mit dem langatmigen Titel

Unerschöpfliches Haushaltungs- und Wirthschaftsmagazin, für Hausmütter, Kammerjungfern, Stubenmädchen, Haushälterinnen, Wirthschafterinnen, Haushofmeister, Kaffeesieder, Zuckerbäcker, Gast- und Weinwirthe, Köche und Köchinnen, Gastgeber u. d. gl. Oder die ganz neue und vollständige Kunst, eine Tafel mit allen Arten von geschmackvollen und stärkenden Leckerbissen und Erfrischungen zu besetzten, welche nicht nur den Gaumen kitzeln, sondern auch zum Theil für die Gesundheit und Dauer des menschlichen Körpers wahre und erprobte Arzneyen sind, es gäbe noch einen Mangel an solchen Büchern, die doch der *häusliche[n] Oekonomie* förderlich seien. Nun, sucht man in diesem und auch in ähnlichen Druckwerken dieser Zeit nach den für uns so typischen Gerichten, tut man dies vergebens. In den frühen Kochbüchern findet sich zunächst mal eine lange Liste an Pasteten mit Aal, Austern, Kapaun, Blumenkohl, Forellen, Hammelschlögel, Kälbernieren, Schnepfen, Stockfisch, Ochsenzungen, Krebsen. Dies wohl auch, weil man nichts wegwarf. Ebenso vergebens sucht man nach Menüfolgen. In zitiertem steirischem Haushaltsbuch folgt auf die lange Liste der Pasteten sogleich eine Reihe von Tortenrezepten und anderem Süßzeug. Sülzchen, Mousse, Cremes und Saftrezepte, Veilchen-Gefrorenes beispielsweise sowie Vorschläge, wie man bereits leicht Verdorbenes wieder zurechtbiegt, finden sich in einem ersten Bändchen.

Die wenigen nationalen Gerichte heißen *Wienertorte* oder *Sächsischer Kuchen, Schweizerkuchen* und *Englische Schnitte.* Einige Brotteige wiederum werden *Savonisches Zuckerbrod, Spanische Blätzlein, Oesterreichisches Zuckerbrod, Frankfurter Budenzuckerbrod, Gut englisches Brod, Schwäbisches Zuckerbrod, Ulmer Brod, Jesuiten Zuckerbrod* genannt. Die damalige Küche arbeitete mit einer Menge von Eiern und Zucker. Mit dem Zucker kandierte man *alle Arten Blumen* und Wurzelwerk und versuchte dies auf eine Weise, dass die natürliche Farbe der Blüten und Blumen erhalten blieb.

So man das Eis nicht noch vom Winter im Eiskeller, auch *Eisgruben* genannt, aufbewahrt hatte, kaufte man es *eimerweis* beim Eishändler. Eis mit Rosen, Veilchen, Jasmin, *Pomeranzenblüthen* und Granatapfel war üblicherweise in einem mühseligen Rührverfahren herzustellen.

Im zweiten Band des steirischen Kochbuches wird man angeleitet, verschiedenste Weine und Wasser herzustellen. Zum Beispiel Schlüsselblumenwein, Hirschhornwein, *ein erquickendes Getränk für Kranke, mit geraspeltem vom Hirschhorn, Cibebenwasser* und *Birkenwasser* sowie Butter und Käse. Auch hier kann man sehen, dass es sich schickte, alles, was man irgendwie vorfand, zu nutzen. Österreichs Küche unterliegt wie alle anderen Küchen der kultur-zivilisatorischen Entwicklung, was die Ausstattung der Küchengerätschaft betrifft, und der Demokratisierung von Ressourcen.

Es wurde viel über die Österreichische Küche geredet, besonders nach dem Zu-sammenbruch der Monarchie. Vorher noch meinte man damit *heimische Natio-nalspeisen*, wie Hanna Dumek oder Hanna Dumkova, Verfasserin zahlreicher Kochbücher, am Ausgang des 19. Jahrhunderts schrieb. In ihrem Buch *Öster-reichische Küche* führte sie *2262 Recepte mit specieller Berücksichtigung aller in den Kronländern der österreichischen Monarchie heimischen Nationalspeisen* auf.

Frau Dumek wusste, dass *schlecht zubereitete Mahlzeiten sehr oft die Quelle der größten Zerwürfnisse in der Familie* sein können, daher ist ihr Bemühen, mit über 2000 Rezepten in den Alltag der Frauen hineinzuwirken, wohl zu verste-hen. Neben Dumek verfasste auch noch *Die Prato* Kochbücher mit regionalen Gerichten, während Anna Bauer für die *süddeutsche Köchin* Rezepte beschrieb. Vor allem von der **Prato** kursierte auflagenstark eine kleine Version noch nach dem Zweiten Weltkrieg. Über Österreichs Küche wurde viel gesprochen, ge-forscht, geschrieben, was zweifelsohne mit dem Bedürfnis nach Identität zu erklären ist. Ihre Herkunft hat viel mit den in der Monarchie häufig in Wien anzutreffenden böhmischen Köchinnen zu tun. Dies hatte zur Folge, dass mit diesem Begriff meistens die böhmisch-tschechische und die ungarische Küche gemeint waren, die anderen Kronländer aber nicht in der gleichen Weise Be-rücksichtigung fanden.

Powidltaschgerl

Mehlspeis ist für mich kein Essen, ich bin nur auf Fleisch versessen. Aber die einzi-ge Mehlspeis, die man zu schätzen wissen sollte, sind die *Powidltaschgerln aus der scheenen Tschechoslowakei,* sang Hermann Leopoldi, der emigrierte Wie-ner, unnachahmlich. Powidl ist ein über Stunden eingekochtes Pflaumenmus. Powidl wird im Wienerischen auch in die **Golatschen** gefüllt. Powidl wird über Stunden eingekocht, bis es zu einer festen, lange haltbaren Masse ver-dickt ist. Im Westen Österreichs kennt man diese Art des Einkochens als Latwerge (auch aus Holunderbeeren eingekocht).

Reifenbeißer

Ist ein sehr saurer Wein, der mit seiner Säure an den Reifen der Fässer nagt. Die zunehmende Qualität österreichischer Weine führte zum Aussterben des Reifenbeißers.

Reparaturseidl

Das Reparaturseidl dient, wie der Wiener Rapper A.Geh Wirklich? singt, der Wiederherstellung am Tag des Katers.

Sacherwürstl

Das sind extralange Frankfurter Würstel, die ausschließlich im Hotel Sacher als *original Sacherwürstl* ausgeschrieben werden dürfen. Sie gehören zur Sorte der Würste aus Brät mit einem 42-prozentigen Rind- und Schweinefleischanteil aus Speck (ohne Rückenspeck) und Wasser. Von 100 Teilen Wurstmasse ist ein Teil Kartoffelstärke. Sacherwürstl bekommt man an den Würstlständen, im Kaffeehaus und im Lebensmittelladen.

Salzburger Küche

So wie es eine österreichische Küche zu geben scheint, so gab es noch bis zum Ausgang des 19. Jahrhunderts eine Salzburger Küche, genauer gesagt gab es ein Kochbuch für die *Salzburger Köchin*, das bereits ein halbes Jahr nach seinem Erscheinen in Nachdruck gehen musste. Frosch- und Schneckengerichte fanden darin Platz, es wurde viel mit einer Mehleinbrenn gekocht, aber vor allem versprach sich die Salzburger Hausfrau schnelleres Weichkochen von Erbsen durch Zugabe von Glasscherben. Diese müssen, so hieß es ausdrücklich, nach dem Kochen wieder herausgenommen werden. Naheliegendes wie Brot und Ei kamen reichlich zur Verwendung. Eines der frühen Zeugnisse einer Salzburger Küche ist das von Conrad Hagger im Jahr 1719 verfasste und 1750 in gekürzter Fassung nachgedruckte *Saltzburger Kochbuch*. Hier werden Schildkröten mit Schnecken, Biber, Otter und auch Frösche verzehrt. Dieses Buch ist ein Zeugnis des Gewässerreichtums der Gegend. Es gibt kaum ein Wasservieh, das nicht verkocht wurde. Bei Hagger kommt es bereits zur Erwähnung der Hagebutten zum Verzehr. Allerdings verweist er ausdrücklich darauf, unbedingt die haarigen

Kerne aus dem inneren der Frucht zu entfernen. Hagger kochte eine Hagebuttensulze und eine Soße aus roten Kornblumen. Letztere will dem Leser nicht vorenthalten werden. *Nihm ein Seitel Wasser, ein Seitel guten rothen Wein, und rothe Kornblumen, in ein Tüchel gebunden, Zucker darzu gelegt, lasse es sieden, bis es picket wird, und giesse es auf die gesottenen Forellen, oder andere Fisch.*

Salzgurken

Sind aus dem Heurigenbuffet und den sommerlichen Vergnügungseinrichtungen nicht wegzudenken. Ein Rezept aus der Zeit der Jahrhundertwende gibt an, man solle mittlere bis große Gurken 24 Stunden in frisches Brunnenwasser legen, diese anschließend herausnehmen und trocknen. Dann werden die Gurken mit nicht zu salzigem Wasser begossen. Es soll darauf geachtet werden, ja nicht zu viel Salz ins Wasser zu geben, da dies den Gärungsprozess drosseln würde. Gelegt wird das Ganze in ein irdenes Gefäß oder ein Fässchen zusammen mit Dill, Weichselblättern, geschnittenem Kren, Salz und Pfeffer. Dann sollte man es zwei Tage am kühlsten Ort der Küche stehen lassen. Acht Tage lang sollte man das Gefäß immer wieder schütteln. Entnimmt man Gurken, sollte man darauf achten, dass die restlichen mit genügend Flüssigkeit bedeckt sind.

Sauerkraut

Es gehört zum Heurigenessen wie die **Blunzn**, das Gmundner-Geschirr und der **Liptauer**. Das im späten Herbst sauer eingelegte Kraut wird von den Köchen mit Butter, Zucker, Kümmel und Pfeffer gedünstet. Manche stauben es mit Mehl. Nur die Ungarn sollen früher, als sie noch zum Kaiserreich gehörten, beim Dünsten des Krautes Safran und Schweinefleisch dazugegeben haben.

Schilcher

Ist der typisch steirische Wein schlechthin. Ludwig von Hörmann, ein Tiroler Kulturhistoriker, schrieb 1912 vom Schilcher als *süffigem* Wein, der besonders in den Gebieten um Stainz, Ligist im Eibiswald, Deutschlandsberg und Schwanberg angebaut würde, und nahezu jeder Bauer der Südsteiermark hätte einen kleinen Weingarten, in dem er diesen Wein für sich herstellte. Der Schilcher stammt von der Rebe Blauer Wildbacher und ist ein Roséwein, der mittlerweile als geschütztes Produkt eingetragen ist. Zur Zeit Hörmanns soll man in der nördlichen Steiermark statt des Schilchers aus dem Süden üblicherweise Schwarzbeerwein, also Heidelbeerwein, angeboten haben.

Schnecken und Schneckenweiber

Schnecken waren sehr lange Zeit nicht nur in Wien eine bevorzugte Fastenspeise. Sie wurden eigens während der beginnenden Fastenzeit aus dem Württembergischen in sogenannten Ulmer Schachteln, das ist ein bestimmter Bootstyp, die Donau entlang bis nach Wien geliefert. Kaum in Wien angekommen, boten die Schneckenweiber sie zum Verkauf auf den Straßen der inneren Stadt an. In einem Salzburger Kochbuch des 19. Jahrhunderts heißt es, *man siedet die sogenannten Ulmer Schnecken, löst sie aus und wiegt sie klein zusammen mit etwas Knoblauch. Macht dann ein gutes lichtes Einbrenn, gibt die gewiegten Schnecken hinein und rühret sie gut durcheinander. Gibt dann Erbsenbrühe, die etwas gesäuert ist, dazu, und läßt die ganze Suppe gut aufkochen; dann richtet man sie auf Semmelschnitteln an.* Die Tiroler und die Wiener Küche kennen während der Fastenzeit ebenso eine Schneckensuppe.

Semmel, Kaisersemmel

Die Semmel oder Kaisersemmel spielte in Ostösterreich, insbesondere in Wien, eine gewichtige Rolle. Inzwischen ist das Interesse abgeflacht. Man fragt, wenn man eine schmackhafte Semmel möchte, beim Bäcker nach einer *Handsemmel.* Eine der Legenden, wie die Kaisersemmel zu ihrem Namen kam, ist, dass Kaiser Friedrich III. zur Festigung seiner symbolischen Macht 1487 Semmeln mit seinem Konterfei darauf an die Kinder auf dem Stadtgraben verteilen ließ.

Man präsentierte die Semmel auf der Pariser Weltausstellung des Jahres 1867 als schönes, weißes Gebäck. Weißbrot galt bis in die Moderne hinein als Luxusgut. Wöchnerinnen, also Frauen, die im Kindbett lagen, brachte man oftmals Weißbrot.

Spritzer

Das im Volksmund kurz und bündig *Spritzer* genannte Getränk ist eine Mischung aus Wein und Sodawasser. Ein Spritzer besteht üblicherweise zur Hälfte aus Weißwein und zur anderen aus Soda. Nicht nur, weil man sich in früheren Zeiten den Wein in hohen Dosen nicht leisten konnte und ihn daher mit Soda aufspritzte, sondern auch weil der Wein mehrheitlich sehr sauer war, erfand man dieses Getränk. Im Sommer trinkt man einen *Sommerspritzer*. Dieser ist im Geschmack etwas leichter, da das Mischverhältnis ein wenig zugunsten des Wassers verändert wurde. Zum Spritzer isst man ein **Grammelschmalzbrot**, ein Ei-Aufstrich- oder ein **Liptauerbrot**.

St. Johanner

Wenn ein Tiroler in Wien einen *St. Johanner mit Kren* bestellt, möchte er eigentlich ein in Wien sogenanntes **Sacherwürstl**. St. Johanner sind Brühwürste wie Frankfurter oder eben Sacherwürstl und heißen in St. Johann in Tirol *Sainihonser,* recht abgekürzt im Dialekt St. Johanner eben. Sie werden in ihrer Heimat mit einem Weißbrot namens *Bitschl* serviert.

Strohrum

Südtiroler schmuggelten während der späten 1960er- und Anfang der 1970er-Jahre nicht nur Teebutter aus Österreich nach Italien, sondern auch Strohrum. Das 1832 in Kärnten von Sebastian Stroh gegründete Unternehmen gewann auf der Weltausstellung 1900 in Paris eine Goldmedaille. Das Produkt war lange Jahre Symbol der gemeinsamen monarchistischen Identität und wurde so für die nach 1918 in Italien verbliebenen deutschsprachigen Südtiroler zu einem hoffnungsvollen Faden der Erinnerung. Köchinnen, die ihre Kochkünste von ihren Großmüttern oder Müttern übermittelt bekamen, lernten sehr früh, mit Strohrum in der Küche zu arbeiten. In Folge der Kriegswirren fehlte dann so manchen Köchinnen der Rum, was nicht zum Vergessen des Getränks, sondern vielmehr zur mythischen Aufladung beitrug. Der Strohrum ist ein markengeschütztes Produkt in der EU und positionierte sich inzwischen weltweit als *„The Spirit of Austria"*.

Sturm

Ist das zweite und höchste Stadium der Gärung bei der Verarbeitung von Wein – er wird, sobald die Gärung ihrem Ende zugeht, auch **Staubiger** genannt. Betrachtet man eine Dopplerflasche Sturm im Gegenlicht, so kann man die sich nach oben arbeitenden Bläschen sehen. Weil der frische Wein derart arbeitet, wird auf den Flaschenhals im Supermarkt nur eine Folie anstatt eines Stoppels gestülpt.

Subirer, Saubirne

Der Subirer ist ein Vorarlberger Schnaps, der aus den Birnen der Saubirne gebrannt wird. Die Saubirne, auch Winterkochbirne genannt, war im gesamten süddeutschen Raum einst weit verbreitet und eignet sich nicht wirklich zum genüsslichen Verzehr, man nutzte sie als *Weinbirnen* oder *Kochbirnen* und man sagte ihr nach, sie sei breiter als hoch. Die Vorarlberger haben inzwischen mit ihrem Subirer einen weitum vernehmbaren Ruf erreicht.

Tiroler Küche

Die Tiroler Küche des 19. Jahrhunderts betont ihren italienischen Einfluss. Eine gewisse Rosina Kastner, Wirtin und Köchin in verschiedenen Haushalten, vergisst nicht, dies in ihrem 1844 erschienenen Kochbuch hervorzuheben. Die Tiroler Küche der damaligen Zeit kennt Aal, Fischotter, einige Schnitzelrezepte, einige Arten von Vögeln und sogar Austern oder Froschsuppe. Besonders ausgefallen ist eine *Schühsuppe*, die aus Zirbelnüssen zubereitet wird.

Wiener Jause

Die Wiener sind sehr darauf bedacht, unabhängig von allen Kalamitäten, die ein Alltag mit sich bringt, eine Jause einzunehmen. Das Wort kommt aus dem Slawischen und meinte einst ein Abendbrot, sogar im Ungarischen würde man *jusonya* sagen, heißt es in einem Buch über die Landeskunde Österreichs unter der Enns aus dem Jahr 1832. Wird man in Wien nach Hause auf eine Jause eingeladen, ist das etwas Besonderes. Diese Jause erinnert an längst vergangene Zeiten der Salonkultur. Nicht nur privat wird die Jause zu einer spätnachmittäglichen Pause mit Kaffee und Guglhupf, auch die Kaffeehäuser bieten eine Wiener Jause an. Pflicht bei der Wiener Jause ist auf jeden Fall ein süßes Stück Kuchen, formvollendet mit einem ordentlichen Berg Schlagobers. Der Wiener Künstler und Sänger Arik Brauer schrieb einst ein Lied für Gesang und Klavier zur Jause, in der die unerschütterliche Ruhe, mit der die Wiener ihre Jause abhalten, gepriesen wird. *Du ißt a Kipferl, trinkst an Kaffee und derweil passieren Sachen! Ja, da sitz i mi zur Jausn gar so sicher und so fesch, weil i wü a Kipferl schmausn. Ja, des Kipferl is so resch! Grad hab i den Butter aufipatzt und denk mir nix dabei, da is einer gstorbn als wia a Häuslratz – z'wenig dera Hungerei. Des Kaffeeheferl tu i lupfn und i giaß ma an Kaffee, weißen Schlagobers drübergupfen und i traam vom ersten Schnee. Grad hab i den Zucker einigschupft und denk mir nix dabei, da san ihrer zwölfe übers Messer ghuft – z'wenig der Faschisterei.* Wie wichtig diese Jause ist, zeigt eine Radierung, auf der Franz Joseph I. und Elisabeth, spätere Kaiserin von Österreich, zum Zeitpunkt ihrer Verlobung am 19. August 1853 abgebildet sind. Die Konterfeis der beiden stehen über einem Landgasthaus, der „Alten Post" in Hallstatt, auf dessen Terrasse das Paar an diesem Tag eben eine Jause eingenommen hat.

Wiener Küche

Die Wiener Küche ist ein einziger großer Mythos. Eines der ersten Kochbücher, das diesen speziellen Namen trägt, ist das von Rosalia Neumann aus dem Jahr 1873. In diesem Kochbuch findet sich kaum etwas, das der heute so bezeichneten Küche irgendwie ähnlich wäre.

Semmelsuppe, Ragoutsuppe, sogenannte *Schüs* (Jus), Spatzensuppe, Grundhirnknödelsuppe, Strumpfbandlsuppe, Schildkröten, Schnecken- und Froschsuppe (Fastenspeisen) und noch viele mehr werden zum Nachkochen angeboten. Das heutige Kultessen „Wiener Schnitzel" ist nicht zu finden. Allein ein Schweineschnitzel, das man *in gequierlte Eier getaucht, und in Semmelbröseln gewalzen* in Fett ausbraten kann. Allerlei Vögel, Innereien, Variationen vom Ei, Aufläufe, Krebse, Knödel, Schafffleisch und Schweinekopf, auch Euter sind aufgeführt. Am exotischsten unter den genannten Speisen klingen wohl die *Regenwürmer in Milch.* Das sind regenwurmdünne Nudeln, die man in süßer Milch wälzt. Der Mythos Wiener Küche entstand im Zug der Neugestaltung einer österreichischen Identität nach dem Zweiten Weltkrieg und ist Ausdruck des menschlichen Bedürfnisses, von sich, einer Stadt, einer Nation ein Bild zu schaffen, das gleichsam harmlos wie wirkungsvoll sein soll.

Wiener Schnitzel

Das Wiener Schnitzel ist ursprünglich eine *bistecca á la milanese*. Feldmarschall Radetzky soll es sehr geschätzt haben. Von einem Besuch in Mailand im Revolutionsjahr 1848 soll der Feldherr das goldgelb schimmernde Schnitzel lebhaft in Erinnerung behalten haben. Was man sicher weiß, ist, dass das Schnitzel in Wien als *Fricandeau* bekannt war. Anna Dumek erwähnt im Kochbuch des Jahres 1910 folgendes zum Schnitzel passende Rezept: *Kalbfleisch von der Keule wird dick geschnitten, geklopft, gewaschen, gesalzt; in Mehl gewendet, mit Ei bestrichen, mit geriebener Semmel bestreut und in Butter gelb gebacken. Oder Zwiebel wird behackt, ein wenig gedünstet und die Schnitzel auf zwei Minuten hineingelegt. Zu beiden Seiten kann man gekochten Karfiol geben; oder es wird Sardellbutter bereitet, die Schnitzel damit bestrichen und gebacken, oder mit zerschnittener Zitrone aufgetragen.* Noch im 19. Jahrhundert blieb das Schnitzel auf die Regionen Wien, Niederösterreich, Nordböhmen und Nordmähren beschränkt. Ein deutscher Diätarzt schrieb um 1880 vom Wiener Schnitzel als einer gesunden Mahlzeit, weil sie aus Kalbfleisch bestünde. Ein Kochbuch aus dem Jahr 1901 von Margarethe und Fanny Wehrfritz empfiehlt für den Donnerstag, Wiener Schnitzel zuzubereiten. Es versteht sich, dass Fleisch, insbesondere Kalbfleisch, ein Privileg für gehobene Haushalte war. Die Ballade vom Wiener Schnitzel nutzte der Dramatiker George Tabori als Metapher zur Skizzierung der österreichischen Mentalität.

WÖK

Ist die Abkürzung für Wiener öffentliche Küchenbetriebsgesellschaft. Als unmittelbar nach dem Ersten Weltkrieg die Not groß war, sannen die Gemeinde Wien und der österreichische Staatsschatz darauf, eine Gesellschaft zu gründen, die eine einigermaßen günstige Verköstigung von Kindern, aber auch von weniger bemittelten Erwachsenen ermöglicht. Bereits 1920 wurde diese ursprünglich englisch betitelte Gesellschaft in „WÖK" umbenannt und auf mehrere Wiener Bezirke verteilt. So war es möglich, günstig warme Mahlzeiten auszugeben. Die WÖK galt bis zu ihrer Umstrukturierung 1994 wahrlich als Wiener Institution, in der alle, vom Arbeiter bis zum Ministerialbeamten auf mit Blumen gedeckten Tischen ihre warmen Mahlzeiten oder ihre Wiener Jause einnahmen. Die Betriebsgesellschaft verfügte über eine eigene Gärtnerei, die die Blumen für den Tischschmuck lieferte, eine Bäckerei und eine Wirtschaftseinrichtung auf den Steinhofgründen (einem nunmehrigen Naherholungsgebiet der Stadt), die die Küchen mit Gemüse versorgte. Die Wiener öffentlichen Küchen waren für die einheimischen privatwirtschaftlichen Wirtshäuser durchaus eine Konkurrenz, was immer wieder in den damaligen Tageszeitungen zu lesen ist. Die WÖK unterschied sich von anderen Gastwirtschaften darin, dass hier lange Jahre nur weibliches Personal zum Einsatz kam und kein Trinkgeld, auch Tischgeld genannt, gegeben werden durfte. Die WÖK war ein Merkmal Wiens und derart bedeutsam, dass der österreichische Schriftsteller Thomas Bernhard anhand von vier WÖK-Besuchern, auch als *Billigesser* im gleichnamigen Band bei Bernhard verewigt, eine kleine Mentalitätsgeschichte zum Thema liefert. *Ich selbst war immer ein WÖKaufsucher, aber niemals ein totaler Billigesser gewesen, weil ich nicht und niemals grundsätzlich billig gegessen habe, auch nicht in der WÖK und ich hatte keinerlei Berechtigung, mich jemals einen Billigesser nennen zu dürfen und ich hatte auch, wenn, dann immer nur die WÖK in der Herrengasse und niemals die WÖK in der Döblinger Hauptstraße aufgesucht, weil es mir immer zu umständlich gewesen war, die WÖK in der Döblinger Hauptstraße aufzusuchen [...]*

Zeller

Wird die Sellerieknolle genannt, die in Scheiben geschnitten und paniert serviert wird. Ab und an kommt es auch vor, dass sie gehobelt als Salat beim Heurigenbuffet angeboten wird.

Zwetschken

Sind Pflaumen, sie gehören in die EU-Liste der typisch österreichischen Begriffe, die Österreich in den Vorverhandlungen zum EU-Beitrittsvertrag für sich ausgehandelt hat. Die ostösterreichische Küche kennt die Zwetschke vor allem in Form vom *Zwetschkenröster*, der zu Topfenknödeln und **Kaiserschmarren** gereicht wird. Zwetschkenröster ist recht schnell und unkompliziert gekocht.

Häuser, Höfe, Landschaft

Österreichs Landschaft macht das Land reizvoll, macht es augenfällig. Waren Häuser und Landschaften noch bis vor 50 Jahren um einiges leichter zu typisieren, werden sie unter den Bedingungen agrarischer und ökonomischer Regeln immer weniger geschlossen wahrgenommen. Unter dem Dachbegriff „Haus- und Siedlungsforschung" widmete sich die Volkskunde in der Vergangenheit der Aufzeichnung und Deutung von Flurformen (Wiesen, Felder) und der darauf stehenden Häuser im ländlichen Raum. Dieser Praxis verdanken wir eine Reihe von Publikationen zu Bauernhöfen innerhalb der Grenzen Österreichs nach 1945. Der Fortschritt ganz allgemein und speziell in der Landwirtschaft, der immer wichtiger werdende Tourismus, die Flut von Architekten und die Möglichkeiten, auf mehr und mehr neue, exotische und damit reizvollere Materialien zurückgreifen zu können, sowie die Förderung von Wohnen durch die öffentliche Hand führten zu Veränderungen, die früheren Landschaftsbildern ihre Typik verloren gehen ließen. Die Denkmalpflege versucht, die durch die Modernisierung hervorgerufene Zerstörung regionaltypischer Bauten zu minimieren oder zu retten, was möglich ist. Einschneidende Veränderungen durch die Zivilgesetzgebung bewirkten mit ihren Regeln zur Erbteilung, ohne es zu wollen, neue Haus- und Siedlungsformen. Die Realteilung lässt ganze Gegenden anders aussehen. Das eine oder andere blieb erhalten und vermag zu beeindrucken, vieles ist nur mehr im Museum zu bestaunen. Zu Haus und Hof zählte auch das Interieur bzw. die Ausstattung, die man in diesem Zusammenhang schlicht und einfach „Möbel" und „Gerätschaft" nennt. Inventare früherer Hauseigentümer zeigen uns sehr schön, wie Häuser und Höfe statusbildend wirkten, wie der Reichtum innerhalb der eigenen vier Wände repräsentativen Charakter aufwies. Das Haus war mehr als bloß ein Dach über dem Kopf. Darum gehören in dieses Kapitel auch der Hausfrieden, die Dachformen, Flurdenkmäler und die Hausbank. Grenzverschiebungen von Feldern und Fluren wurden von der Gemeinschaft streng geahndet. Zahlreiche Märchen berichten von den Folgen und der Bestrafung solcher Rechtsübertretungen. Was bis heute zu diesem Thema alles vor Gericht ausgetragen wurde, ist mannigfaltig und nach wie vor sind Häuser oder Wohnungen Statussymbole. Einmal mehr, einmal weniger vom Architekten nach Plan als vom Bewohner selbst eingerichtet, dienen Wohnungen und Häuser nach wie vor der Hebung des Selbstbewusstseins.

Angerdorf

Das Angerdorf erkennt man am zentralen Anger, auf dem meistens eine Kirche steht. Rund um diesen führt die Straße, an der in regelmäßiger Anordnung die Häuser gebaut sind. Auf dem Anger kann auch ein Teich sein – so sieht man es noch häufig im mährischen Grenzgebiet Ostösterreichs. Angerdörfer finden sich im Osten Österreichs, so im Waldviertel, Weinviertel, Burgenland, im Wiener Becken, gelegentlich auch in der Ost- und Südsteiermark. Ein besonders schönes Beispiel für ein mittelalterliches Angerdorf ist das Städtchen Drosendorf an der Thaya im Waldviertel. Angerdörfer sind in mehrerlei Typen zu finden: als Linsenangerdorf (Glinzendorf bei Gänserndorf), dreieckig (Oberolberndorf bei Korneuburg) oder im Halbkreis angeordnet. Siedlungshistorisch sind sie ein Ergebnis des Mittelalters. Der Anger oder Platz bei diesen Anlagen war und ist stets öffentlicher Raum. Diese Dorfform ist ein schöner Ausdruck für die Vergesellschaftung von Menschen in ländlichen Gebieten.

Bauernhaustypen oder Hofformen

Österreichs Hoflandschaft wurde am Ausgang des 19. Jahrhunderts erstmals umfassend erforscht. Rasch entbrannte eine Diskussion über deutsche und slawische Einflüsse bei den Haus- und Hofformen. Recht bald zog man bei der Typisierung vier Aspekte heran. Da gab es einmal das Feuerhaus, nach dem Herd benannt, womit das Wohnhaus gemeint war. Das Futterhaus war der Stadel, in dem das Futter für das Vieh untergebracht war. Hinzu kamen Geräteaufbewahrung und Vorratshaltung. Bei einer Analyse der Hofformen wird zunächst der Grundriss erfasst. Die Lage des Haupteingangs, First- und Traufseite eines Gehöfts werden mit einbezogen. In der Vergangenheit ergaben sich im Österreich der Grenzen von 1919/1945 von Vorarlberg bis ins Burgenland, von Oberösterreich bis in die Steiermark und Kärnten folgende Typen: **Einhof, Zwiehof, Mehrseithof, Haken-** und **Streckhof** und **Haufenhof**. Höfe können sowohl in zweifacher Bauweise, Holz und Stein, als auch in bloßer Holzbauweise (z.B. Blockbauten in ärmeren oder sehr waldreichen Gebieten) errichtet sein. Veränderungen im Höfebau unterlagen schon immer und nach wie vor gesetzlichen Bedingungen, dazu zählen vornehmlich Brandschutzbestimmungen, aber auch hygienische Vorschriften. Für alle Haus- und Gehöftformen gilt, dass die Verwendung von Materialien beim Bau von Haus, Stall, Scheunen und Geräteschuppen sowohl von den vorhandenen Ressourcen, den technischen Neuerungen, zeitgeistigen Einflüssen durch Machtzentren und von herrschaftlichen oder gesetzlichen Vorgaben abhängt. Als Beispiel mögen die Verwendung von Lärchenschindeln im alpinen Raum und die Deckung der Dächer mit Stroh im ostösterreichischen Gebiet dienen. In diesem Zusammenhang waren es Brandschutzbestimmungen, die dazu führten, von derlei Material abzukommen. Mit der schwindenden Notwendigkeit, bewährte Materialien anzuwenden, geht meistens der Verlust der Praxis zur Herstellung selbiger einher und mit ihm die dazu verwendeten Gerätschaften. Ein ganz junges Beispiel für eine Besonderheit in Österreich sind die von der großdeutschen Bewegung und den auf diese folgenden Nationalsozialisten eingeführten Häuser mit Steildächern. Viel Stein und die Dächer in Anlehnung an das fränkische Steildach sollten symbolisch die Nähe zum Deutschtum vermitteln. Im nördlichen Waldviertel, in der Gegend um Allentsteig, schuf man für die zwangsumgesiedelten Bauern neue Häuser, die allesamt durch ihr Steildach (über 20 oder 30 Grad Neigung) auffallen.

Bauernmöbel

Als Bauernmöbel bezeichnet die Wissenschaft Möbel, die aus ländlich-bäuerlichem Haushalt stammen. Bauernmöbel, wie sie in den Museen vorzufinden sind, fördern eine eigene Sozial- und Kunstgeschichte zutage, die oftmals recht eindeutig Hinweise auf den religiösen Hintergrund eines Haushaltes liefert. So gab es vor allem in der Zeit der Gegenreformation, in der der Trend zur Möbelmalerei aufkam, in Oberösterreich einen Zuwachs an roter und grüner Pflanzenornamentik. Es entstanden ganze Möbellandschaften, die der Fachmann anhand ihrer Bemalung zuordnen kann. Beispielsweise zeigen tirolische Möbel im Zillertal die einstmals herrschenden Landesgrenzen an. Jene auf der Tiroler Seite weisen einen blauen Korpus auf, während hinter der gegenüberliegenden Salzburger Grenze grüne Fassungen zu finden sind. Diese Trennung betont hier das katholische (blaue) und dort das evangelische (grüne) Zillertal – eine wahrhaft symbolische Scheidelinie übrigens, die sich auch an den Kirchendächern zeigt. Die grünen Kirchendächer gehören zum Dekanat Salzburg und die roten zur Diözese Innsbruck. Das reiche Erzbistum Salzburg konnte es sich damals nämlich leisten, seine Kirchen mit Kupfer einzudecken, während man in Tirol auf normale Tonschindeln zurückgriff. Ein weiteres Unterscheidungsmerkmal bei den Möbelstücken sind die Motive in den sogenannten Kastenfenstern der Schränke. Die einen zeugen von der katholischen Heiligenverehrung und die anderen erzählen Geschichten aus dem alten Testament. Nicht nur Schränke wurden derart ausgezeichnet, auch Bettkästen dekorierte man in diesem Stil. Die schnitzreiche Holzmöbeltradition des Tiroler Oberinntales wiederum verzichtete weitgehend auf Bemalung. Möbel waren bis zur industriell gefertigten Herstellung Ausdruck regionalen Stilbewusstseins und gesellschaftlicher Tradition.

Bauopfer

Bauopfer wurden lange Zeit beim Bau eines Hauses zu unheilabwehrendem Zweck mit eingemauert. Solche Bauopfer können wie in einem Fall im niederösterreichischen Scheibbs ein Widderkopf sein oder Kinderschuhe, die vor nicht allzu langer Zeit in einem Haus in Südtirol gefunden wurden.

Blockfluren

Sind unregelmäßig verteilte, sich rund ums Gehöft streuende Fluren. Sie gehören zu den ältesten Flurformen.

Dach

Zur Geschichte der Haustypen gehört unweigerlich jene der Dächer. So gibt es von West nach Ost ausgebildete **Legdächer**, deren östlichste Grenze entlang des Hausruck Richtung Süden zum Dachstein hin verläuft. Legdächer bestehen aus sogenannten Legschindeln und können, weil das Dach nicht steil ist, gelegt und nicht genagelt werden. Die Errichtung von **Schindeldächern** im westlichen Österreich bedarf handwerklicher Kenntnisse und spezieller Gerätschaften. Ein Schindeldach aus Lärchenholz kann, sofern die Schindeln nach tradierter Manier hergestellt wurden, leicht 100 Jahre halten. In den Seengegenden im Burgenland zum Beispiel kennen wir **Reet-** bzw. **Strohdächer**. Allerdings kam es wegen der Feuergefahr bereits im 18. Jahrhundert etwa für Eisenstadt zu einem Verbot solcher Dächer.

Dachreiter

Dachreiter nennt man jene Türmchen, die wie ein zu klein geratener Turm wirken und auf dem Dachfirst angebracht sind. In ihnen ist meistens ein kleiner Glockenstuhl mit Glöcklein aufgehängt. In der Dachlandschaft Tirols (Kitzbüheler Gegend) findet man solche Dachreiter, die man auch *Fraßglöcklein* nennt, da man damit Knechte und Mägde zum Essen vom Feld läutete. Die Volksarchitektur hat sie sich vermutlich von den Zisterziensern abgeschaut.

Dörfer

Österreichs Landschaft verfügt über viele Dorfformen, deren historisches Aussehen auch stets etwas über die kulturräumlichen Bedingungen erzählt. Dörferansichten liefern uns Hinweise auf die vorherrschenden ökonomischen Bedingungen und gesetzlichen Vorgaben. Unzählige Dörfer finden sich auf Post- oder Ansichtskarten. Damit bewies der Reisende, dass er auch wirklich dort war. Nicht selten finden sich statusbildende Materialien, die die Gegend rund um das Dorf oder das Dorf selbst reich machten, bei der Gestaltung des Dorfplatzes, der Häuser oder der Gehwege wieder. So kommt im Waldviertel viel Granit zum Einsatz, im Ausseerland viel Holz.

Einhof

Der Einhof verfügt über ein durchgehendes Dach, dies bedeutet, dass sich alles zum Hof Gehörige unter einem Dach befindet: An der Vorderseite steht die Wohneinheit. Diese ist stets die repräsentative Seite. Nach hinten hinaus kommen dann Vieh und Tenne, in dieser Reihenfolge. Einhöfe gibt es vor allem in Vorarlberg, sie sind aus funktionalen Gründen zweigeschoßig. Die Verbindungswege zu den einzelnen Kammern oder Räumen befinden sich innerhalb des Hauses.

Erzherzog-Johann-Haus

Eine erwähnenswerte Besonderheit in der Steiermark ist das Erzherzog-Johann-Haus, das sich durch einen an die italienische Renaissance angelehnten Stil auszeichnet und eine verfeinerte bäuerliche Hausform darstellt. Es verströmt mediterranes Flair. Eine Besonderheit sind die Unterkellerung und die schlichte Freitreppe. Benannt ist diese Art Haus nach dem Habsburger Erzherzog Johann (1782 in Florenz geboren und in Graz am 11. Mai 1859 gestorben). Er war mit der bürgerlichen Anna Plochl, nach der eine Festtagstracht benannt ist, verheiratet. Die k. u. k. Landwirtschaftsgesellschaft hat veranlasst, diesen Haustypus zu bauen, allerdings nicht unter diesem Namen, den erfand der steirische Volkskundler Viktor Geramb. Das Erzherzog-Johann-Haus ist gemauert, was eine Neuerung für die Steiermark darstellte, und verfügt über einen zweisäuligen Portikus, der den Eingang zum Haus überdacht. Es ist verputzt, auch dies ist ein Fortschritt in der regionalen steirischen Baukultur.

Flurformen

Bezeichnet das Erscheinungsbild von Äckern und Wiesen. Fluren sind im Liegenschaftskataster verzeichnet. In Österreich nennt man die Fluren allgemein „Parzellen". Die Entstehungsgeschichte der Fluren ist auch in einen volkskundlichen Zusammenhang zum germanischen Recht zu setzen, da sie das dörfliche Gemeinschaftsrecht zum Ausdruck bringen. Unterschiedliche Formen resultieren im Zug ihrer Entwicklung nicht selten aus den verschiedenen Geräten zur Bestellung der Fluren (Pflüge).

Gewannfluren sind in einzelne Felder aufgeteilte Äcker, die bei der Dreifelderwirtschaft im Rad bestellt werden können. **Längsfluren** oder **Langstreifenfluren** führen gerade vom Gehöft nach hinten weg. Die **Waldhufenflur** ist eine Siedlungsform in einem Rodungsgebiet, bei der die Felder in einem fruchtbaren grünen Hügel enden. Sie war planmäßig angelegt. Der Hof steht straßenseitig, nach hinten führen die nebeneinanderliegenden langen Streifen der Flur bis an den Wald.

Haken- und Streckhöfe

Diese finden wir ausschließlich im südöstlichen Österreich, in Niederösterreich, dem Burgenland und der Südoststeiermark. Der **Streckhof** ordnet Wohnen, Vieh und Scheune hintereinander an – unter einer Firstlinie und einem Dach. Brauchte man weitere Gebäudeteile wie Schuppen oder Dörrräume, so baute man diese in den umliegenden Raum. Zwischen Enns und Ybbs und südlich der Donau im Wiener Becken stoßen wir auf Streckhöfe, weiters im Raum zwischen Linz und Lambach in Oberösterreich. Ins Haus gelangt man über den Hof. Der **Hakenhof** verfügt am Ende des Wohn- und Viehtraktes über einen Ausläufer oder Haken. Mensch und Vieh sind hintereinander angeordnet, daran schließen dann die weiteren Wirtschaftsräume an, den Abschluss bildet stets die Scheune. Über den sogenannten *Gradn*, eine Verbindung zwischen Wohn- und Stalltrakt, gelangt man zum Vieh. Haken- und Streckhöfe sind Mischbauten aus Holz und Mauerwerk.

Haufendorf

Wie der Name erahnen lässt, handelt es sich dabei um ein unregelmäßig angeordnetes, planerisch kaum strukturiertes Dorf. Haufendörfer sind in schwierigem, steilem Gelände zu finden und verfügen nicht immer über eine Kirche. Diese Dorfanlage zählt zu den ältesten Dorfformen. Viele Tiroler Dörfer sind in ihrem Ursprung Haufendörfer.

Haufenhöfe oder Gruppenhöfe

Sie zeichnen sich durch ihren losen Zusammenhang aus. Kärnten, Oberösterreich, Niederösterreich und die Steiermark sind Haufenhoflandschaften. Die Höfe werden in gemischter Bauweise, also Holz und Stein, erstellt. Haufenhöfe zeichnet wie **Haufendörfer** ihre unregelmäßige, nahezu beliebige, fast unordentliche Bauverteilung aus.

Hausbank

Die Hausbank spielte in der Vergangenheit sowohl vor dem Haus als auch im Haus eine gesellschaftliche Rolle. Für den Gebrauch vor dem Haus nutzte man bewegliche, hölzerne Bänke, während man im Inneren des Hauses auch unbewegliche verwendete. Es gab Bänke mit und ohne Lehne. Im Inn- und Hausruckviertel Oberösterreichs nannte man die Bänke *Gredbänke*, weil sie auf der *Gred*, dem Verbindungsteil zwischen Wohn- und Wirtschaftsteil des Hofes, aufgestellt wurden. In der Steiermark und im Salzkammergut wurden die Bänke *Hoamgartenbank* genannt. Diese Anlehnung an das *hoangarten*, das gemütliche Plaudern, und die Herkunft des Begriffs (Heimgarten) weisen auf heimeliges, gemütliches Zusammenhocken hin.

Haus- und Siedlungsforschung

War bis in die 1990er-Jahre hinein ein Zweig innerhalb der universitären Volkskunde. Die Haus- und Siedlungsforschung vermaß Haus und Hof, sie besah den Verlauf von Fluren und Äckern. Am Ende konstatierte sie gewisse Haustypen und Flurformen, mit denen auch allerlei rechtsvolkskundliche Gepflogenheiten einhergingen. Die Forscher sahen sich Form, Erscheinung, Materialien und Funktion von Gebäuden sowie des Wohninterieurs an. Sie vermaßen Dachstühle und Gärten und verzeichneten die Zäune. Die Haus- und Siedlungsforschung bildete gewissermaßen eine Art Architekturgeschichte der Landschaft mitsamt Haus und Hof. Sie half, Landschaft zu deuten und Schlüsse aus den die Region umgebenden Ressourcen zu ziehen, darüber hinaus diente sie dazu, Herrschaftsverhältnisse zu erkennen. Mit zunehmender Demokratisierung, technischen Neuerungen und unter dem Einfluss rechtlicher Veränderungen wandelten sich Haus- und Flurformen deutlich bis hin zur Vereinheitlichung des Erscheinungsbildes. Individuelle Bauweisen wurden mehr und mehr für alle möglich. Häuser, Höfe und Wiesen veränderten sich durch Einführung der Realteilung, dernach alle Kinder in der Erbfolge gleich berücksichtigt werden müssen, was nicht selten zur Aufsplittung bisher geschlossener Anlagen führte. Die Abnahme des Viehbestandes wie überhaupt die Veränderungen in der landwirtschaftlichen Praxis und die sich etablierende Tourismuskultur veränderten das Aussehen der Bauernhöfe, Dörfer und Kleinstädte, der Wiesen und Wälder. Inzwischen versuchen immer mehr Architekten, sich auf die Erscheinungsqualitäten des Landes zu besinnen. Sie nutzen dabei historische Zitate aus der Region und verbinden diese mit modernen Baumitteln und zeitgenössischen Formen. Diese Bauten wirken stilbildend. Zur Haus- und Siedlungsforschung gehört die Beschreibung der Dorf- und Gehöfteformen.

Streusiedlung, **Weiler** und **Haufendörfer** bilden den Haupttyp der unplanmäßigen Siedlungstypen in Österreich. Weiter im Osten Österreichs überwiegen, bedingt durch die landschaftlichen Begebenheiten, die planmäßig angelegten Dörfer. So in Niederösterreich, dem Burgenland und der Steiermark. Die Steiermark bietet ein großes Gemenge an Verbindungen beider Siedlungsanlagen (planmäßiger und unplanmäßiger).

Hausfrieden

Der Begriff „Hausfrieden" meint in rechtsvolkskundlicher Tradition eine Verbindlichkeit, die beginnt, sobald man die Firstgrenze eines Hauses betritt. Aus österreichischen Weistümern, also Rechtsauffassungen, zu denen die Bewohner angewiesen wurden, wissen wir, dass sogar das Lauschen unter dem Fenster den Hausfrieden störte. Das Hausfriedensrecht bot verfolgten Verbrechern Schutz, bis man diese ordentlich einem Gericht zuführen konnte. Floh der Verbrecher in ein Haus, so hatte man ihm bis zu zwei Wochen Schutz zu gewähren, bis das Gerichtsverfahren eröffnet werden konnte.

Hosenträgerhaus

Das Hosenträgerhaus steht in Wien in der Universitätsstraße und ist ein Bau des berühmten Otto Wagner (1841–1918) aus den Jahren 1887/1888. Die Lisenen, im Volksmund *Hosenträger* genannt, an der Fassade führten zur wenig schmeichelhaften Benamsung des noch immer imposanten, weil frei stehenden Hauses. Es befindet sich unmittelbar neben der Nationalbank und fast diagonal zum Wiener Landesgericht.

Kellergassen

Rund um die Kellergasse gibt es eine Menge von Deutungen. Gemeinhin erzählt man sich, sie seien zum Schein und Trug der Schweden, Türken und anderer Angreifer erbaut worden. Es heißt, man hätte diese Häuschen in den Hohlgassen positioniert, um von den eigentlichen Bauernhäusern abzulenken. Da kein Rauch aufstieg, vermeinten die einfallenden Banden, die Dörfer wären bereits aufgegeben worden, und zogen weiter. Kellergassenhäuser werden zum Gehöft gezählt, auch wenn sie abseits davon zu finden sind. In den Löss von Hohlwegen gesetzt, beherbergen sie die Presshäuser zur (Eigen-) Verarbeitung von Wein. Sie verfügen über ein ideales Klima zur Reifung desselben. Anmutig anzusehen sind sie im Gebiet um das niederösterreichische Weinviertel und das tschechisch-mährische angrenzende Gebiet. Ihnen wurde eine Briefmarke der Österreichischen Post gewidmet.

Kirchort

Der Kirchort ist eine Sonderform des Kirchweilers und kommt in der Buckligen Welt und im westlichen Mühlviertel vor.

Kirchweiler

Sind kleine Ansiedlungen, deren Höfe und Häuser scheinbar unregelmäßig um die Kirche oder Kapelle herum angelegt wurden. Meistens tragen sie den Namen des Patrons der Kapelle oder Kirche. Zentral liegt die Kirche, daneben das Pfarrhaus mit Schule und in lockerem Umkreis finden sich die Höfe. Kirchweiler kommen überwiegend im Alpenraum vor.

Klein- und Flurdenkmäler

Sind Wegkreuze, Bildstöcke, Grenzsteine und kleinere Kapellen, die verstreut in der Landschaft liegen und mehr oder weniger kunsthistorische Bedeutung haben. Sie sind Teil des kollektiven religiösen Gedächtnisses und erzählen von Legenden, besonderer Heilgenverehrung, von Unfällen oder von begangenem Unrecht. Mancherorts erinnern sie an verdiente Personen der Region oder an bekannte Persönlichkeiten.

Längsangerdorf, Schmalangerdorf, Breitangerdorf

Sie alle sind Dorfformen, die sich in der Grundstruktur ähneln, jedoch unterscheiden sich Größe und Form der Parzellen und damit das gesamte Erscheinungsbild des Dorfes.

Mehrseithöfe

Kommen ausschließlich in der außeralpinen Landschaft vor. Mehrseithöfe bestehen aus mindestens drei Seiten, die ein gemeinsames funktionales Gebilde formen. Beim **Innviertler Vierseithof** sind die Ecken der Hofgebäude nicht fest aneinandergrenzend. Zäune oder Tore verbinden die einzelnen Elemente miteinander, während beim **Vierkanthof**, hierzulande kurz oft *Vierkanter* genannt, alle Gebäudeteile im rechten Winkel aneinander anschließen, da der Dachfirst aller Gebäudeteile gleich hoch ist und First- und

Traufseite ebenmäßig abschließen. Oberösterreich und Niederösterreich verfügen noch über so manches vorzeigbare Objekt. Vierkanter wurden einst aus Lehmziegeln gebaut und verfügen über eine Mauerdicke von bis zu einem halben Meter. Dieser Haustypus reicht vom Oberösterreichischen ins Niederösterreichische hinein. Vierkanter wurden über einen längeren Zeitraum und mehrere Generationen gebaut, in den seltensten Fällen wurden alle Gebäudeteile genutzt. Beim Vierkanter gelangt man von der Küche aus in den Pferdestall. Den Kuhstall betritt man von außen. Neben der Küche liegt auch die Stube, die für die täglichen Zwecke gut genug war. Die vornehme Stube lag im ersten Geschoß, war reichlich geziert und diente repräsentativen oder rituellen Aufgaben. Die Gegend des Vierkanters ist auch die Gegend einer langen Mostkultur. Die kleine Besonderheit dabei ist, dass die Mostpressen (Birnmühle und Presse) meistens außerhalb der Hofmauern standen.

Neben dem Vierkanter gibt es den **Vierseiter**, der noch unter dem Einfluss des Oberösterreichischen Vierkanters steht und bis ins Melktal hineinreicht – das ist die östlichste Grenze dieses Gehöftetyps. Der Vierseiter unterscheidet sich vom Vierkanter durch seinen unklaren Grundriss und seine nicht rechteckig zueinander stehenden Gebäudeteile.

Dreiseithöfe, oft auch *fränkische Dreiseithöfe* genannt, findet man in größeren Anger- und Straßendörfern im Verband gebaut. Die Gebäudeteile liegen an einem rechteckigen Hof. Dieser weist auf die Straße bzw. den Anger hin. Wie der Name ahnen lässt, grenzen hier drei Seiten aneinander. Der Wohntrakt dieses Gebäudetyps war aus Ziegel gemauert, Scheune und Schuppen wiederum bestanden aus Holz. Im niederösterreichischen Waldviertel, rund um St. Pölten und im Tullner Feld sind Dreitseithöfe zu finden. Auf der Präsentationsseite gibt es nicht selten eine verstrebte Verbindung, durch die man in das Gehöft hineingelangt, um dann nach rechts in den Wohntrakt und nach links zum Vieh hin abzugehen. Die Rückseite ist für den Futtertransport offen. Die Straßenseite ist stets die schöne Seite. Es wird darauf Wert gelegt, dass das Tor ordentlich aussieht und die Mauern sauber verputzt sind.

Mittertennhof

Dieser ist eine Einhofform, deren funktionelle Abschnitte jedoch nicht hintereinander angeordnet sind, sondern unmittelbar nebeneinander: Zwischen dem Wohnteil und dem Stall befindet sich die Tenne. Salzburg und Ober-österreich, selten Tirol, verfügen über solche Hofformen.

Österreichischer Werkbund

Dieser wurde 1912 gegründet und vereinigte eine Reihe bedeutender Künstler, deren bekanntester der Architekt Josef Hoffman ist. Seine Wurzeln hatte der Österreichische Werkbund im Deutschen Werkbund, der 1907 in München unter Beteiligung der Architekten Josef Hoffmann (1870–1956) und Joseph Maria Olbrich (1867–1908) sowie des Literaten Joseph August Lux (1871–1947) gegründet wurde. Ziel des Werkbundes war, Industrie und Handwerk bzw. Kunsthandwerk auf österreichische nationale Art zu pflegen und zusammenzuführen und dadurch auch im Alltag neue ästhetische Maßstäbe zu setzen. Aus der Werkbundbewegung, der Architekten, Künstler wie Juristen angehörten, resultierte eine der ersten Gesetzesvorlagen zum Schutz von Kunst- und Kunsthandwerk sowie der Kleingewerbe. Kurzzeitig unter den Kriegsfolgen des Ersten Weltkrieges und inhaltlichen Unvereinbarkeiten leidend, schaffte es der bürgerliche Verein, sich neu zu sammeln. Zwischenzeitlich wurden der *Wiener Werkbund* sowie der *Steirische Werkbund* gegründet, die sich 1928 wieder unter einem Dach zusammenfanden. 1933 kam es zu Zerwürfnissen zwischen den Architekten, darunter Josef Frank (1885–1967) und Josef Hoffmann. Das nachhaltigste Ergebnis der Werkbundbewegung ist die im 13. Wiener Gemeindebezirk, in Lainz, bestehende Werkbundsiedlung. Die 64 von ursprünglich 70 verbliebenen Wohnungen befinden sich heute in städtischem Besitz. Architekten waren Josef Hoffmann, Josef Frank, Ernst Lichtblau (1883–1963), Richard Joseph Neutra (1892–1970), Gerrit Rietveld (1888–1964), Margarethe Schütte-Lihotzky (1897–2000), Clemens Holzmeister (1886–1983), Oskar Strnad (1879–1935), um die bekanntesten zu nennen. Werkbundsiedlungen zeichnen sich durch die funktionale, moderne Bauweise aus. Sie ragten aus der für die während dieser Zeit üblichen bäuerlich-romantischen bis klobigen Hausbaupraxis hervor und waren stilbildend.

Paarhof

Der alpine Paarhof besteht aus zwei zentralen Häusern, dem Futter- und dem Feuerhaus. Beim Futterhaus sitzt der Stadel auf dem Stall, während der

Wohntrakt ein selbstständiges Gebäude ist. Beide Häuser stehen in etwa parallel zueinander. Sie bestehen in einer Mischbauweise aus Mauerwerk (Stall) und Holz (Stadel) und sind in bisweilen steilen Hanglagen vor allem Tirols und Vorarlbergs anzutreffen.

Plotteggs

So nannte der Architekt und Schriftsteller Friedrich Achleitner jene blassgrünen Riesenkugeln aus Plastik, welche die Landschaft gestaltend auf den Wiesen herumliegen und in denen das halbgrüne Heu für das Vieh eingepackt ist. Achleitner benannte diese Futterrollen nach einem Freund und Architekten. *Die glasharte Oberfläche ist leicht durchschimmernd, sieht aus wie Eis auf einem Teich*, so Achleitner.

Pottensteiner Schwertfeger

Das niederösterreichische Pottenstein *(Steinersche Klingenfabrik)* und St. Ägid *(Fischersche Armatursfabrik)* waren im 19. Jahrhundert wichtige Waffenschmieden. Alle Arten von Säbeln (17 verschiedene), Hirschfängern, Degen wurden vor allem während der Kriegszeiten hier hergestellt.

Rätische Flur

Die rätische Flur ist eine Besonderheit im Oberinntal. Genauer gesagt ist es eine Geländeform im Gebiet Nauders. Dabei handelt es sich um in Terrassenform angelegte ebene Fluren, die von der Nutzung der einscharigen Pflüge durch die Räter, einen in den Alpen beheimateten Volksstamm, kommen.

Speicher, gemauert

Einzigartig sind die gemauerten Speicher im Ybbstal, wo sich im unteren Teil des Gebäudes der Mostkeller oder die Schmiede befindet, gefolgt vom Korn auf der nächsten Ebene und dem Dachboden, auf dem das Heu gelagert wurde. Das Aussehen ist beeindruckend, sie sind verputzt, die Treppe führt außen die Mauer hinauf und nicht selten gefallen diese Speicher durch ihre handwerklich schönen, künstlerischen Sgraffiti.

Straßendorf

Beim Straßendorf ordnen sich die Häuser entlang einer Straße an. Von der Hinterseite des Hofes ziehen sich rechteckige Längsfluren, die Äcker, weg. Schöne Straßendörfer sind Oberloisdorf im Bezirk Oberpullendorf im Burgenland und Alberndorf im Weinviertel. Häuser entlang eines Straßendorfes können dicht an dicht gebaut sein oder ein schmaler Spalt lässt die beiden Hausseiten unberührt. In seltenen Fällen findet man noch vor dem Hauseingang, der giebelseitig zur Straße hin aufgeschlossen ist, ein Stück Garten. Die Parzellen der Straßendörfer fransen nach hinten aus, sie sind nie abgeschlossen verbaut.

Streusiedlung

Streusiedlungen findet man in waldigen oder gebirgigen Gebieten. Sie sind nicht planmäßig angelegt und weisen keine geschlossene Architektur auf.

Viechtauer Haus

Im Salzkammergut, unweit des Traunsees, gab es im 19. Jahrhundert eine Reihe von Kleingewerbetreibenden, die verschiedene Holzprodukte, die Viechtauer Waren, herstellten. Die Häuser der Gegend waren der Landschaft entsprechend klein und aus einer Mischbauweise von Holz und Mauerwerk gebaut. Die Häuser der Viechtauer Holzschnitzer, deren Holzprodukte (Wäscheklammern, auch *Kluppn* genannt, Löffel und anderes Hausgerät aus Holz) in die Stadt und bis nach Russland und die Türkei exportiert wurden, sind kaum mehr erhalten. Häuser der Holzschnitzer nannte man in der Vergangenheit **Sacherl**, sie waren klein und Einhäuser. Auch die Fenster waren klein gehalten und auf den Gebäuden lag ein Recht auf Holzabbau. Solche Servitute (Dienstbarkeiten zur Nutzung von Grund und Boden) erlaubten es den armen Kleinhäuslern, ihr Holz zur Produktion, zur Deckung und Verkleidung des Hauses sowie Brennholz aus der waldreichen Gegend zu holen.

Walmdach

Walmdächer treffen wir in Form von Krüppel- oder Schopfwalmdächern sowie von Vollwalmdächern an. Walmdächer verfügen über dreieckig wirkende, giebelseitig angebrachte Dachflächen. Das Schopfwalmdach reicht nicht bis zur

Traufe, man sieht also einen leicht zurückversetzten, trapezartigen Giebel. Beim Vollwalm hat das Dach auf allen vier Seiten Schrägen.

Weiler

Sind Streusiedlungen mit mindestens drei Häusern, man findet sie in unwegsamem Gelände oder auf Hochplateaus. Im Südwesten des Waldviertels, dem südwestlichen Mühlviertel, im Hausruckviertel und im salzburgischen Flachgau, in Westtirol und im Kärntner Becken mitsamt dem Gailtal finden wir Weilerformen vor.

Weinhauerhaus

Einen sehr typischen Bau für Niederösterreich bildet das im Donauraum vorkommende Weinhauerhaus. In der Wachau, an der Thermenlinie und im Traisental stoßen wir auf Häuser, die ihr Presshaus für den Wein dem Gehöft angeschlossen haben. Ein besonderes Merkmal dieser Weinhauerhäuser ist ihr leicht städtisches und Wohlhabenheit ausstrahlendes Aussehen. Dies er Eindruck wird nicht zuletzt durch ihren gewaltigen trichterförmigen Kamin, der aus dem Wohnhaus ragt, hervorgerufen. Die dazugehörigen Höfe mit Arkaden und dem reichem Stuckdekor verweisen auf ein gewisses bürgerliches Bewusstsein.

Zacherlhaus

Der Bau des *Zacherlhauses* am Wildbretmarkt 2–4 in Wien wurde vom Bauherrn Johann Zacherl, einem Insektenvernichtungsmittelhersteller, an den Architekten Josef Plečnik vergeben. Dieser zitiert die Herkunft des Reichtums, der zu diesem Auftrag geführt hat, indem er im Innern des Hauses mit einem *rüsselförmigen Antrittskandelaber* (Friedrich Achleitner) auf die Zunft des Hausherrn verweist. Wie das Innere des Hauses ist die Außenseite interessant. Ein wahrhaft großer heiliger Michael ziert die Fassade. Der Heilige dient hier als allegorisches Zitat, kämpfte er doch unablässig gegen die satanischen Verführungen und gemahnt an das Böse, das es zu vernichten galt.

Zaun

Der Zaun dient noch immer als rechtlich verbindliches Mittel zur Abgrenzung zwischen Eigentümern. Zahlreich und mit viel abergläubischem Charme angereichert sind die Legenden zum Thema Zaun. Die Haus- und Siedlungslandschaft kennt feste und lebende Zäune. In Zäunen wohnen Hexen und Geister, Wiedergänger halten oft an mit Zäunen abgesteckten Grenzen an. Feste Zäune verfügen häufig über ein Gatter. Unterschiedliche Landschaften weisen unterschiedliche Zaunformen auf. Gärten und Almen werden häufig zum Schutz vor Vieh und Mensch eingezäunt. So mancher Nachbarschaftsstreit oder Nachbarschaftstratsch findet am Zaun oder über den Zaun statt.

Zeilendorf

Das Straßendorf ist, so es nur auf einer Seite bebaut ist, ein Zeilendorf. Die Häuserreihen der Zeilendörfer sind linear ausgerichtet und stehen entlang einer Straße oder eines Baches. Ein Zeilendorf war ursprünglich St. Veit a. Vogau in der südlichen Steiermark.

Zwerchhof

Der Zwerchhof ist ein nach hinten offener Hof, bei dem der Eingang traufseitig angelegt ist, die Schlaf- und die Wohnseite weist zur Straße hin. Große Zwerchhöfe sind typisch für das niederösterreichische Weinviertel. Neben genannten Hofformen gibt es eine Reihe von Mischformen, die nicht selten auch vom Wohlstand des Hausherrn erzählen.

Zwiehof

Diesen Haustyp kennt man in ganz Österreich und im Berchtesgadener Land. Der bekannteste Zwiehof ist der Paarhof. Bei einem Zwiehof stehen Futter- und Feuerhaus, also Stall, Scheune und Wohnhaus, räumlich distanziert voneinander. Dabei ist es möglich, dass sie frei nebeneinander, diagonal oder hintereinander angeordnet sind. Von Vorarlberg bis ins östliche Österreich gibt es Zwiehöfe. Österreichs imposanteste Zwiehöfe sind der Pinzgauer und Pongauer Zwiehof.

Geschichte(n), profan und sakral

Österreichs Volkskultur ist reich an Kuriositäten, an Exotischem, aber auch an ernsthaften Schilderungen. Zwischen Glauben, Aberglauben und realen Ereignissen spielt sich eine Menge ab. Seien dies die Legenden zu den Heiligen, hanebüchene Erzählungen zu Ritualmorden oder kleine Sachgeschichten aus den Regionen. Heiliges oder Weltliches treibt den Motor der Alltagsgeschichte voran, kleine und große Folkloren bereichern das Leben. Dort, wo man dem Geist des Aufklärerischen völlig widersagte, kam es zu einer Archivierung des Brauches. Anderes wiederum, wie der Heiliggrab-Kult, flammte neu auf. Die kleine Auswahl derartiger Geschichte(n) zeigt so etwas wie einen österreichischen Habitus aus Vergangenheit und Gegenwart.

14 Nothelfer

Georg (der Drachentöter), Blasius (mit zwei sich überkreuzenden Kerzen), Erasmus (Haspel, mit der ihm die Gedärme herausgedreht wurden), Pantaleon (er hat die Hände über dem Kopf zusammengeschlagen, sie sind von einem Nagel durchbohrt), Veit (Vitus im Dreifuß), Christophorus (mit dem Kind auf der Schulter), Cyriacus (mit Drachen), Achatius (Dornzweig), Dionysius (trägt seinen Kopf in der Hand – als erster Bischof von Paris enthauptet), Eustachius (Hirsch), Ägidius (Hirschkuh, die ihn genährt hat), Margareta (Drachen), Katharina (abgebrochenes Rad) und Barbara (mit dem Turm) sind die im süddeutschen Raum am häufigsten verbreiteten Nothelfer. Die Frauen gelten als Vertreterinnen des Lehr-, Nähr- und Wehrstandes. Bis auf Ägidius haben wir es bei diesen Nothelfern mit frühen Märtyrern zu tun. Im späten Mittelalter mit den großen Pestepidemien und der daraus resultierende Verzweiflung wurde die Anrufung an die Gruppe der heiligen Personen populär. Die Auswahl der Vierzehn Nothelfer kann regional unterschiedlich sein. Manche Heilige werden dann gegen lokal bedeutsame fromme Vorbilder eingetauscht. Im 13. Jahrhundert kam es hierzulande zu einer schwunghaften Verbreitung der Nothelfergruppe. Der Kult um die Verehrung der 14 Nothelfer erreichte seinen Höhepunkt im 17. und 18. Jahrhundert, als die Menschheit zwischen Aufklärung und Aberglauben hin und her gerissen war.

Anderl von Rinn

In Tirol gab es bis ins 20. Jahrhundert hinein eine Ritualmordlegende, die durchreisenden Juden den Mord an einem netten Tiroler Büblein, Andreas von Rinn genannt, andichtete. Der dreijährige Andreas Oxner soll von seinem Paten – während die Mutter des Buben auf dem Feld arbeitete – an Juden, die auf dem Weg zur Fronleichnamsmesse nach Bozen waren, verkauft worden sein. Auf dem Judenstein bei Rinn sollen diese am 12. Juli 1462 das Kind rituell geopfert haben. Die Kolportage zu dieser Rufmordlegende verbreitete sich und veranlasste einen Arzt aus Hall, Spenden zu sammeln, um eine Kapelle zu errichten. So ließ sich 1670/1671 eine Kirche am bezeichnenderweise sogenannten Judenstein bauen. Diese stigmatisierende Geschichte entbehrt jeder faktischen Grundlage, dennoch wurde sie bis ins Jahr 1961 ungeniert tradiert. Erst eine Initiative gegen Rassismus schaffte es, dieser latenten Judenhetze ein Ende zu setzen, indem man aus der Kirche von Judenstein die bis ins Detail geschilderte Darstellung entfernen ließ. Eine ähnliche Geschichte im benachbarten Trient ist die des Simon von Trient.

Arma Christi

In der katholischen Landschaft Österreichs begegnet man, vorzugsweise im Westen, Bildern oder Kreuzen, auf denen eine Reihe von Gegenständen abgebildet sind. Dabei handelt es sich um den Versuch der Vergegenwärtigung der Leiden Jesu Christi. Diese Leidens- oder Passionswerkzeuge Christi werden auch „Arma Christi" genannt. Seit dem Mittelalter findet man sie auf Andachtsbildern, in Stundenbüchern und *Eingerichten* abgebildet oder Kreuzen und Passionsaltärchen beigestellt. Sie bestehen aus: Dornenkrone, Fesseln, Leitern, Passionssäule, Spottzepter, Essigschwamm, Hämmern, Geißeln, Kreuznägeln, Ruten, Zangen und, nicht zu vergessen, der Lanze (auch „Lanze des Longinus" genannt). Ab dem 15. Jahrhundert kommt es vor, dass ab und an auch das Schweißtuch der Veronika hinzugefügt wurde. Die Symbole können variieren. Drei lange Nägel, ein Totenschädel, drei Würfel, ein Purpurmantel, die dritte Hand als Hand Gottvaters und der Kelch des Leidens wurden, je nach Künstler, teils mit ins Repertoire aufgenommen. Der dritte Sonntag nach Ostern ist die Leidenswerkzeugen Christi gewidmet.

Breissnsachla

So nannte man die Anhänger der Großdeutschen am Ausgang des 19. Jahrhunderts, die den politischen und kulturellen „Anschluss" Österreichs an Deutschland vorantreiben. Anders ausgedrückt meinte man damit einen „preussenverseuchten" Österreicher.

Bricha

Das Wort „Bricha" kommt aus dem Hebräischen und bedeutet Flucht. Gegründet 1944 von Jugendbünden, organisierte die Vereinigung die Flucht von Juden, vorwiegend aus dem Baltikum und Polen, nach Palästina noch bis in die Nachkriegsjahre hinein. Sie plante unter anderem den schweren Marsch über den Krimmler Tauern nach Italien im Jahr 1947. Der führende Kopf hinter der Gründung der Bricha war der Widerständler und Dichter Abba

Kovner (1918–1987). Einer der Fluchthelfer und Leiter der Bricha zwischen 1945 und 1947 war Asher Ben-Natan (1921). Der vertriebene Wiener erzählt in einem Buch über diese Zeit. Ben-Natan war später der erste Botschafter Israels in Deutschland.

Deka

1875 kam es in Paris durch die internationale Meterkonvention zur Einführung des metrischen Systems. Seitdem sagt man in Österreich „Deka". Österreich gehörte zu den Gründungsstaaten dieser Konvention, die den sogenannten „Urmeter" festlegte. Im Österreichischen verwendet man auch die aus dem Griechischen stammende Maßeinheit des Zehnersystems. Vornehmlich im Frankreich des 19. Jahrhunderts benutzt, wurde dieses System im Zug des internationalen Warenverkehrs, bedingt durch den fortschreitenden Eisenbahnausbau, auch von den europäischen Ländern übernommen. Vorher galten für das Gebiet der Monarchie Wiener Elle, Wiener Zentner, Wiener Klafter, Wiener Pfund und andere lokale Maßangaben.

Fasten, in der Fasten, Fastenredoute

So nannte man einst die Fastenzeit in Wien. Der Hernalser Kalvarienberg war bis zu den aufklärerischen josephinischen Reformen der Auftakt zu einer der wohl fröhlichsten Fastenzeiten auf dem Kontinent. Errichtet durch den Jesuitenpater Karl Mussart, um im Vorort Hernals den vorwiegend Protestantisch-Gläubigen eine katholische Haltung entgegenzusetzen, wurde im August 1639 ein Kreuzweg von der Inneren Stadt in die Vorstadt eingeweiht, wie die Stadtethnografen Blümml und Guggitz in den 1920er-Jahren berichten. Die Prozession fand stets am Freitag vor dem Palmsonntag statt und entwickelte sich zu einem pathetischen wie schauspielartigen Szenario, bis *wiederholte Unzukömmlichkeiten, die sogar 1674 zu einer blutigen Schlägerei führten*, ein Verbot dieses Klamauks provozierten. Menschen in Büßerkleidern geißelten und kasteiten sich, schleppten schwere Kreuze und stöhnten sich nach Hernals hinaus zum Kalvarienberg. Die Frömmigkeit des Wiener Hofes führte dazu, dass auch dieser einen Gang zum Hernalser Kalvarienberg unternahm. Das ausschweifende Treiben stach ausländischen Besuchern derart ins Auge, dass es so manch staunende Notiz darüber gab. Dass die Wiener selbst in der Fastenzeit das Werben, Flanieren,

Bachanalisieren nicht aufgaben, mag mit der ihnen zugeschriebenen *elementaren Sinnlichkeit* (Blümml und Guggitz) zu tun haben. Ein gewisser Riesbeck staunte und bemerkte über das Treiben: *das Frauenzimmer und die jungen Herren hier (im Hernals) die gegenseitigen Eroberungsoperationen weiter treiben, als an irgend einem anderen öffentlichen Ort, weil die Maske der Andacht sie dem Auge der Polizei versteckt.* Ein Berliner Anonymus merkte an, die Wiener selbst würden die Wallfahrt nach Hernals schlicht *Fastenredoute* nennen. Während dieser *führt der Mann seine Maitresse unterm Arm, und dort begegnet ihm seine Frau in zwei Offiziere geschlungen; sie gehen einander vorüber, nicken sich zu und lachen. Da lehnt ein süßes Herrchen und kaut Datteln und Feigen, – denn wo Wiener sind, muß es was zu fressen geben – dort jagt ein Jäger seinem Wilde nach, erreicht es, schießt es an und setzt sich mit ihm in eine Miethkutsche, und hält die heiligen Exercitien; hier purzelt ein Besoffener aus dem Ausschusse des Pöbels, und besprützt die Leute, welche sich drängen, diese Sau zu sehen, mit saurem Weine, der aus seinem Munde, wie der Dunste eines Kellers, herausdampft. So ist die Kirche in diesem heiligen Orte ziemlich leer, aber der Kalvarienberg, welchen viele der schönen Aussicht wegen besteigen, oft zum Erdrücken voll. Auf selben führen die Weiber ihre Kinder, und zeigen ihnen die hölzernen Figuren, die mehr Skandal als Andacht erwecken, wenn man sie besieht.* Die Fastenzeit, so ausgelassen sie in Wien gefeiert wurde, bot evangelischen wie katholischen Christen viele Möglichkeiten, die Passion Christi lebhaft nachzuempfinden. Diese auch „Passionsfrömmigkeit" genannte Kulturpraxis brachte Krippen, Tücher, heilige Gräber und Volksschauspiele hervor.

Fenstaln, Fensterln

Ist der Ausdruck für einen nächtlichen Besuch bei einem Mädchen. Erst mit der durch das Softpornofilmgenre (Franz Marischka) und die Heimatfilme der Nachkriegsjahre verbreiteten Vorstellung bekam der Begriff eine alpinbetonte und erotische Wendung. Zahlreich sind die Volkslieder, wo vom Fenstaln die Rede ist.

Gnadenbild

Ein Gnadenbild ist ein gemaltes oder plastisches Bildnis von Heiligen, Maria oder Jesus, das zur Verehrung aufgestellt wird. Häufig mit Wundern an Wallfahrtsorten in Verbindung gebracht, kann es zu langjährigen

Verehrungstraditionen (Wallfahrten) und Riten in Zusammenhang mit solchen Bildern kommen. Das Gnadenbild findet seine Vermehrung und Verbreitung mithilfe des Devotionalienhandels in Form von Andachtsbildern, Drucken oder Prägedrucken. Bedeutende Gnadenbilder sind das Mariahilf-Bild und das Gnadenbild von Mariazell.

Gnadenstuhl

Im Gnadenstuhl findet sich die heilige Trinität, auch „Dreifaltigkeit" genannt, anschaulich dargestellt. Von so gut wie allen großen Meistern der Kunstgeschichte sind uns Darstellungen von Gnadenstühlen, solitär oder als Teil eines größeren Themas, überliefert. Im Osten Österreichs bis hinein ins Böhmische und Mährische finden sich auf den Wegfluren derartige Denkmäler aus Sandstein gefertigt – auch Dreifaltigkeitssäulen genannt. Der Gnadenstuhl kennt eine strenge hierarchische Anordnung, die von oben nach unten verläuft. Am oberen Bildrand ist stets der heilige Geist in Form einer Taube positioniert, gefolgt vom meist ältlich dargestellten Gottvater, der in seinen Händen den frisch gekreuzigten Sohn, Jesus Christus, trägt.

Die Volkskunst hat einige schöne Exemplare unter anderem von Hinterglasbildern mit dieser Thematik aufzuweisen.

Gspusi

Ein Gspusi war in der Vergangenheit oft ein mittleres bis teures Unterfangen. Als es noch nicht so üblich war, sich scheiden zu lassen, wieder zu heiraten und sich erneut scheiden zu lassen, leistete sich (meist) ein Mann ein Gspusi, eine Geliebte. Hinter vorgehaltener Hand unterhielt man sich im Wienerischen übers Gspusi auf dem Gang bei der Bassena.

Hahnenschwanz

Ist ein Federschmuck auf der Kopfbedeckung der Männer. Der Hahnenschwanz ist genau genommen ein Spielhahnstoß oder eine Birkhahnfeder. Ursprünglich, und inzwischen wieder, zierten Hahnenschwänze die Häupter der stolzen Tiroler Schützen, bis sie von den sogenannten Heimwehren unmittelbar nach dem Ersten Weltkrieg übernommen wurden. Zunächst waren es christlich-soziale Patrioten, die sich durch das Tragen einer Birkhahnfeder zu erkennen gaben. Daraus wurden mehr und mehr deutschnationale Ideologieträger, die sich mit dem Hahnenschwanz zierten. Diese Hahnenschwanzler gerierten sich immer häufiger als die eigentlichen Heimatschützer und nachdem es an den Grenzziehungen von 1919 nichts mehr zu rütteln gab, widmeten sie sich mit viel Engagement dem Kampf gegen Sozialdemokraten und Kommunisten. Dr. Bodo Kaltenboeck, Heimatliterat und Protofaschist, schrieb zur Melodie von „Vom Barette schwankt die Feder" einen Liedtext für die von den Linken „Hahnenschwanzler" gerufenen Patrioten und Antisemiten. *Auf dem Hut die Spielhahnfeder. Grün der Rock und deutsch der Mut. Für die Heimat kämpft ein jeder: Österreich mit Herz und Blut! [: Starhemberg führt das Werk und wir – und wir woll'n ihm folgen. :]*, sang man während der 1930er-Jahre inbrünstig zum gar nicht so harmlos wippenden Federstoß.

Hakinga

So bezeichneten Nicht-Nationalsozialisten die Anhänger des Hakenkreuzes.

Hausfleiß

Der Hausfleiß ist ein Begriff des österreichischen Kunsthistorikers Alois Riegl (1858–1905), den er in der zweiten Hälfte des 19. Jahrhunderts einführte. Hausfleiß gehört in die Reihe der Volkskunst und der Hausindustrie und bezeichnet Arbeit, die Bedarfsgüter des täglichen Gebrauchs und Geräte herstellt, die oft aus Rohstoffen der eigenen Produktion bestehen. Die Volkskunst ist Teil des Hausfleißes. Textiles Kunsthandwerk wie Stickereien und Webereien zählen ebenfalls dazu. Wird dieser Hausfleiß in größeren Mengen als zum Eigenbedarf produziert, spricht man von Hausgewerbe.

Heiligen- und Wallfahrtswesen

Das Wallfahrtswesen und die Heiligenerzählungen sind eigenständige Brauchformen, die innerhalb eines religiös festgelegten Rahmens erfolgen. Sie spiegeln eine über Jahrhunderte gepflegte Volksfrömmigkeit wider, die nicht immer mit den kanonisierten, also vom heiligen Stuhl beglaubigten Erzählungen einhergeht. Die Heiligenverehrung, die im Hochmittelalter immer mehr zunahm – man sprach von einem „neuen religiösen Geist", der zu dieser Zeit herrschte – brachte es mit sich, dass auch die Heiligenpatronate zunahmen, und gipfelte später in der Vornamengebung nach Heiligen im Volk des Habsburgerreiches. Diese Heiligen waren derart bedeutend, dass sich Kalendermacher nach den Heiligenfiguren orientierten. Ein besonders schönes Beispiel dafür ist der **Steirische Mandlkalender**. Er veranschaulicht die Einteilung des Jahres nach Heiligen und einen Jahreslauf nach katholischer Tradition. Auf diese einfache Weise verankerten sich die Heiligenviten im Leben der einfachen, unbelesenen Menschen und so kam es, dass man sich an Leopoldi, Barbara, Kathrein auf dem *Gollimorkt* (St.-Gallus-Markt, 16. Oktober) verabredete. Die Heiligenfiguren waren Teil der Lebenswelt der Menschen, man erzählte sich in den Familien die Geschichten der Heiligen. Um die Heiligen eindeutig wiedererkennen zu können, staffierte man sie mit Attributen aus. Das waren häufig Folterwerkzeuge oder im Fall von gelehrten und wissenden Heiligenfiguren die Bibel. Ungebildete konnten so Heilige an ihren Attributen erkennen. Man untergliedert sie in generelle Attribute, die als die ältesten gelten und schon auf den frühesten Heiligendarstellungen in den römischen Katakomben dargestellt wurden. Solche sind: Märtyrerpalme, Bischofsstab, Kirchenmodell oder Buch. Zu diesen generellen Eigenschaften kommen noch die individuellen hinzu. Diese haben sich während der Zeit des Hochmittelalters ausgebildet und nehmen Bezug auf die Lebens- oder Leidensgeschichte des jeweiligen Heiligen. Die Schlüssel des heiligen Petrus, der Turm der heiligen Barbara, das Rad der Katharina, der Wurm (Drache) der heiligen Margareta, der Mantel des heiligen Martin ... Heilige werden nicht angebetet, sie sind bloß Fürsprecher der Menschen im Himmel. Die volkstümliche Heiligenverehrung unterscheidet sich von den amtlich-kirchlichen Vorschriften durch ihre Ausrichtung auf die Bedürfnisse des Einzelnen und ihrer bisweilen übermäßig ausgebildeten abergläubischen Tendenz.

Die Heiligenviten begleiteten einen Menschen bis zur Todesstunde. Ihre Lebensgeschichte war derart in das Leben der Menschen eingeschrieben, dass sogar Dokumente nicht mit dem Datum, sondern mit „zu Barbara, Maria Lichtmess, Michaelis" unterzeichnet wurden.

Nicht selten speisen sich die volkstümlichen Heiligendarstellungen aus Legenden der apokryphen Schriften des Jacobus de Voragine. Österreichs Kirchen, Kapellen und Landschaften sind mit einer Unzahl von Heiligendarstellungen versehen, denen sich viele Menschen noch immer verbunden fühlen. Beim Besuch solcher oder bei Spaziergängen lassen sich also regionale Vorlieben erkennen. Die Lyrik Rilkes und Goethes berichtet ebenso von der Heiligenverehrung.

Heilige Anna

In der Monarchie war die Verehrung der heiligen Anna bis in das Theresianische hinein in weiten Teilen Österreichs, insbesondere in Wien und Niederösterreich, groß. In Wien war schulfrei, über die Stadt verteilt kam es zu Festen und der Abend klang mit einem Feuerwerk aus. Mozart widmete den Nannerln, Annerln das am Abend gegebene Konzert.

In der Annagasse in Wien findet man die Annakirche mit einem Altarbild, auf dem die heilige Sippe – das sind Anna und Maria mit ihren Männern, dem Kinde und den Halbschwestern der Anna – abgebildet ist. Die Annakirche in der Annagasse in Wien verfügt über eine besondere Reliquie der Heiligen Mutter Marias und Großmutter Jesu, der *Anna-Hand*. Das ist *die Hand, die nie verweset,* so die Legende. Noch immer wird am Annentag, dem 26. Juli, rund um die Kirche und Kärntner Straße eine Prozession abgehalten. Im niederösterreichischen Annaberg, kurz vor Mariazell gelegen, wird gewallt, gesungen und anschließend bei einer Agape die Annasuppe gegessen – das ist eine Suppe aus drei Kräuter, die in der Gegend um Annaberg wachsen und volksreligiöse Bedeutung haben. Verfügt die Annakirche in Wien über die viel gerühmte und edelsteingeschmückte Anna-Hand, so kann man in Annaberg, Niederösterreich, einen Umgang in den Hochaltar, einen sonst für normale Gläubige verschlossenen Raum, unternehmen. Annaberg verfügt über eine spätgotische, sehr schön gearbeitete Anna-Selbdritt-Gruppe. Lebensgroß sitzen Maria, Anna und das Jesuskind auf einer Holzbank im Zentrum des Hochaltares. Die Pilger gehen am Annatag auf der einen Seite am Altarraum vorbei und über eine steile Holztreppe zur Sitzgruppe. Dort flüstert man der heiligen Großmutter sein Anliegen ins Ohr, um dann Hochaltarraum wieder über eine ebenso steile Holztreppe zu verlassen. In Wien wird die edelsteingeschmückte Reliquie der heiligen Anna bei einer Prozession durch die Gassen rund um St. Anna getragen, während in Annaberg ein Teil der Hirnschale der Heiligen zu besichtigen ist.

Heilige Barbara

Am 4. Dezember begeht man den Gedenktag der heiligen Barbara. Wie die heilige Katharina gehört sie zu den frühen Heiligen. Der Legende nach soll sie wegen ihrer Schönheit von ihrem Vater in einen Turm mit zwei Fenstern gesperrt worden sein. Um im symbolischen Angesicht der heiligen Dreifaltigkeit im Finstern zu schmachten, ließ sie eine dritte Öffnung in den Turm brechen. Ihr Vater wollte sie daraufhin umbringen. Sie versuchte zu fliehen und entkam durch einen sich unerwartet öffnenden Felsspalt, weshalb sie den Bergleuten Zuversicht verspricht. Allerdings wurde sie verraten und gemartert. Ihre Attribute sind der Turm und der Hostienkelch, der als Sinnbild der heiligen Eucharistie gilt. In äußerster Todesgefahr bittet man die Heilige um Beistand. Die heilige Barbara gehört wie Katharina zu den Vierzehn Nothelfern. Die Bergleute und Tunnelbauer feiern jedes Jahr den 4. Dezember. Sogenannte Tunnelpatinnen stiften zur Einweihung eines Tunnels eine Plastik oder ein Bild der heiligen Barbara, die häufig im Tunnel angebracht werden. Am Wiener Westbahnhof findet sich eine bronzene, hinter Glas geschützte Barbara gut sichtbar auf dem U-Bahn-Steig der U3. Bekannte Tunnelpatinnen sind Helga Häupl-Seitz oder Christine Vranitzky.

Heilige Drei Könige

In der Volkskultur kennen wir sie als fixen Bestandteil des gemeinschaftlichen Lebens und der Krippenspiele und Krippen. Dort werden sie ab dem 25. Dezember nach und nach aufgestellt und üblicherweise nähern sie sich langsam der Krippe. Man rückt sie also jeden Tag ein Stückchen weiter in Richtung Jesuskind. Sie sind auch als Kaspar, Melchior und Balthasar bekannt und ihre Initialen werden in manchen Gegenden dem Vieh ins Horn gebrannt oder als Segenssprüche an Hauswände und -türen geschrieben. Die Anfangsbuchstaben stehen auch für *Christus mansionem benedicat* (Christus segne dieses Haus). Die Kreide dazu ist geweiht, man geht mit dem Weihrauchfass an diesem Tag durch Haus und Stall. Die Erzählung zu den drei Heiligen ist lang und interessant. Der Tag des Besuches der Heiligen Drei Könige scheint lange Zeit ein Schenkbrauch gewesen zu sein. Was wir heute wissen, ist, dass es eine über die Jahre und Regionen hinweg große Vielfalt von Gepflogenheiten zu diesem Termin gab. Schutzbriefe, Reisesegen, Dreikönigsmedaillen und Heische-Bräuche begleiteten und begleiten das Brauchtum. Eine österreichische

Zeitung berichtet in den 1930er-Jahren von umherziehenden Königen im Burgenland: *Jährlich zwischen Weihnachten und dem 6. Jänner bis zum Tage der heiligen drei Könige kann man im Burgenland in den meisten Dörfern Zigeunerkinder, die das ganze Jahr in Lumpen gehüllt sind, als heilige drei Könige, zu dritt von Haus zu Haus ziehen sehen. Aber wer da glaubt, die zerlumpten Zigeunerknaben hätten als heilige Könige prunkvolle Kleider an, der irrt gewaltig. Die Zigeunerfamilie, die einen oder mehrere ihrer Buben als heilige Könige entsendet, sucht das schönste Hemd der Familie aus – zumeist hat es der Vater an – und zieht es dem heiligen König über sein Lumpengewand, wo es wie ein Chorhemd bis über die Knie herunterhängt. Da das Hemd des Vaters oft noch zu lang ist, wird es wieder wie ein Chorhemd hochgezogen, damit der heilige König nicht darauftritt und darüber stolpert. Aus Packpapier – oft auch aus einem Papiersack – wird eine Krone gemacht. Mit einer Schere werden die Zacken fein säuberlich ausgeschnitten. Solcherart ausstaffiert, ziehen nun die heiligen drei Könige aus der Zigeunerhütte von Dorf zu Dorf, von Haus zu Haus. Kein Haus wird ausgelassen; überall haben sie als heilige drei Könige Zutritt, der sonst den gewöhnlichen Zigeunerkindern verwehrt ist. Die Bevölkerung hat vor den heiligen drei Königen soviel Respekt, daß sie überall eingelassen werden, ihr Spiel mit Gesang beginnen können, und daß sie dann mit Gaben beschenkt weiterziehen.* Die drei heiligen Männer, Könige, Magier spielen seit dem Frühchristentum sowohl in der theologischen Reflexion als auch in der volksreligiösen Praxis eine wichtige Rolle, wenngleich ihre Anzahl, drei oder vier Könige, nicht ganz sicher ist. Im 5. Jahrhundert erwähnt Leo der Große drei Könige und die kunsthistorischen Zeugnisse bestätigen das. Das passt auch mit der metaphorischen und allegorischen Vorstellung zusammen, wonach die Anzahl der Könige mit den drei Söhnen Noahs korrespondiert und diese ja die Stammväter der semitischen, afrikanischen und indogermanischen Völker wären. Diese Auslegung und die Erwähnung im Pseudo-Beda, die drei wären Ausdruck für die drei Teile der Welt, *Mysticem autem tres Magi tres partes mundi significant, Asiam, Africam, Europam [...]*, waren Gründe, Könige mit verschiedenen Hautfarben auftreten zu lassen. Die zurzeit gerne geäußerte Kritik an den farbigen Königen beruht auf einem falsch verstandenen Kulturverständnis beziehungsweise auf der Unkenntnis solcher Quellen.

Heilige Gräber

Die Heilig-Grab-Verehrung lebt ganz besonders reich in Tirol. Als im Mittelalter der Wunsch aufkam, dem Leiden Christi wahren Ausdruck zu verleihen, schuf man einfache, nach vorne offene Schreine, in die man die lebensgroße Grablegefigur Jesu einfügte. Mit den Besuchen der Pilger in Jerusalem und ihrer heil überstandenen Rückkehr wuchs das Bedürfnis, die Grabeskirche von Jerusalem nachzubauen. Diese Heiliggrabkirchen oder Heiliggrabkapellen waren in ihrer Frühzeit Rundbauten, von denen manche noch erhalten sind, später entsprachen sie den Gestaltungsprinzipien der zeitgemäßen Architektur. Die Passionsfrömmigkeit des Mittelalters war weit verbreitet und derart nachhaltig, dass noch im 17. Jahrhundert in Reiseberichten von den zahlreichen Heiligen Gräbern berichtet wurde. Stilbildend bei der Gestaltung der Heiligen Gräber war der Jesuit und Architekt Andrea Pozzo (1642–1709). Nicht immer vermochte man jedoch im Stil eines Pozzo zu bauen. Man behalf sich mit Kulissen von lebensgroßen Figuren (der Grabwächter oder Jesus als Liegefigur) aus Holz oder Papier. Die riesengroßen Papierkulissen und die kunstvoll im Stil der Illusionsmalerei aufgemalten Perspektiven forderten so manchen Künstler von Format. In der Kirche aufgestellt und dekoriert mit bunten Glaskugeln, in denen brennende Lichter für einen auffallend hellen Charme sorgen, vermag man den Grund einer gewissen Skepsis Josephs II. (1741–1790) zu ahnen. Dem Aufklärer schien dieses zauberhafte Treiben, wie überhaupt viele volkskulturelle Erscheinungen, unvernünftig und so verbot er viele Brauchtümer, schloss Klöster und führte neue Bauvorschriften ein. Zeitweise von diesem josephinischen Verbot oder im 20. Jahrhundert von einem Rückgang der Volksfrömmigkeit bedroht, kommt es jedoch seit den 1980er-Jahren zu einem richtigen Aufleben des bunten Passionsbrauchtums. Quer durch Tirol lassen sich Kapellen, Kirchen, Kalvarienberge mit heiligen Gräbern finden. Beachtlich ist jenes in der Pfarrkirche in Telfs im Stubaital, dieses wird aber nur alle vier Jahre vom Gründonnerstag bis zum Weißen Sonntag aufgestellt. Weiters das Grab der Franziskanerkirche in Schwaz, die zahlreichen Heiliggräber in Innsbruck und jenes von Innervillgraten in Osttirol. Eine nahezu vollständige Liste mitsamt Abbildungen, Herkunftsnachweisen und Aufstelldaten entnimmt man am besten dem Band *Heilige Gräber in Tirol* von Reinhard Rampold. In Oberösterreich werden in Bad Ischl, Freistadt, Ternberg, Kremsmünster, Bad Leonfelden sowie in Tirol bunte Gräber aufgestellt.

Heilige Katharina

Die heilige Katharina von Alexandrien gehört zu den frühen Märtyrerinnen. Daher wird ihr neben dem Folterwerkzeug, das ihr den Tod brachte, auch ein Palmzweig, der auf die Ewigkeit und den Frieden verweist, beigestellt. Gedacht wird der heiligen Jungfrau am 25. November – an diesem Tag wird zum letzten Mal getanzt. Auf dem Land und in der Stadt findet man sich zum *Kathreintanz* ein. *Kathrein stellt das Tanzen ein,* heißt es dann. Ab Mitternacht wird dann bis nach Maria Lichtmess, dem 2. Februar, nicht mehr getanzt.

Die heilige Katharina gehört zu den drei heiligen Madln (Margareta und Barbara sind die beiden anderen) und ebenso zu den Vierzehn Nothelfern. Ihr Leben wird so überliefert: Sie soll eine Königstochter gewesen sein, der in einer Vision Jesus auf dem Schoß Marias begegnet ist und ihr einen Ring überreicht hat – in der Kunstgeschichte finden wir dieses Szene als „Verlobung der heiligen Katharina" oder „die mystische Vermählung der heiligen Katharina" festgehalten. Am Hof Kaiser Maximinius in Konstantinopel erlaubte sie sich, die Christenverfolgung anzuprangern. Die Gelehrten des Reiches sollten Katharina im Disput besiegen, nachdem sie dem Kaiser Paroli bot. Ihr soll es jedoch bei dieser Gelegenheit gelungen sein, die Gelehrten zu bekehren, woraufhin diese im Kerker landeten und sie ebenso. Dort wurde Katharina von Engeln und Christus aufgesucht, was ihre Standhaftigkeit nur erhöhte. Der Kaiser begehrte sie, doch sie widerstand allen Angeboten. Als Folge wurde sie gerädert, doch die Räder zerborsten – also wurde sie geköpft. Dabei soll Milch statt Blut geflossen sein. Engel trugen ihren toten Leib nach Sinai. Im Frühmittelalter wurde sie zu einer der begehrtesten heiligen Frauen nach Maria. Katharina gilt als Schutzheilige der Gelehrten, der Schüler und jener Berufe, die mit Messern und Rädern zu tun haben. In der österreichisch-christlichen Ikonografie begegnet sie uns immer wieder im kleinen Hinterglasbild oder auch als lebensgroße Vollplastik.

Heilige Notburga

Die Heilige Notburga war eine Tiroler Magd, deren Feiertag am 14. September, als nicht gebotener Feiertag am 13. September, gefeiert wird. Sie war die Tochter eines Hutmachers aus Rattenberg in Tirol und kam in Diensten nach Schloss Rottenburg bei Rotholz. Sie benahm sich zu fromm und wurde deswegen entlassen. So kam sie zu einem Bauern, der ihr wiederum nicht erlauben wollte, das Mähen zu unterbrechen, um mit einer Andacht den Feiertag einzuleiten. Was Notburga aber nicht davon abhielt: Ihre Sichel, das typische damalige Handwerksgerät der Frauen, blieb zum Zeugnis des Glaubens und zu ihrer Unterstützung in der Luft hängen, was alle ehrfürchtig erschaudern ließ. Notburga von Rattenberg war über viele Jahre die meist verehrte Tiroler Heilige. In ländlicher Arbeitstracht, aber noch öfter in Tiroler Tracht, mit einer Sichel als Attribut abgebildet, war ihr Gedenktag Anlass für die Volkskultur Niederösterreich GmbH, sie zur Trachtenheiligen ihres Dirndlgwandsonntags zu nutzen. Notburga ist die Patronin der Mägde, Bauern, von Trachtenvereinen, Heimatverbänden, bei Viehkrankheiten. Dem Reichsverband katholischer Mädchenvereine, der eine eigene Zeitschrift für junge Frauen führte, galt sie insbesondere während der 1930er-Jahre als Vorbild.

Heiliger Geist, Suppenbrunzer

Die Bedeutung des Heiligen Geistes, der Dreifaltigkeit, ist nicht nur theologisch ein viel besprochenes Thema, der Heilige Geist oder besser die Vorstellung von ihm, findet reichen Niederschlag in der Volkskunst und Volksfrömmigkeit. Die Idee vom heiligen Geist, der über allem schwebt und alles sieht, alles weiß und über allem waltet, spiegelt sich in hölzernen Tauben, dem theologisch sanktionierten Symbol des Heiligen Geistes, wider. Im gesamten Tiroler Raum war oder ist der Heilige Geist meistens in den Stuben zu finden. Aus Holz geschnitzt, in der Mitte der Deckentäfelung, oft als Halbrelief hervorstehend oder als Vollplastik über dem Tisch von der Decke hängend, wirkt er schützend über das gesamte Haus. Heiliger-Geist-Darstellungen kann man inzwischen auch wieder in Tschechien und der Slowakei kaufen (man nennt sie dort liebevoll *Täubchen*), manche aus Holz gefertigt, andere tragen zum hölzernen Corpus Flügel aus gefaltetem Papier, wieder andere verfügten über einen eiförmigen Leib, dem Papierflügel beigefügt wurden. Im salzburgischen Rauris wurden die heiligen Tauben in eine Glaskugel gesteckt. Über dem Tisch aufgehängt, fingen sie die aufsteigenden Dämpfe der heißen Suppe auf und ließen sie zurück in die Suppenschüssel tropfen. Marie Andree-Eysn, die österreichisch-bayerische Volkskundlerin, berichtet von Bauern, die diesen heiligen Geist recht despektierlich, aber lebensnah als *Suppenbrunzer* auch *Suppenprunzer* bezeichneten. Galt die Taube vor allem in katholischen Gebieten als christliches Symbol, so kam es in reformatorischen Gegenden zur inhaltlichen Umdeutung. Die Tauben entwickelten sich mit der Zeit zur spielerischen Unruh, die öfters über dem

Ofen angebracht wurde und die vielleicht der eine oder andere kluge Bauer dazu verwendet haben mag, seinen Kindern physikalische Kenntnisse beizubringen. Der Heilige Geist ist Teil der Dreifaltigkeit.

Heiliger Leonhard

Dieser Heilige war ein Fürbitter in Sachen Viehzucht und wurde zum Trost der Strafgefangenen auserkoren. Leonhard von Limogenes lebte bescheiden als Einsiedler in einem Wald in Frankreich. Er heilte Pilger, die zu ihm kamen oder besuchte Gefangene und setzte sich beim König für diese ein. Nicht nur einmal sollen den von ihm besuchten Gefangenen die Fesseln abgefallen sein. Sein Attribut ist daher eine Kette. Leonhard verhalf der Königin, die sich hochschwanger zur Jagd im Wald herumtrieb, durch seine frommen Gebete zu einer glücklichen Geburt. Aus Dank versprach ihm der König so viel Gelände, wie der fromme Einsiedler in einer Nacht auf einem Pferd zu umreiten vermochte. Darauf gründete er dann sein Kloster, in dem er Gefangene aufnahm. Am 6. November, seinem Gedenktag, wird in jenen Kirchen, die dem Heiligen geweiht sind, mit einem **Leonhardiritt** gefeiert. In Bayern galt er lange Zeit als *bayerischer Herrgott*, so wichtig war er. Im bayerischen Bad Tölz kommt es seit dem 18. Jahrhundert zu einem Leonhardiritt und im südtirolischen Laatsch bei Mals steht die Kirche auf einem Hügel, unter der eine Straße vorbeiführt. Darauf hatte man einst das Vieh um die Kirche und unter dem Altar zur Segnung durchgeführt. Im oberösterreichischen Hausruckviertel kommt es an diesem Tag zu Pferdesegnungen und ebenfalls zu einem Leonhardiritt. Leonhard wird auch als *Rossheiliger* bezeichnet. Im Lungauer Tamsweg bekommen die Pferde am Ende des Leonharditages eine Extraportion Futter verabreicht. Die Leonhardiritte sind inzwischen Teil des folkloristischen Schaulaufens, sie stellen ein touristisches Ereignis dar.

Votivgaben aus geschmiedetem Eisen in Tierform wurden dem heiligen Leonhard von den Bauern geopfert. *Leonhardiopfer* nannte man diese.

In Wallfahrtskirchen erkennt man Leonhard auf den Votivtafeln an einer Kette in der Hand und einem Abtstab oder einem beigestellten Ochsen. Manchmal begegnet er uns als Brunnenfigur. Die Leonhardikirchen sind an der sie umspannenden Eisenkette zu erkennen.

Heiliger Martin

Martini ist wohl einer der wenigen Bräuche, der ungebrochen beliebt ist. Nicht zuletzt, weil er durch seinen Lichtleinbrauch und seine Lichterumzüge positiv besetzt ist. Gefeiert wird er am 11. November. Man erinnert sich an Martin als edlen Ritter, der sich nicht zu schade war, mit einem Bettler seinen Mantel zu teilen. Als er sich entschloss, aus der römischen Armee auszuscheiden und sich dem Christentum zu widmen, sollte er, auch auf Wunsch der Bürger von Tours, zum Bischof gewählt werden. Daraufhin zog er sich in ein Versteck zurück, wurde aber von den Gänsen durch lautes Schnattern verraten und daraufhin zum Bischof gewählt. Die bischöfliche Rache an den Gänsen zeitigte ein noch immer währendes Ganslessen, vor allem im Osten Österreichs. Im ganzen Land leuchten an Martini bei Einbruch der Dunkelheit die Gesichter der glücklichen Kinder und deren Laternen, die den ursprünglich katholischen Brauch rituell säkular begehen. Im Burgenland loben die Weinhauer ihren Martin, den Landespatron, mit einem *Martiniloben*.

Heiliger Nepomuk

Ist auch als Brückenheiliger bekannt. Der Heilige war Generalvikar des Prager Erzbischofs und Domherr von St. Veit. Geboren im böhmischen Pilsen, eingetreten bei den Zisterziensern, starb er im 14. Jahrhundert in Prag durch Ertränken den Märtyrertod. Die Legende besagt, er hätte das Beichtgeheimnis, das die Beichte der Königin betraf, an König Wenzel IV. (1361–1419) nicht verraten, weshalb dieser ihm die Zunge abschneiden und ihn anschließend in die Moldau werfen ließ. Seine Figur steht auf vielen Brücken, an Bächen, in den Dörfern, Städten und Landschaften. Er ist Landespatron von Böhmen und Bayern, als sein Attribut gelten fünf Sterne über seinem Haupt. Seine typische Kleidung ist die schwarze Mozetta. Die Sterne über dem Birett werden als Abbreviation für *tacui,* „Ich habe geschwiegen", gedeutet, weil nach der Folterung beim Auffinden des Leichnams anscheinend fünf Sterne über dem Wasser leuchteten. In der Volksreligion dienen **Nepomukzungen** aus Wachs und Holz als Segensspender. Dieses Zeichen und die Unversehrtheit der Zunge waren untrügliche Hinweise auf seine Heiligkeit. Goethe machte sich bei seinem Besuch in Karlsbad im Mai 1820 Notizen zu den anstehenden Nepomuk-Feierlichkeiten und verfasste dazu ein Gedicht. Dieses sandte er zum Vertonen an Carl Friedrich Zelter (1758–1832). *Auf großen und auf kleinen Brucken. Stehen vielgestaltete Nepomuken.*

Von Erz, von Holz, gemahlt, von Stein, colossisch hoch, und puppisch klein. Jeder hat seine Andacht davor, weil Nepomuk auf der Brucken das Leben verlor. Ist einer nun mit Kopf und Ohren. Einmal zum Heiligen auserkohren, Oder hat er unter Henkershänden. Erbärmlich müssen das Leben enden. Und auch Rainer Maria Rilke nahm den heiligen Nepomuk in ein Gedicht über Heilige auf. Dort heißt es in der letzten Strophe: *Aber diese Nepomucken! Von des Torgangs Lucken gucken und auf allen Brucken spucken lauter, lauter Nepomucken!* Jene Kunstdenkmäler, auf denen bei den Nepomukdarstellungen *beatus* statt *sanctus* geschrieben steht, stammen aus der Zeit zwischen Seligsprechung (1721) und Heiligsprechung (1729). Gefeiert wird Nepomuk am 20. März, seinem Todestag.

Heiliger Nikolaus

Den heiligen Nikolaus feiern wir am 6. Dezember. Wir kennen ihn als katechetischen Heiligen, der vor allem im Zug der Gegenreformation zur moralischen Unterweisung herangezogen wurde. Österreichs Brauchkalender ist voll lebendigem Treiben zu diesem Termin. Nikolaus hat, indem er dem Vater von drei Mädchen nächtens drei Goldklumpen durchs Fenster warf, diese vor der Prostitution gerettet und ebenso Seeleute vor dem Ertrinken bewahrt. Hierzulande tritt der Heilige zusammen mit den Krampussen, auch „Teufel" genannt, auf. Gut und Böse sollen am Ende des Jahres den Kindern anschaulich in Erinnerung gerufen und die katholische Lehre weitergetragen werden. Zudem fällt der Brauchtermin in die arbeitsarme Winterzeit. Das wilde Treiben und die ausgesprochen belehrende Art seines Auftrittes veranlassten das sozialdemokratisch regierte Wien, seinen Besuch in den Kindergärten zu verbieten. Nikolausspiele wie in Bad Mitterndorf oder die Tiroler Krampusläufe, tragen mit ihrem heftigen und bisweilen rauen Treiben während der lang anhaltenden winterlichen Tristesse zur Unterhaltung bei. Bis in die 1930er-Jahre war der Nikolaustag und nicht der 24. Dezember in katholischen Ländern der hauptsächliche Schenktermin. Die Figuren des Heiligen und seiner wilden Begleiter eigneten sich hervorragend, das Interesse der Nationalsozialisten an der heidnische Mythologie anzuregen. Damals wurden die Gestalten als Geister abwehrend, ungezähmt und archaisch ausgelegt, während die katholische Erzählung stets die Heil bringende, die *caritas* betonende Seite hervorhebt. Im *Vorweihnachtskalender*, so wurde der Adventkalender von den Nationalsozialisten genannt, war er eine mythische Figur, die auf einem Schimmel den

Kindern Äpfel und Nüsse bringt. Die Begleitfiguren des Heiligen, Krampus und Teufel, leben zunehmend isoliert vom katechetischen Nikolaus als folkloristisches Ereignis weiter. In Wien können Krampusse aus den Bundesländern gemietet werden, um Weihnachtsfeiern aufzupeppen. Nahezu alle Fremdenverkehrsbüros listen die örtlichen Umzüge und Nikolausspiele auf.

Heiliger Rochus

Der heilige Rochus ist deshalb eine Erwähnung wert, weil er uns als früher Pestheiliger sehr oft in der Kulturlandschaft begegnet. Der Tag des Heiligen, der 16. August, ist auch Anlass für den Neustifter Kirtag in Wien. Rochus ist leicht am vorgestellten, entblößten Bein und seinem Hund mit dem Brotlaib im Maul zu erkennen. Er, der zunächst an Pest erkrankten Leidenden half, litt später selbst an der Krankheit. Der Hund mit Brot im Maul soll verdeutlichen, dass er in seiner eigenen Not auf Gottes Hilfe vertraute und dieser ihm Labung durch den Hund bringen ließ.

Heiliger Wolfgang, Wolfgangihackl

Jakob Grimm (1785–1863), einer der ersten Sprach- und Kulturwissenschaftler, Begründer der deutschen Philologie, zitiert in den Anmerkungen seiner *Deutschen Mythologie* einen Segen aus dem 15. Jahrhundert, der auf den heiligen Wolfgang als Viehheiligen und Beschützer vor dem *Wolf* hinweist. Sehr oft findet man in der Volksmedizin diese sympathetische Anschauung, nach der sich Gleiches mit Gleichem – Wolf gegen Wolf – wirksam bekämpfen lässt. Der heilige Wolfgang war lange Zeit im Bayerischen und Salzburgischen ein gern zitierter Viehheiliger, dessen Konterfei man in Blei goss und an die Stalltür nagelte. Ein weiteres apotropäisches (unheilabwehrendes) Symbol für die Wirkung des heiligen Wolfgang ist das *Wolfgangihackerl*, das man an Rosenkränzen oder Uhrketten trug. Häufig aus Silber, schützt es den Träger vor allerlei Unheil. Das Beil des heiligen Wolfgang ist ein wichtiges Attribut. Im Mirakelbuch wird die Geschichte des Heiligen mit seinem Beil so erzählt, dass sich der Einsiedler während der Kriege zwischen Otto II. und Herzog Heinrich II. von Bayern in die ruhige Gegend des Abersees (Wolfgangsee) zurückgezogen habe. Während dieser Zeit wurde er, was in den Heiligenviten durchaus normal ist, durch zahlreiche Versuchungen auf den Prüfstand gestellt. Letztlich entschied er sich für das fromme Leben und versprach sich Gott, indem er angab, dort, wo das Beil, das er von sich zu werfen beabsichtigte, hinfallen würde, ein Gotteshaus zu errichten. Die Volkskundlerin Marie Andree-Eysn berichtete um die Jahrhundertwende, dass der Mesner von St. Wolfgang ihr erzählt habe, das besagte Beil sei im Mittelalter eingemauert worden. Niemand kenne die Stelle, an der dies geschehen sei, auch hätte niemand bisher danach gesucht. Die wundertätigen Berichte über den Heiligen jedenfalls sind lang, die Mirakelbücher berichten von umfassenden Heilverfahren, die durch Fürsprache des Heiligen im Himmel zustande kamen. In Passau wurde 1655 ein solches Mirakelbuch gedruckt. Darin ist auf nahezu 400 Seiten eine beachtliche Menge an Wundern verzeichnet. Die Wallfahrer und Bittsteller kamen von weit her. So ein *Sebastian Brew auß der Statt Cham vor dem böheimer Wald*, der im Jahr 1518 zum heiligen Wolfgang pilgerte, weil er daheim in einen Bierkessel gefallen und dort fast gesotten worden war, dies aber überlebt hatte.

Heimatschutz

Um die Wende zum 20. Jahrhundert hatten sich Gruppen gebildet, die sich der kulturpolitischen Pflege und dem Schutz der Heimat verschrieben hatten. Die Bewegung schuf weitreichende Vorgaben beispielsweise zum Haus- oder Hotelbau, zur Pflege des „richtigen" Volksliedes, zu Tracht und Dirndl. Es kam zu Liedersammlungen und Ausstellungen, Schulbücher wurden mit volkskundlichem Wissen gefüllt, sodass jedes Schulkind über Haus- und Siedlungsformen Bescheid wusste. Die Idee des Heimatschutzes diente der nationalen Erhebung und verfolgte das Ziel, eine neue Identität Österreichs, basierend auf der Vorstellung einer einzigen gemeinsamen großdeutschen Kultur, zu erzeugen. Bräuche wollten erhalten, Gemeinsamkeiten betont werden. Lanciert wurden die lang andauernden Echtheitspostulate der kleinen Vereine, die dem im Jahr 1912 gegründeten *Verband Österreichischer Heimatschutzvereine* untergeordnet waren. Die Heimatschutzbewegung des 20. Jahrhunderts zeichnete weniger ihre Tendenz zu einem romantisierend-nostalgischen Traditionalismus aus, als vielmehr eine regionalpolitische Dimension, die eine Heiligung der Volkskultur verfolgte. Echtheitszertifikate wurden vergeben und Heimatbücher verfasst. Die Idee des Heimatschutzes lebt noch heute in den Programmen ländlicher Vereine und den Referaten der Abteilungen Volkskultur recht unkritisch fort.

Heimatwerk

Die Heimatwerke, die es in Österreich in den einzelnen Bundesländern als eigenständige Unternehmen noch immer gibt, entstanden während des Ständestaates oder im Zug der Aktivitäten des Reichsnährstandes. Das steirische Heimatwerk hat sein Gründungsdatum am 24. Oktober 1933 in Graz und geht auf eine Initiative von Viktor Geramb zurück. Das Tiroler Heimatwerk folgte in Form einer Genossenschaft ein Jahr danach in Innsbruck. Das Salzburger Heimatwerk beispielsweise entstand unter der Hoheit der Nationalsozialisten. Es war die *Gesellschaft des Reichsnährstandes zur Förderung der bäuerlichen Handwerkskultur und Volkskunst*, die es ins Leben rief. Die Heimatwerke wurden nach 1945 in eine neue Rechtsform gebracht. Das Salzburger Heimatwerk wurde vom NS-affinen Metzger und Volksmusiker Tobi Reiser neu gegründet.

Herrgottswinkel

Der Herrgottswinkel war bis weit ins 20. Jahrhundert hinein fixer Bestandteil bäuerlicher katholischer Stuben. Stets im Eck, in dem sich auch der Tisch befand, wurden ein Kruzifix und wenn das Haus es vermochte, rechts und links davon Heiligenbilder, aufgehängt. Der Rosenkranz der Bäuerin wurde dort abgelegt. Palmbuschen und Kräuterbuschen wurden ebenso im Herrgottswinkel aufbewahrt. Mit dem Aufkommen der Fotografie stellte man nach und nach Bilder der toten Verwandten dorthin. Der Herrgottswinkel gehört zu den kleinen privaten Andachtsformen. Kulturhistorisch besehen ist er ein synkretistisches, von verschiedenen religiösen Elementen hergeleitetes Phänomen. Als die Nationalsozialisten an die Macht kamen, gab es Erlässe, die christlichen Symbole zu entfernen und an deren Stelle Führerbilder und Bilder der eigenen „Ahnen", wie sie es nannten, anzubringen. In Bayern protestierten damals die Bauern umgehend gegen diese Verordnung.

Hotel Krantz

So lautete der frühere Name des heutigen Hotels Ambassador in Wien. Um die Jahrhundertwende trug es die Adresse Kärntner Straße 28. In diesem Hotel Krantz residierte der amerikanische Schriftsteller Mark Twain während seines Aufenthaltes in Wien. Twain besuchte eine Reichsratssitzung und berichtete eindrücklich von den Turbulenzen im alten Reichsratssaal des

Parlaments. Im späteren Hotel Ambassador fand sich täglich am Nachmittag nach dem Besuch im Kunsthistorischen Museum Herr Reger, der Protagonist in *Alte Meister* von Thomas Bernhard, ein.

Jodeln

Das Jodeln ist eine Gesangsform, die man westlich von Wien – vorwiegend in gebirgigen Gegenden – bis in die Schweiz hinein vorfindet. Sie ist Teil der Volksliedkultur und erlangte mit den reisenden Tiroler Volkssängern im 19. Jahrhundert weit über die Landesgrenzen hinaus Bekanntheit. Diese Sänger waren es auch, die das Jodeln nach Wien brachten, was zur Folge hatte, dass sich dort, in charmanter Nachahmung, das **Dudeln** daraus entwickelte. Jodeln ist lautmalerisches Singen, das es bei verschiedenen Völkern gibt. Dabei wechselt man von der Kopf- zur Bruststimme. Früher nannte man einen jungen Stier im Salzburger Land „Jodl".

Josef der Arbeiter

Josef der Arbeiter war bis in in die 1960er-Jahre hinein ein Vorbild für die katholische Arbeiterschaft. Der heilige Josef, der Zimmermann, diente der christlich-konservativen Politik als Gegenmittel zur sozialdemokratischen Arbeiterbewegung. Im katholisch orientierten Ständestaat führte dies zum Bau einer Kirche im Arbeiterbezirk Ottakring während der Jahre 1935/36, die dem heiligen Josef geweiht und frontal einem großen Arbeiterwohnbau gegenübergestellt wurde. Als Papst Pius XII. im Jahr 1955 auf die Idee kam, Josef den Arbeiter nicht nur am katholischen Vatertag, dem 19. Mai (Josefi), zu feiern, sondern auch noch am 1. Mai, brachte er damit nicht nur eine allgemeine Angst vor dem Kommunismus zum Ausdruck, er lieferte damit den zahlreichen italienischen Arbeitern eine Hoffnungsfigur. Dem heiligen Josef, dem Arbeiter, der Patron der Zimmerleute, Eheleute und Holzfäller ist, sind Kirchen und Kapellen geweiht. So auch das architekturhistorisch interessante Seelsorgezentrum Josef der Arbeiter in Steyr. In St. Pölten in Niederösterreich gibt es noch bzw. wieder eine Josefsbruderschaft.

Kaisersage

Die Kaisersage ist aus der Salzburgischen Landesgeschichte nicht mehr wegzudenken. Die Kaisersage und der Hausberg der Salzburger, der Untersberg, bilden die Grundlage für eine über lange Jahre gepflegte vaterländisch ausgerichtete Geschichte. Der im Innern des Berges schlafende Kaiser Karl, wird, wenn die Zeit gekommen ist, aus dem Berg heraustreten, nach der Schlacht auf dem Walserberg die alte, geheiligte Ordnung herstellen, der Antichrist wird besiegt werden und eine neue, bessere Welt wird kommen. Nun kann man die Untersberger Kaisersage durchaus als Ausdruck und Wunsch nach politischer Ordnung deuten, war die Gegend doch bis in die jüngste Geschichte hinein Spannungsfeld zwischen Herrschaftsansprüchen der deutschen Kaiser und der Kirche (Papst und Erzbischof von Salzburg). Kaisersagen sind bekannte Muster weltenhistorischen Wunschdenkens (Barbarossa im Kyffhäuser, Widukind in Westfalen). Solche Sagen helfen, die historische Erinnerung lebendig zu halten, sie nähren mit ihrem bunten erzählerischen Beiwerk mental ganze Regionen. Der Stoff der Kaisersage zum Untersberg führte zu recht versponnenen Auslegungen. Einmal ist die Handschrift mit der Erzählung des Lazarus Gitschner zu erwähnen und ein Beispiel aus unserer Zeit ist das Zeitenspiel des Lungauer Pfarrers Valentin Pfeifenberger (1914–2004). Die Geschichte des Lazarus Gitschner ist in einem als *Brixner Buch* bezeichneten Druck aus dem Jahr 1782 festgehalten und reich bebildert mit einzelnen Szenen, die sich im Inneren des Berges abgespielt haben sollen. Diese Schilderungen führten dazu, dass Jakob Grimm sie als Sage in seine Sagensammlung mit aufnahm. Der Voitl, wie Pfeifenberger von den Einheimischen genannt wurde, verfasste eine eigene Geschichte zum Kaisermythos und Untersberg und führte sie jedes Jahr mit den Schulkindern auf. Das epische Stück griff auf aktuelle politische Ereignisse zurück und mit den Figuren des *Hanswurst* und dessen Genossin *Pudlpudl* bediente sich Pfeifenberger bei bereits bekannten Figuren. Den Auftakt zu diesem apokalyptischen Spiel bildet die Thomasnacht, die längste Nacht des Jahres, die dem heiligen Thomas geweiht ist, weil er am längsten an der Lehre Jesu Christi zweifelte, und die im Volksleben gerne zu prophetischen Weissagungen herhielt. Der im Untersberg schlafende Kaiser des Heiligen Römischen Reiches war sogar dem deutschen Dichter Ludwig Uhland eine Erwähnung wert. *Der Held und Heilige des deutschen Reiches, der Urquell aller Gesetzgebung und Rechtspflege* sei in diesem Berg eingeschlossen und harre der kommenden Erlösung.

Kaser

Als Kaser werden im Salzburgischen und im angrenzenden Steirischen die Almen bezeichnet. Der **Ka(i)serschmarrn** hat seinen Namen von diesen Almen/Kasern. Auf dem **Untersberg** beispielsweise gibt es die Siebenkaser und die Zehnkaser. Das Wort *Kaser* bedeutet schlicht Sennhütte.

Klapotetz

Der Klapotetz prägt heute die gesamte südoststeirische Weingegend. Er fand Aufnahme in das *Lexikon der dämlichsten Erfindungen*. Bis in die Nachkriegsjahre diente der Klapotetz im südsteirischen und slowenischen Grenzgebiet als Vogelscheuche in den Weinanlagen. Kurz vor dem völligen Verschwinden kam dem klappernden Gehölz im Zug der Europäisierung der Erfindungsgeist von Tourismusmanagern zugute, die den Klapotetz zum stilisierten Typikon für die Europaregion Südsteiermark erkoren. Die Lärm erzeugenden Windräder unterschieden sich zu beiden Seiten der österreichisch-slowenischen Grenze durch die Anzahl ihrer Radblätter. Heute hört man sie kaum mehr im frühherbstlichen Wind klappern, da sie bloß behübschendes Beiwerk in der Landschaft sind. Aber dort, wo man sie vereinzelt noch vernimmt, empfindet man das Geklapper als freundlichen Gruß. Der Oberösterreicher Friedrich Achleitner meint, die klapprigen Gerätschaften verdankten die Steirer einem Bauern namens Leonardo Klapotetz (1452–1519) aus Pösnitz (*Pesnice*), der eigentlich ein Flugobjekt erfinden wollte, was seinen Buben dazu veranlasste zu sagen: *Unser flieger fliegt ja gar nicht [...]. Macht nichts*, soll der alte Klapotetz aus Pösnitz geantwortet haben.

Kornblume

Den Anhängern Georg Heinrich Ritter von Schönerers (1842–1921), eines antisemitischen, großdeutsch denkenden Politikers (Alldeutsche Vereinigung) Österreichs, galt die Kornblume als Ausdruck gemeinsamer Gesinnung wie beispielsweise bei einem Geselligkeitsverein in Falkenau an der Eger, der sich der deutschnationalen Pflege widmete und daher den Namen *Geselligkeitsverein Kornblume* trug. Eine SS-Division führte eine stilisierte Kornblume im Wappen und der Verein für das Deutschtum im Ausland verwendet die Kornblume seit 1935 bis heute als Marke. In Österreich trägt die Freiheitliche

Partei Österreichs (FPÖ) zum Zeichen ihrer Gesinnung regelmäßig die Blaue Kornblume – beispielsweise bei der konstituierenden Sitzung des Nationalrats im Herbst 2013, was zum wiederholten Mal heftige Dispute auslöste.

Krampus

Der Krampus wird auch *Klaubauf* genannt. Er ist eine traditionsreiche Brauchtumsfigur, die aus der Zeit der Gegenreformation stammt und die unweigerlich zur guten Figur des **Nikolaus** gehört. Von Tirol bis Wien kommt der Krampus vor, an manchen Orten nennt man ihn nur anders. Stets ist er wild und furchteinflößend in seiner Erscheinung und im Verhalten. In Wien lieferte viele Jahre der Krampustag, der Abend des 5. Dezember, Anlass zur Abhaltung von Krampusbällen und Krampuskränzchen, Krampusgrüßen via Postkarten, außerdem kam es zu theatralischen Aufführungen und Musikkompositionen. Noch immer nimmt man in der Stadt den Krampustag zum Anlass, sich mehr oder weniger erotisch, schwarz-rot gekleidet am Abend zu treffen. Der Krampus als Erziehungsmaßnahme ist jedoch nicht erst heute umstritten. Vor Kurzem verbannten die sozialdemokratischen Politiker die Figur aus den pädagogischen Einrichtungen. Bereits am 5. Dezember 1928 wird in *Das kleine Blatt* der Einsatz des Krampusses durchaus kritisch besehen und erwähnt, dass die Kinder sowohl gesundheitlich als auch charakterlich geschädigt würden. *Es gibt eben Menschen – Feldwebelnaturen – die können nicht anders erziehen als mit der Angst, die sie einjagen. Am Krampustag werden ganze Verschwörungen geschmiedet, Eisenbahner verleihen den Schafpelz, Kohlenhändler die Butten, Schlosser die Ketten, niemals sind die Erwachsenen so einig, als wenn es gegen die Jugend geht.* Der Einsatz von Krampus und Krampussujets war nicht nur pädagogischer Art, auch die Werbung nutzte die Aufregung zu diesem Termin. So bot die Schuhfirma Delka am 4. Dezember 1938 mit dem Gruß *Zum Krampus* rote, gefütterte Filzschuhe an.

Krauthappl

Als die Bauherrin *Wiener Secession* an Joseph Maria Olbrich 1897/98 den Bau eines Vereins- und Ausstellungsgebäudes vergab, bediente sich der Architekt aller möglichen metaphorischen und allegorischen Mittel. Dazu gehört auch der Lorbeerkopf des Kopfbaus, der weithin sichtbar gülden schimmert und für den die Wiener alsbald den Namen *Krauthappl* (Kraut-kopf) fanden.

Kruckenkreuz

Das Kruckenkreuz, auch **Taukreuz** oder **Jerusalemkreuz**, gehört zu Öster-reichs emblematischer Identität. Zunächst tauchte es auf Initiative Ignaz Seipels auf einem Ehrenzeichen der jungen Republik auf, um kurze Zeit spä-ter (1925) auf einem 2-Groschen-Stück und einem 5-Groschen-Stück ins allgemeine Gedächtnis der Österreicher eingebrannt zu werden. Mit einem Bundesgesetz gegen Ende des Jahres 1936 (28. Dezember) wird das Kru-ckenkreuz als offizielles Emblem der Republik verlautbart. Gewissermaßen war es synkretistischer Ausdruck einer religiösen Tendenz während der Zwi-schenkriegszeit, eine Mischung aus heidnischer Sonnenrune und christlichem Kreuz, in den Farben Rot-Weiß-Rot gehalten. Der reaktionär-patriotische österreichische Ständestaat, von Engelbert Dollfuß (1892–1934), dem Bun-deskanzler, der beim Juliputsch 1934 von den österreichischen Nationalsozia-listen ermordet wurde, 1933 eingeläutet, hat sich dieses Sinnbild zum Gestus gewählt. Das Kruckenkreuz war das Konkurrenzkreuz zum Hakenkreuz. Die Vertreter des Kruckenkreuzes, die Vaterländische Front, sah sich als Gegen-bewegung zur Großdeutschen Hakenkreuzbewegung.

Madln, die drei heiligen Madln

Es gibt mindestens zweierlei verschiedene drei heilige Madln, also Mädchen. Da sind einmal die heilige Barbara, Katharina und Margareta, an deren Attribu-te sich Kunsthistoriker und Volkskundler mit folgendem Spruch erinnern: *Die Greatl mim Wurm, die Barbl mim Turm, die Kathl mim Radl sein die heiligen drei Madl.* Der österreichische Schriftsteller und Senner Bodo Hell hat den heiligen Madln ein Kapitel in seinem Büchlein über die Nothelfer gewidmet. Barbara, Margareta und Katharina sind die einzigen Frauen, die in die Liste der Vier-zehn Nothelfer aufgenommen wurden. In Meransen, einem kleinen, am Ein-gang zum Pustertal gelegenen Ort am Fuß des Gitschberges (*Gitsch* bedeutet im Pustertaler Dialekt „Mädchen"), kommen drei heilige Madln ganz anderer Art zur Bedeutung. *Aubet, Cubet* und *Querre* nennt man sie noch immer. Am 16. September feiert man in Meransen die heiligen Jungfrauen, die, so geht die

Legende, wenn man sie als heidnische Gestalten bezeichnet, Blindheit auf den Schmäher herabrufen können. Johann Jakob Staffler, ein Topograf und Beamter, erwähnt, dass die Mädchen seit 1382 urkundlich erwähnt seien. Geflüchtet seien sie vor den Soldaten des Hunnenkönigs Attila, der *Geißel Gottes*, wie er ihn nennt, und errettet von Gott bewahrten sie ihre Jungfräulichkeit. Bis in die 1920er-Jahre hinein nannte man in der unmittelbaren Gegend von Meransen die Mädchen noch nach den drei heiligen Madln. Marie Andree-Eysn bekam von einer ausgewanderten Meranserin erzählt, sie wollte in ihrer neuen Heimat ihr Töchterlein Querre taufen, der Pfarrer hätte sich aber zunächst geweigert, das Kind zu taufen, war er doch der Meinung, das wäre ein heidnischer Name. Erst nachdem die Mutter von den frommen Wirkungen der Meransener Jungfrauen erzählt hatte, spendete der Priester dem unschuldigen Kind das Sakrament.

Mandlkalender

Der steirische Mandlkalender ist neben dem **Ambraser Mandlkalender** eines der frühen volkskulturellen Zeugnisse der Zeitdarstellung. Wie sich ungeschönt erahnen lässt, sind die Mandln, die Figuren, namensgebend für diesen Kalender. Im Umkreis von Klöstern kam es seit dem Mittelalter mehr und mehr zur Verbreitung mittels Holzschnitt gedruckter Blätter, um dem einfachen Volk den Jahreskreislauf der Heiligen näherzubringen. So gilt der Bauernkalender des Benediktinerklosters Admont (circa 15. Jahrhundert) als Vorläufer des in der Steiermark noch immer gedruckten Mandlkalenders. Er liefert bisweilen recht amüsante Einblicke in die Vorstellungswelt einfacher Menschen bezüglich der Darstellung ihrer Heiligen. An Martini (11. November) beispielsweise wird eine gerupfte Gans als Tagessymbol abgebildet. Der Kopf des heiligen Johannes liegt blutend auf einem Teller, man sieht die brennenden Seelen im Fegefeuer oder zwei Mäuse, die entlang einer Wollspindel klettern, weil an St. Gertraud die Maus den Faden abbeißt, wie man im Volksmund einst sagte. Damit war gemeint, man höre auf zu spinnen, weil jetzt im März die Feldarbeit wieder aufgenommen werden muss. Da der Mandlkalender gut verbreitet und volksbildnerisch wirksam war, rückte er auch ins Interesse der Nationalsozialisten. Prompt tauschten diese das eine oder andere Symbol aus. Gleich am 1. Jänner wurde das Bild der Beschneidung Jesu zunächst gegen ein Hufeisen und dann durch einen das Jahr anblasenden Herold ausgetauscht. Statt der Kronen der Heiligen Drei Könige wurde ein germanischer Sternsinger abgebildet und der Eintopf, das sinnstiftende Einheitssymbol des Führers mit dem Volk, fand Eingang in die Ikonografie des Kalenders. Politische Ereignisse wie die Saarabstimmung 1935 wurden aufgenommen. Am 9. November erinnerte man an den Marsch auf die Feldherrnhalle von 1923 und am 10. Oktober an die Kärntner Volksabstimmung von 1920. Das am 29. September 1933 von den Nazis beschlossene Erbhöfegesetz fand ebenso seinen Niederschlag im Kalender. Die Beispiele ließen sich fortführen. Inzwischen sind wieder die ursprünglichen christlichen Symbole abgebildet.

Mariahilf

Als gesichert gilt die Verbreitung des Kultes um das Gnadenbild Mariahilf von Passau aus. In ganz Österreich finden sich Mariahilf-Gnadenbilder und -Wallfahrtsorte. Neben Mariazell und dessen Gnadenbild ist das Passauer Marienbild das zweitwichtigste Motiv der österreichischen Heiligenverehrung. Strahlenförmig breitete sich ungefähr 40 Jahre nachdem Passau mit der Marienverehrung begann, dieser Marienkult aus. Das Originalmotiv schuf Lucas Cranach der Ältere etwa um 1537 für die Dresdner Hofkirche. Das mehr und mehr evangelisch werdende Sachsen stellte es in die Gemäldegalerie und als Geschenk des Kurfürsten Johann Georg I. an den Fürstbischof von Passau, Erzherzog Leopold V. kam es nach Passau. Leopold wurde 1619 Tiroler Landesfürst und so nahm er es in tiefer Verehrung mit nach Innsbruck. Passau bekam eine Kopie. In Wien Mariahilf hängt das Lukas-Cranach-Motiv seit 1660. Rund um diese Hauptorte kamen im Lauf der Jahre kleinere Wallfahrtsorte mit diesem Motiv zur allgemeinen *devotio mariae* dazu. Innsbruck 1647, Kleinholz bei Kufstein 1680, Pottendorf 1638, Schwadorf 1692, Mondsee-Mariahilf entstand 1706. Die Verbreitung des Sujets führte nach Vorarlberg und über Südtirol auch nach Turin und ins tschechische bzw. sudetendeutsche Zuckermantl/Cukermantl (heute *Zlate Hory*), dort gibt es seit der Zeit um 1718 einen Mariahilfberg. Das Original befindet sich im Dom zu Innsbruck.

Maronibrater

Sie tauchen im spätherbstlichen Stadtbild auf. Man kann Maroni, also Edelkastanien, Braterdäpfel und Puffer (Kartoffelpuffer) bei den Bratern kaufen.

Manche Maronibrater nennen sich sehr selbstbewusst *Zum Maronikönig*. Vor allem Kinder mit Müttern zieht es beim Einkauf zum Maronibrater. Die Maronibrater kamen zu Zeiten Habsburgs aus slowenischen und italienischen Gebieten. Von dort stammen heute zwar nicht mehr die Maronibrater, aber immerhin noch die Maroni. Die Anzahl der Maronibrater ist mittlerweile rückläufig und sobald die Saison vorbei ist, verkaufen sie Erdbeeren, Himbeeren oder auch Gemüse. Eine Wiener Stiefelmanufaktur nennt eines ihrer Modelle *Maronibraterstiefel*, es ist *der Winterstiefel schlechthin*, so der Erzeuger. In der Südsteiermark begegnen dem Besucher Maronibrater, deren Maroni noch auf offenem Feuer gebraten werden, deren Geruch in den Gassen der Dörfer Genießer anlockt.

Marterl

Ein Marterl ist eine in der freien Landschaft aufgestellte Gedenkstätte. Marterln sind eine Sonderform der Gattung Bildstöcke bzw. Kleindenkmäler. Im Marterl steckt das griechische Wort *marytors*, was so viel wie Blutzeuge bedeutet. Sie sind Erinnerungstücke, meistens mit einer Inschrift versehen, aus der das erlittene Schicksal des an der Stelle Verstorbenen hervorgeht. Auf Wanderwegen, an Wegrändern, auf dem Berg, im Tal, an Straßenrändern sind sie anzutreffen und zeugen vom Wert der Erinnerung.

Märzveigerl

Ist ein Märzenveilchen. Als Märzveigerl bezeichnete man euphemistisch in Wien all jene, die beim Einmarsch Hitlers am 12. März 1938 dem Altösterreicher zujubelten und sich nachher nicht mehr daran erinnern konnten.

Mühlviertler Hasenjagd

Dabei handelt es sich nicht etwa um ein unterhaltsames Jagdvergnügen. Vielmehr ist es ein Mordkommando, eine Hatz der Mühlviertler auf entflohene KZ-Insassen. In der Nacht vom 2. Februar 1945 schafften um die 500 KZ-Insassen, davon einige russische Offiziere, die Flucht aus dem Lager Mauthausen. Ein Russe, Michael Rjabschtinskij, der Unterschlupf bei einer zutiefst katholischen Frau und Mutter, Maria Langthaler, fand, erinnerte sich noch Jahre danach an diese Höllennacht. Befehl und Ziel der Mächtigen war es, alle Entflohenen ohne zu zögern umzubringen. Das lange Jahre verdrängte Thema führte dazu, dass zahlreiche auch namhafte Künstler der Nachkriegsgeneration Arbeiten zu diesem Thema schufen, und so die mahnende Erinnerung wachhielten. 1994 kam es zur Verfilmung des Themas.

Nagel Christi

Der Nagel Christi ist oftmals bei Altären als mahnende Reliquie zu finden. Hübsch dekoriert, schön verpackt und hinter Glas gestellt, gemahnt er an das Martyrium Christi. Wäre er wirklich eine Reliquie erster Ordnung, also direkt vom Kreuze Christi abgenommen, würde dies bedeuten, dass Christus oft gekreuzigt worden wäre. Es kursieren nämlich sehr viele solcher Nägel. Ein Exemplar ist am Hochaltar der Wallfahrtskirche von Annaberg in Niederösterreich angebracht.

Nagelen

Das Nagele bzw. die Nelke war bis zur Verbreitung der Geranie (in Tirol auch *brennende Liebe* genannt) eine symbolträchtige Pflanze, weil sie durch ihre Wortähnlichkeit mit dem Nagel auf den Nagel Christi hinweist und als Symbol des Leidens auf Bildern und in Stickerein zu finden ist. Die Tiroler Schützen trugen sie auf ihren Hüten, um ihre katholische Verbundenheit zu zeigen. Die Nelke, so erzählte man sich in früheren Zeiten in Böhmen, sei auch durch die Tränen Mariens entstanden. Je nach Gegend war es angebracht, Nelken, sollten sie sich im Garten gut ziehen lassen, am Karfreitag, dem Frauendreißiger oder an Maria Himmelfahrt zu setzen oder zu vermehren.

Namenstag

In katholischen Gegenden war es weniger üblich, den individuellen Geburtstag zu feiern, als vielmehr den Namenstag. Da viele Bewohner der katholischen Monarchie Namen nach Heiligen trugen, erinnerte dies den Menschen stets an seine Nachrangigkeit, seine Unterordnung vor dem Namenspatron. Gefeiert wurde trotzdem. Peter Rosegger lässt uns wissen, man habe ihm am Vorabend seines Namenstages (29. Juni) die *übliche Namenstagsmusik* aufgespielt. Diese bestand aus Lärmen mit Kübeln, Pfannen, Feuerzangen und Topfdeckeln.

Nationalfeiertag

Der erste Nationalfeiertag Österreichs fand am 12. November 1919 statt. Auf den Tag genau ein Jahr zuvor hatte die Versammlung der deutschen Abgeordneten Österreichs beschlossen, dass Österreich fortan eine Republik sein solle. An diesem ersten Nationalfeiertag kam es in allen Landeshauptstädten zu *erhebenden Ansprachen*, wie die Wiener Abendpost, eine Beilage zur Wiener Zeitung, vom 13. November 1919 zu berichten wusste. Während der Zeit des rechtskonservativen Ständestaates in den 1930er-Jahren wurde alsdann der 1. Mai 1934 zum Tag der Verfassung ausgerufen. *Das Alte ist gestürzt und das neue Leben blüht, hoffen wir alle, so wünschen wir alle, aus den Ruinen,* schrieb zum Anlass das Amtsblatt *Wiener Zeitung.* Fortan, war dort zu lesen, sollte es ein neues Österreich werden, *ein christliches und berufsständisches Österreich* wollte hinkünftig mit dem 1. Mai eingeleitet werden. Dieser scheinbar so typisch österreichische Nationalfeiertag wurde ohne viel Aufhebens von den 1.-Mai-Feiern, die das nationalsozialistische Deutschland bereits 1933 zum obersten Feiertag proklamierte, außer Kraft gesetzt. Gleich nach dem Anschluss an Hitlerdeutschland fanden in Wien imposant inszenierte 1.-Mai-Feiern statt. Die Ringstraße war mit überdimensionalen Maibäumen geschmückt, an deren oberem Ende die Swastika thronte und unter diesen stilisierten Maibäumen tanzten Trachtenpärchen auf der Jesuitenwiese im Prater. Nach diesen doch einigermaßen misslungenen Anfängen sah sich das Land unmittelbar nach 1945 nicht in der Situation, sich als Nation zu verstehen und einen Ehrentag dafür auszurufen. So kam es, dass es zwischen 1945 und 1955 keinen für alle Österreicher politischen Hochtag gab. Einen ersten vorsichtigen Schritt zu einem neuen Nationalfeiertag setzte ein konservativer Minister. Heinrich Drimmel (1912–1991) bewog den Ministerrat im September 1956, einen Tag der Fahne einzuführen und diesen an den Schulen zu begehen. Letztlich beschloss man im Oktober 1965, dass der 26. Oktober, der Tag, an dem das Gesetz zur österreichischen Neutralität beschlossen worden war, zukünftig der Nationalfeiertag sein sollte, und, so heißt es im Artikel II des Gesetzes, sei es angebracht, dass dieser *im ganzen Bundesgebiet festlich begangen* werde. Interessanterweise hieß es in Punkt 2 des Artikels, dass die Feiertagsruhe für diesen Tag jedoch nicht gelte. Erst im Bundesgesetz vom 19. Oktober 1966 wurde dieser Tag im Sinn des Feiertagsruhegesetzes als gesetzlicher Feiertag festgelegt. Noch immer malen Kinder in der Volksschule aus Anlass der Begehung dieses Tages die rot-weiß-rote Fahne, sie lernen die Nationalhymne und vor allem die Wiener Kinder besuchen mit ihren Eltern die Waffenschau des Bundesheeres auf dem Heldenplatz. Patrioten und EU-Gegner proklamieren auf www.nationalfeiertag.at oder auf www.sosheimat.at ihre Heimatliebe.

Neujahrsgeschenke

Heute noch wachsen an allen möglichen Plätzen in ganz Österreich bereits Tage vor Silvester Marktstandeln mit Glücksbringern, die üblicherweise chinesische Massenware sind, wie die Schwammerl aus dem Boden. Dies ist der Rest einer Schenktradition, die ihre Hochblüte im Biedermeier hatte und noch im 19. Jahrhundert recht pittoresk, künstlerisch gestaltet und frech lebendig war. Damals schenkte man sich in Wien allerlei süßes Gebäck, das mit Würsten, Senf oder Sägemehl bestreut war. Diese *Neujahrspräsentel*, wie sie genannt wurden, konnten auch aus Papier sein. Kunsthändler boten allerlei *gspaßige* Kalender oder Schiffchen mit Zaubersprüchen und Sprungfedern ausgestattet an. Die Damen aus allen Gesellschaftsschichten verlangten nach einem dieser *Neujahrspräsentel*.

Patrozinium

Unter Patrozinium versteht man die Weihe einer Kirche, eines Landes oder einer Nation an einen bestimmten Heiligen zum Schutz des Ortes oder der ganzen Region. In der Regel ist dies eine Heiligenfigur, mit der man sich identifiziert und die in den meisten Fällen einen Märtyrertod starb. Für die Nation Österreich, die Länder Wien, Niederösterreich und Oberösterreich (neben dem heiligen Florian) ist dies der heilige Leopold, der Stifter des Augustiner Chorherrenstiftes. Leopold III., Babenberger und einer der bedeutendsten Fürsten des Hochmittelalters, wurde am Dreikönigstag 1485 heilig gesprochen. Papst Innozenz VIII. befand, *dass der heilige Leopold, Markgraf von Österreich, dem Katalog der Heiligen einzuschreiben und durch öffentliche Kultur als Heiliger zu verehren sei.* Aufgrund verschiedener Wirren kam es erst im Februar 1506 zur Translation der Gebeine. Die Universität Wien, sie ist die älteste Universität im deutschen Kulturraum, geht auf die Gründung durch Herzog Rudolf IV., den Bruder Leopolds III. und Albrechts III., im Jahr 1365 zurück und sah sich dem Herrscher sehr verbunden, nicht zuletzt, weil Leopold und Albrecht die Gründungsurkunde mit unterschrieben. Sie schloss sich einst dem Verfahren um Kanonisation an. Im 17. Jahrhundert wurde Leopold zum Landespatron bestimmt – ganz in der Tradition der Gegenreformation – und zwar der Länder ob und unter der Enns. Man trachtete danach, in habsburgischer Manier die römisch-katholische Vorherrschaft zu festigen. Mit den theologischen Feierlichkeiten zum Tag des Heiligen kam es stets auch zu weltlichen Festen. Solche Feste begründeten nicht selten Bräuche. In Klosterneuburg kam es, allerdings erst annähernd 400 Jahre nach der Heiligsprechung Leopolds, zum sogenannten **Fasslrutschn**.

Plumage

Zu Bettzeug sagt man auf Altwienerisch auch Plumage. Der Begriff kommt aus dem Französischen und bedeutet so viel wie Gefieder. Die wienerische Anwendung rührt wohl daher, dass man Bettzeug eben mit Federn befüllte und sich in vornehm französischer Manier darüber unterhalten wollte.

Pummerin

Die Pummerin ist ein Wahrzeichen der Bundeshauptstadt und wird zur Freude aller Wiener und Touristen alljährlich in der Silvesternacht um Schlag Mitternacht zum Läuten gebracht. Die erste Pummerin, die aus jenem Metall besteht, das man aus den bei der zweiten Türkenbelagerung eroberten Kanonen goss, gelang gleich beim ersten Guss im Jahr 1711. Gießer war der aus Tirol zugezogene Achhammer Johann. Alle Stände der Stadt begleiteten die Glocke zu ihrem Bestimmungsort. Achhammer lebte in Wien-Neubau am Wendelgrund, damals noch Vorstadt, in einem Haus. Dort hatte er auch seine Glockengießerei. Da das der Glockengießerei näher stehende Stadttor für die schwere Glocke zu klein war, wurde es notwendig, mit der Glockenfuhre zum Rotenturmtor zu fahren, was einen beträchtlichen Umweg bedeutete. Achhammer starb ein Jahr nach der Einweihung der Glocke. Das Bombardement des Jahres 1945 hatte die Zerstörung dieser so geschichtsträchtigen Glocke zur Folge.

Quodlibet von Wien

Einst notierte mit Erstaunen ein Reisender im Dienst englischer Angelegenheiten, Johann Georg Keyßler (1693–1743), es gäbe ein Quodlibet, in dem Wien gar nicht so *übel gerathen* sei. Dieses lautet so: *ein klumpen Häußser und Palläste, Voll Ungeziefer, voller Gäste, Ein Mischmasch aller Nationen, Die im Ost=West=Süd=Norden wohnen, Gestanck und Koth in allen Gassen, Viel Weiber, die den Ehestand hassen, Viel Männer, die mit andern theilen, Sehr wenig Jungfern, lauter Fräulen, Betrug und List in allen Buden, Beschnittne und getauffte Juden, Viel Kirchen allzeit voller Sünder, Viel Schencken und darinn viel Schinder, Viel Klöster voller Pharisaer, Viel Händel und viel Rechts=Verdreher, Viel Richter die das Recht verkáuffen, Viel Feste celebrirt mit Sauffen, Viel grosse Häuser voller Schulden, Viel Prahler die den Stock gedulden, Viel Windverkauffer ohne Mittel, Viel schlechte Tropfen voller Tittel, Gestrenge Bauern, Gnädige Bürger, Viel Zöllner, viel lateinsche Würger, Viel Hoffart, wenig Complimenten, Viel Ignoranz und viel Studenten, Viel Kupler, viele Kuplerinnen, Viel die mit Huhren Geld gewinnen, Viel Spanier, Welsche und Frantzosen, Der Letztern viel in teutschen Hosen, Viel Stutzer und geborgte Kleider, Viel Sauffer, Spieler, Beutel=Schneider, Laquayen, Pagen, Pferde, Wagen, Viel Reiten, Fahren, Gehen, Tragen, Viel Drängen, Stoffen, Zerren, Ziehn, Dieß ist das Quodlibet von Wien.*

Rapidviertelstunde

Ist jene Viertelstunde, die von den eingefleischten Fans vor dem Abpfiff eingeklatscht wird. Hervorgegangen ist sie aus der überlieferten Fähigkeit des Fußballclubs, seit seinen frühesten Tagen in den allerletzten 15 Minuten noch das herauszuholen, was eine Mannschaft zum Sieger macht. Belegt ist die Rapidviertelstunde über die Jahre immer wieder. Hier mag die Sportrevue der Abendausgabe des *Fremdenblattes* vom 10. Mai 1915 zitiert werden, wo über das Spiel Rapid gegen den FAC aus Floridsdorf berichtet wird und die erahnen lässt, dass man tatsächlich über den gerade mal 15-minütigen Kampfgeist der *Grünen*, wie sie damals auch genannt wurden, nachgedacht hatte. *In der zweiten Halbzeit haben sich die Hütteldorfer vollständig gefunden. Die vielerwartete Viertelstunde Rapids, die nahezu zum geflügelten Worte geworden ist, stellt sich ein.* Die Gemüter der Fans waren ähnlich aufwallend wie heute und so erlaubt sich der Berichterstatter auch, dem Leser folgende Botschaft mit in das nächste Spiel zu geben: *Das Spiel wurde von Herrn Melich mit den ehrlichsten*

Absichten geleitet. Wenn er Fehlentscheidungen getroffen hat, so ist daran mehr die untergehende Sonne schuld und der stellenweise blitzartige Verlauf des Spieles. Auch sollten sich die Zuseher angewöhnen, den Ereignissen mit mehr Ruhe zu folgen. Denn auch der Erfahrenste kann aus dem Häuschen gebracht werden!

Rügebräuche

Ein Rügebrauch ist eine belehrende, ermahnende bis strafende Brauchform. In der Hauptsache von jungen Männer, auch gerne Burschen genannt (Gesellenverbände, Burschenschaften), ausgeübt. Die Rüge ist im rechtsvolkskundlichen eine fast juristische Belehrung, die sowohl gegen eine Einzelperson als auch gegen eine ganze Gruppe ausgesprochen werden konnte. Ihr halbrechtlicher Charakter verwies in der Vergangenheit oft auf Lücken im bestehenden Recht, solche Bräuche sind manchmal ein kompensatorisches Korrektiv. In der Frühzeit der Vergesellschaftung konnten Rügehandlungen so weit gehen, dass man den Herd zerstören, Zäune einreißen und Schandzeichen an den Häusern anbringen konnte. Rügebräuche sind Ausdruck gesellschaftlicher Normen und Regeln, sie sind Symbol für die Qualität der Sozial- und „Terrorgesellschaft" innerhalb eines gemeinschaftlichen Verbandes. Manche Rügebräuche werden zu verlässlich wiederkehrenden Terminen, beispielsweise vom 30. April auf den 1. Mai oder zu Ostern, noch immer gepflegt. Mit der Erstarkung des Zivilrechts gerieten Rügebräuche in den Hintergrund, heute haben sie nur mehr folkloristischen Charakter.

Salon

Wien war bekannt für seine Salons. Einer der bekanntesten Wiener Salons des 19. Jahrhunderts war jener von Caroline Pichler (1769–1843), Schriftstellerin und Hausmutter. Im Salon der Pichler wurde parliert und nebenher gestickt oder gehäkelt, Theater gespielt, gesungen und auch getanzt. Die Herren von Geist unterhielten sich mit klugen Frauen, die während der Unterhaltung ihre Handarbeiten vorantrieben. Frau Pichler empfing von 19 bis 22 Uhr und selbst der Adel nahm an ihren Salonstunden teil. Bekannt war auch der Garten des Hauses in Hernals. Nussbäume, Obstbäume, Weinstöcke, Rosen, eine Linde, süße Erdbeeren und zahlreiche andere Pflanzen zierten ihn. Unterhaltungen nach Art eines Salons und literarische Treffen wurden während der

1820er-Jahre nach und nach ins Kaffeehaus verlegt. So löste das Kaffeehaus die Salonkultur ab, wurden private Unterhaltungen in den öffentlichen Raum verpflanzt. Die Bedeutung der Salondame Pichler, geborene von Greiner, zeigt sich durch die Benennung einer Straße und daran, dass ihr ein Ehrenmal auf dem Zentralfriedhof zuteil wurde. Pichlers autobiografische Notizen ehrte man, obwohl die Zensurbehörde das eine und andere strich, indem ihr die Rolle einer *vaterländischen Schriftstellerin* attestiert wurde. Ob ihrer vaterländischen Gesinnung ging ihre Autobiografie dann doch im Jahr 1843 in Druck. Bis auf den Tag ist es hilfreich, bei Recherchen zum Wiener Gesellschaftsleben zur *Pichler* zu greifen.

Sandler Hinterglasbilder

Die Hinterglasbilder aus dem oberösterreichisch-mühlviertlerischen Sandl bei Freistadt sind weit über die Landesgrenzen hinweg bekannt. Die Verbreitung der Hinterglasbilder steht in Zusammenhang mit der Bewunderung von Künstlern wie Wassily Kandinsky (1866–1944), Gabriele Münter (1877–1962), Franz Marc (1880–1916), die in Oberbayern, genauer in Murnau, mit dieser Kunst in Berührung kamen. Diese Künstler hatten im 19. Jahrhundert besonderes Interesse an der Volkskunst, was letztlich zur Beschäftigung der Wissenschaft mit dem Thema führte. Die Sandler Bilder entsprangen dem Umfeld der böhmisch-mährisch-schlesischen Glasmacherkultur. Für den Bayerischen Wald weiß man, dass die in den Glashütten beschäftigten Arbeiter in den raren Arbeitspausen Glas *schinden* durften, was nichts anderes bedeutete, als für sich selbst zu arbeiten. Da wurden dann aussortierte Stücke, auch Trinkbecher oder Gläser, bemalt und verkauft. Das weiß man aus einem Pfarrgedenkbuch aus Buchers, das ähnlich wie Sandl ein bekannter Hinterglasort ist. Aus diesem Ort Buchers kam einst ein Mann namens Franz Pautsch nach Sandl. Seine Söhne und Enkel sollten die Sandler Hinterglasbilderkultur bekannt machen und zur Hochblüte führen. Durch Wanderhändler kamen die Bilder in Umlauf.

Schädelkult

Heute wird die Totenschädelkultur nur mehr von Gothicfans gepflegt. Einst allerdings waren die Totenschädel ein wichtiges Zeichen zur Darstellung der

Endlichkeit (*vanitas*) des Menschen. Totenschädel waren ein *memento mori*, das auch künstlerisch schön gestaltet wurde. In Oberösterreich, Bayern, in Tirol und im Waldviertel gab es in der Vergangenheit so manches Beinhaus oder einen Karner, wo schön in Reih und Glied aufgeschichtete und lieblich bunt bemalte Totenschädel lagen. Es war Aufgabe der Totengräber, ab und an auch der Tischler, die Schädel aus dem Grab zu heben, sie zu bleichen und mit den biografischen Daten des Toten reich dekoriert zu bemalen. Mancherorts umkränzte man den Schädel von Jungfrauen und unverheirateten Männern mit grünen Kränzen, andernorts nutzte man die ikonografischen Muster der Vergänglichkeit und der Sünde, beispielsweise malte man aus den Augen krabbelnde, sich über den Schädel ziehende Kriechtiere (Schlangen). Mädchenschädel versah man nicht selten mit einem reichen Blumenkranz. Ein viel besuchter Karner mit mancherlei Beispielen dafür befindet sich in Hallstatt im Salzkammergut. Im schweizerischen Graubünden malte man den Totenschädeln die Hauszeichen auf die Stirn. In der Steiermark wiederum nummerierte man die Totenköpfe. Aus der Vergangenheit Salzburgs erfahren wir, dass dort Sprüche auf die Schädeldecke geschrieben wurden, die nicht ganz der Komik entbehren, aber dennoch auf Zweifel hinweisen, mit denen sich die Menschen auf ihre allerletzte Reise begaben. *War ich schön oder häßlich? – War ich reich oder arm?* Diese Sprüche überliefert uns Marie Andree-Eysn. In Salzburg gab es beim Friedhof auch *Totenkammerl*, in die die bemalten Schädel in hölzernen Kleinkästen in Reih und Glied der Wand entlang postiert wurden.

Schani, Schanigarten

Schani ist im Wienerischen sowohl Kurz- als auch Koseform für Johann. Hergeleitet vom italienischen *Giovanni* (Johann) kann damit auch der Pikkolo, der Kellnerlehrling, gemeint sein. Diener ganz allgemein wurden Schani gerufen, die Gauner meinten mit „Schani beidln", die Entleerung des Leibstuhles. Bevor sich der Begriff auf die Schanigärten, saisonal improvisierte Sitzmöglichkeiten vor den Wirtshäusern, bezog, konnte auch ein Schrebergarten damit gemeint sein. Den Schanigarten hatte der Schani zu errichten. Stühle, Tische, Kübelpflanzen wurden vom Schani aufgestellt. Nicht umsonst heißt ein Lied für Gesang und Klavier aus den 1930er-Jahren „Schani, trag den Gartn 'naus". Schanis gab es viele und so kam es, dass Volkslieder, Couplets und Geschichten von den Eigentümlichkeiten der Schanis erzählen. Zum Beispiel ein Lied mit dem Titel

„Der Schani kommt nimmer": Dieses beginnt mit: *Eine Dame vom Theater hold a oida Schani aus; er kaft ihr Schmuck und schöne Klader.*

Schweizerkinder

So nannte man jene österreichischen Kinder, die von der Schweizer Kinderhilfe im November 1945 zur Erholung in die Schweiz und nach Liechtenstein gebracht wurden. Im Palais Liechtenstein des Fürsten zu Liechtenstein in Wien in der Rossau wurden die Kinder versammelt und vom nahe gelegenen Franz-Josefs-Bahnhof in Richtung Westen verschickt. In der Fürstengasse vor dem Palais in Wien erinnert eine Tafel an dieses beinahe vergessene Ereignis.

Schwimmschule Steyr

Dieses so freundlich genannte Schwimmbad hat seinen Ursprung in einer Waffenfabrik. Die von Josef Werndl (1831–1889), dem oberösterreichischen Waffenschmied, in Steyr/Oberösterreich im Jahr 1863 für seine Arbeiter gegründete Schwimmanstalt wurde zunächst von einem Erweiterungsbau der Waffenfabrik verdrängt. Auf Wunsch der Stadt baute er dann 1874 jenes Schwimmbad, „Schwimmschule" genannt. Es gilt als Erstes seiner Art in Europa. Im Zug des Besitzerwechsels der Waffenschmiede, zu der das Schwimmbad gehörte, war es kurzfristig in seinem Erhalt bedroht. Bis der kanadisch-österreichische Industrielle Frank Stronach, in dessen Besitz das Areal gelangte, einem Verein mit der Auflage, das Schwimmbad zu erhalten, das Bad um einen österreichischen Schilling verkaufte. Von 2003 bis 2013 schaffte es ein Architektenteam, das Bad auf herausragend unaufgeregte Weise zu einem Juwel steyrischer/oberösterreichischer Identität werden zu lassen.

Segen

Mit dem steigenden Trend zur Heiligenverehrung, hervorgerufen von politisch lancierten gegenreformatorischen Bewegungen, korrespondierte ein Bedürfnis nach **Haussegen** und Amuletten, also nach symbolischen Darstellungen geheiligter Frömmigkeit. Österreich, als von den römisch-katholischen Habsburgern regiertes Land, verfügt in seinen Museen über eine Reihe von Relikten solcher Segen. So gibt es **Wolfgangi-Segen** (Bleireliefe, die man an den Stalltüren anbrachte) und Haussegen, die oftmals gedruckt und an der Schwelle des Hauses befestigt wurden. Segen sind der Überbegriff sachvolkskundlicher Kleinkunstwerke mit religiösen Motiven. Dies können Attribute von Heiligen sein, wie beispielsweise das **Wolfgangihackl** oder die **Nepomukzunge**, aber auch gedruckte Texte.

Tabaktrafik

Ist ein typisch österreichischer Begriff, dessen Vorläufer die *Tabakverschleiß-geschäfte* waren. Die Wiener Zeitung, das offizielle Amtsblatt Österreichs, verlautbarte am 25. Mai 1919, dass laut einer Anweisung vom 18. Mai des Staatsamtes für Finanzen zur Besetzung der Trafiken und der daran angeschlossenen Lottokollekturen zum einen nur Personen mit einer Heimatberechtigung für Österreich in Frage kämen und *Kriegsbeschädigte, Kriegswitwen, Kriegsweisen* ein Vorrecht genießen. Damit wurde eine Verordnung außer Kraft gesetzt, die ehemaligen Militärs aller Dienstgrade, Witwen und Waisen den Vorzug gab.

Taschenfeitel Trattenbach

Im oberösterreichischen Trattenbach begann mit der Frühindustrialisierung entlang des Trattenbaches ein Hauserwerbszweig zu gedeihen. Im erzreichen Gebiet der Eisenwurzen bildeten sich Handwerker heran, die Messer, auch *Feitl* oder **Zauckerl** genannt, herstellten. Die Trattenbacher Feitelmacher sollen noch im Jahr 1918 um die 14 Millionen Taschenmesser produziert haben. In der Hochblüte der Messerschmiede sollen es sogar 16 Millionen Stück gewesen sein, die in alle Teile des Balkans, nach Russland und Polen geliefert wurden. Die Feitl der Messerer von Ternberg, *deren Klingen den Ruf einer besondern Güte haben*, wie ein Stephan Edelem von Keeß 1824 konstatierte, wären reihum die besten. Der Taschenfeitel wie überhaupt Messer galten den heranwachsenden Buben als Initiationsgabe, wie schon Peter Rosegger in seinen Jugendgeschichten berichtet. Rosegger träumte nächtelang von dem ihm angekündigten Taschenfeitel mit dem gelben Heft, den er zum Namenstag vom Vetter Jakob geschenkt bekommen sollte. Die Popularität der Taschenfeitel im kaiserlich-königlichen Wien fiel einem Russen Namens Fjodor Fjodorowitsch Tornau (1810–1890) auf: *Der gemeine Mann in Österreich verbirgt ständig ein*

Klappmesser in der Tasche, den sogenannten „Taschenfeitel", und gelingt es ihm nicht, einen Gegner mit dem Stock oder mit den Fäusten zu überwältigen, dann greift er sofort nach diesem Instrument und sticht damit zu, gleichviel wohin.

Thomasnacht

Ab der Thomasnacht am 21. Dezember beginnen die **Raunächte** oder auch die **Zwölften**. Einst betrafen die Raunächte nur die Thomasnacht, Weihnachten, Neujahr und Dreikönig. Je nach Region gehören zu den Zwölften die 12 Tage vor Weihnachten, in manchen Gegenden die 12 Tage nach Neujahr. Die österreichisch-bayerischen Raunächte beginnen jedenfalls in der Thomasnacht. Die Thomasnacht ist der Tag, der dem Apostel Thomas geweiht ist. Die volkskulturelle Deutung meint, weil Thomas der Apostel war, der am längsten an Jesu Botschaft gezweifelt hatte, gehöre ihm die längste Nacht des Jahres. Die Thomasnacht wird gerne für Orakel benutzt. Unverheiratete Frauen sprechen Lossprüche und hoffen, ein Zeichen auf ihren zukünftigen Mann zu bekommen. Manche Österreicherinnen backen an diesem Tag ihr **Kletzenbrot**. In der Steiermark wird das Haus mit Weihrauch geräuchert und mit Weihwasser besprengt. Die Re-Germanisierer während der 1930er- und 1940er-Jahre meinten, die Leute würden mit diesem Brauch böse Geister vertreiben. Die katholische Deutung ist klar am Zweifler Thomas orientiert und erbittet seinen Segen. Den Apostel findet man sehr selten allein abgebildet. Seine Attribute sind das Buch, das Schwert, die Lanze und ein Winkelmaß.

Viechtau

In der Viechtau im Salzkammergut bildete sich im 19. Jahrhundert ein eigenes holzverarbeitendes Kleinkunstgewerbe heraus. Alltagsgeräte für die Küche, aber auch Spielzeug wurden produziert und durch die Kraxenträger bis an die Grenzen der Monarchie gebracht.

Das Viechtauer Heimathaus bei Altmünster zeigt die Geschichte dieser Kleinarbeiter.

Volkskunst

Der Begriff „Volkskunst" umfasst eine Dingwelt, die man inzwischen vor allem in den europäischen Nationalmuseen erfasst findet. Mit Volkskunst ist die Hervorbringung von Gebrauchsgegenständen auch künstlerischer Art des einfachen Volkes gemeint. Die Beziehung zwischen Hoch- und Volkskunst verlief nie strikt getrennt. Zeit ihres Bestehens kam es zu einem regen Austausch, zu wechselseitigen Inspirationen. Oftmals stammten die großen Meister selbst aus dem Volk und nur aufgrund ihres herausragenden Talents stiegen sie zu den Weihen der Hochkunst auf. In der Nachkriegszeit, die auch in die Volkskunde und Museologie Bewegung brachte, suchte man den Begriff abzulegen, was nur dazu führte, dass ihn die Volkskunde, die wissenschaftlich für den Bereich Volkskunst zuständig ist, vollkommen aus dem Kanon strich und das Wissen darum inzwischen völlig verloren ging. Dabei ermöglicht die Volkskunst einen Einblick in die Praktiken des Hausgewerbes, der Hausindustrie, des Hand- und Hauswerks einer Region, wenn nicht eines ganzen Landes. Der Linzer Alois Riegl (1858–1905), Kunsthistoriker, Denkmalpfleger und Professor, gilt als Begründer einer Theorie der Volkskunst. Das Kunstgewerbe, das sich im Zug der Industrialisierung zu konturieren begann, zeigt den Unterschied zwischen industriell und handwerklich gefertigten Gebrauchsgegenständen. Mobiliar aller Art (Betten, Schränke, Stühle), Geschirr, Tücher und Stoffe, religiöse Volkskultur, Handwerkszeug, Grabsteine, Beleuchtungsgegenstände, Spielzeug, alles, was heute unter dem Begriff „Design" firmiert, waren einst Gegenstand der Untersuchungen zum Thema.

Volkslied

Das Volkslied wurde und wird hierzulande gut gepflegt. Aufgekommen ist die Neigung zum Volkslied mit dem Philosophen und Humanisten Johann Gottfried Herder (1744–1803) und den Romantikern Clemens Brentano (1778–1842) und Achim von Arnim (1781–1831). Herders von *Deutscher Art und Kunst. Einige fliegende Blätter* aus dem Jahr 1773 beginnt mit einem Kapitel, in dem von *Lieder*[n] *alter Völker* die Rede ist. Herder hat damit einen einprägsamen Begriff geschaffen, der den damaligen Tendenzen zur Entstehung der Nationalstaaten ein willkommenes Instrument der Identitätsfindung in die Hand gab. Österreichs Volkslied verfügt über eine lange Tradition und über *Volksliedwerke* in jedem Bundesland, die sich der jeweils regionalen Sammlung,

Archivierung und aktiven Pflege verschrieben und seit 1974 selbstständigen Rechtscharakter haben. 1904 jedenfalls wurde erstmals im Auftrag des kaiserlich-königlichen Ministeriums für Kultus und Unterricht eine Kommission gebildet, die sich dem Volkslied des damaligen Österreich widmete. Volkskunst und Volkslied verbindet eine gewisse Exotik, die Künstler im Bereich der Hochkunst nie ganz unberührt und uninteressiert ließ. Als Beispiel mag der Norddeutsche Carl Maria Friedrich Ernst von Weber (1786–1826) erwähnt werden, er hat in seinen *Variationen über das österreichische Volkslied* das bekannte Lied „*A Schüsserl und a Reindl*" in sechs Variationen für Alt-Viola komponiert und im Dezember 1806 vollendet. Während der Monarchie war 1904 eine Sammlung zum österreichischen Volkslied durch Kultusminister Wilhelm Ritter von Hartel (1839–1907) vorgesehen, die jedoch nicht zustande kam. Dies sollte erst am Ausgang des 20. Jahrhunderts gelingen. Einer der ersten österreichischen Volksliedsammler und bis vor Kurzem die Leitfigur der Volksliedbegeisterten war der großdeutsch ambitionierte Josef Pommer (1845–1918). Kaum erwähnt im Zusammenhang mit der Volksliedforschung wird der Steirer Konrad David Mautner (1880–1924) aus Wien mit seinem steirischen *Raspelwerk* aus dem Jahr 1910. Mautner, Jude aus einer großindustriellen Familie, war unter dem Pseudonym Adam Konturner auch Herausgeber einer Liedersammlung *Alte Lieder fürs Landvolk* (Wien, circa 1925). Das Volkslied überlebte die Vereinnahmung durch die Nationalsozialisten genauso wenig unbeschadet wie allgemein die Volkskultur. Mit Alfred Quellmalz und den Österreichern Karl (1908–1992) und Grete Horak (1908–1996), die dem SS-Ahnenerbe Heinrich Himmlers zu Diensten waren, kam es zu einer umfangreichen, empirisch zusammengetragenen Volksliedersammlung. Erstmals haben sich Thomas Nussbaumer vom Mozarteum in Innsbruck und Iris Mochar-Kircher vom Wiener Volksliedwerk des unliebsamen Themas angenommen und damit die Volksliedforschung auf ihre politische Verantwortung hingewiesen. Der Fokus der Volksliedforschung richtet(e) sich allein auf das Volkslied deutscher Zunge. Der Griff zum Volkslied bedarf einer gewissen regionalen und nationalen Neigung. Unbestritten ist der Einfluss auf die Pop- und Alltagskultur, vor allem das Wienerlied gilt es hier hervorzuheben, ist es doch Teil der urbanen Hip-Hop-Szene.

Volksmedizin

Die Volksmedizin war in den Anfängen ihrer Entdeckung für die Wissenschaft ein von der Volkskunde bedientes Gebiet, das in ihren Augen nicht immer mit der positivistisch geforderten Objektivität und Messbarkeit in Einklang stand. Das volksmedizinische Wissen der einfachen Leute beruhte auf Erfahrung und Tradierung. Durch die starke Hinwendung der österreichischen Bevölkerung zum Katholizismus vermengten sich Erfahrungswerte mit christlichen Bräuchen und Deutungen. So kam es, dass sehr viele ländliche Gepflogenheiten und Rituale, die mit Pflanzen in Verbindung stehen, christliche Bezüge aufweisen. Sei es, dass Pflanzen *Heiliggeistwurz, Engelwurz, Johanniskraut* heißen, sei es, dass sie an heiligen Terminen geerntet werden wollen oder geweiht wurden. Zunächst versuchte die Kirche, Frauen und Männer mit besonderer Gabe für naturkundliche Heilkräuteranwendungen als Hexen und Ungläubige zu stigmatisieren, um sich dieses Wissen dann selbst zu eigen zu machen. Später waren es die Aufklärer, die allerlei abergläubischen Hokuspokus dahinter vermuteten. So kam es, wie es kommen musste. Im 18. Jahrhundert erließ man beispielsweise ein Verbot, das alle giftigen Pflanzen aus den Bauerngärten zu verbannen beabsichtigte, das den Bauern untersagte, Kräuter weihen zu lassen, an die Stalltür zu hängen oder ans Vieh zu verfüttern. Max Höfler (1848–1914) und Heinrich Marzell (1885–1970), jene frühen Volksmedizinforscher, die sich des Themas annahmen, schufen mit ihren feldforscherischen Sammlungen volksmedizinischer Kenntnisse eine hervorragende Grundlage, auf die nunmehr gerne auch die schulmedizinisch gebildeten Pharmazeuten zurückgreifen. Die Abkehr von der pharmachemischen Medizin und die zunehmende Demokratisierung von Wissen erlauben es mittlerweile dieser zunächst nur mündlich tradierten Wissenspraxis, einen ebenbürtigen Platz in der modernen Heilkunde einzunehmen.

Volkstanz

Der Volkstanz ist wie die Volksmusik, die Volkskultur und die Volkskunde ein Produkt der Romantik. Sie ist auch Ausdruck einer großdeutschen Sehnsucht. Die österreichische Volkstanzkultur und -forschung ist nicht nur in der biedermeierlichen Genremalerei verklärend vertreten, sie ist wie die Volksliedforschung eng mit der nationalsozialistischen Wissenschaftsgeschichte verbunden. Nachdem Volksmusik und Volkstanz als Erbe der NS-Wissenschaftsgeschichte in die Musikwissenschaft und die Volkskunde nach 1945 annähernd gleich weitergetragen wurden, dauerte es die langen Jahre ins 21. Jahrhundert hinein, bis es zu einer Zusammenschau der Geschichte des Österreichischen Volkstanzes kam. Der Volkstanz ist im österreichischen Vereinswesen und Landleben ein nicht zu unterschätzender Gemeinschaftsindikator. Raimund Zoder (1882–1963), einer der ersten Tanzaufzeichner und Bewahrer des deutschen Volkstanzes, und der Philologe und Volkskundler Richard Wolfram (1901–1995) sind die zentralen Figuren der österreichischen Volkstanzgeschichte. Bis zum Erscheinen des Bandes über die Geschichte des Österreichischen Volkstanzes im Jahr 2012 galten diese beiden unzweifelhaft als Heroen auf diesem Gebiet. Das strenge Diktat, auf welche Weise getanzt wird und wem diese Praxis vorbehalten sei, geht auf sie zurück. Getanzt wurde, bevor der Tanz Gegenstand wissenschaftlicher Neugierde und Leidenschaft war, recht ungezwungen. Die Möglichkeiten zu feiern und zu tanzen waren in den kirchenabhängigen Brauchkalender eingebettet. Daraus resultieren Tanzfeste wie der Kirchweihtanz, Hochzeiten, Tänze bei Hausbällen oder bei Brauchtumsveranstaltungen. Tanzen unterlag der allgemeinen Rechtsordnung und noch heute gibt es festgeschriebene tanzfreie Tage in manchen Länderordnungen. Der letzte Tanz des Jahres fand und findet durch die Volkstanzbewegung noch immer an Kathrein, dem 25. November, statt.

Die Österreichische Volkstanzgemeinschaft ist in die Liste zur Dokumentation des Immateriellen Kulturerbes der UNESCO aufgenommen.

Votivtafeln, Votivgaben

Man findet sie in den über das Land verstreuten Wallfahrtskirchen. Dort wurden sie zum Zweck der *votatio*, dem Versprechen oder Gelübde, den jeweils geschätzten Heiligen geopfert. Unter den Votivgaben fanden sich: Rosenkränze aus edlen und unedlen Materialien, Brüste aus Wachs, Holzbeine, silberne Füße oder Arme, Herzen aus Wachs, Kröten gegen Unterleibsbeschwerden, Tiere aus Eisen (Leonhardiopfer), Ölbilder mit den abgebildeten Ereignissen von Unglücken und Schicksalsschlägen, Holzkreuze aus Elfenbein. Alle diese zeugen von der Hilflosigkeit und Dankbarkeit der Menschen gegenüber göttlichem Gebaren. In der Nähe von Wien sind Annaberg in Niederösterreich und Mariazell in der Steiermark häufig aufgesuchte Wallfahrtsorte. In Annaberg, das von den Zisterziensern aus Lilienfeld betreut wird, und das bis in das theresianische Zeitalter hinein viel besucht wurde, findet sich sogar die Schuppe eines Karpfens als Votivgabe.

Wachsstock

Wachs und mit ihm die das Wachs erzeugenden Bienen galten seit der Antike als kostbar und mythisch. Es gab einen eigenen Beruf, den der Wachszieher, die sich mit der Herstellung von Wachs in allerlei Variationen beschäftigten und die man vornehmlich rund um die Wallfahrtsorte und -kirchen fand. Bereits bei der Taufe wurde dem Kind eine Taufkerze gegeben und bis zum Lebensende – die Tauf- und Kommunionskerze war vielerorts auch Sterbekerze – begleiteten Kerzen die rituellen Handlungen der Menschen. Je nach Region schenkten Knechte den Mägden an Maria Lichtmess, da war auch oft Dienstbotenwechsel, also Ortswechsel, ein Wachsopfer. Mit dem Aufstieg der Wallfahrtskultur korrespondierte auch die Wachsproduktion. Es kam zu Wachsspenden und so mancher Pilger übergab der Kirche eine Kerze von der Größe und dem Gewicht seiner selbst. Wachswaren waren jedenfalls gern genutzt und die Wachswarenfabriken, die im Zug der Gegenreformation entstanden, führten ganze Kataloge an verschiedenen Wachsprodukten. Kerzen in allen Größen, Halbreliefs von Heiligenfiguren, einmal mehr und einmal weniger kunstvoll gestaltet, kamen in Küche, Keller, guter Stube, aber vor allem in den Kirchen und Klöstern zum Einsatz. Nicht selten wurden auch von den Wallfahrern den Daheimgebliebenen Wachsstücke mitgebracht, die als frühe Souvenirs von einem geheiligten Ort, wie es ein Wallfahrtsort nun einmal ist, Segen ins Haus brachten. Die Bauern, die alljährlich nach Mariazell fahren, stiften dabei auch stets schulkindergroße Kerzen.

Wasenmeister, Abdecker, Schinder

Abdecker, Schinder oder auch Wasenmeister waren wenig ehrbare Menschen, die tote Tiere häuteten, streunende einfingen, Kanäle räumten und manchmal, in den Städten, die Dirnen unter Kontrolle hielten. Hierzulande ist der Abdecker auch als „Wasenmeister" bekannt. Dem Wasenmeister wurden Tiere auch zum Töten übergeben. Aus dem tierischen Fett wurden Salben hergestellt. Zum Gewerbe der Wasenmeisterei gibt es sogar Handbücher. Eine Polizeiordnung in Österreich aus den Jahren 1740–1852 schreibt genau vor, was der Wasenmeister kann und darf. Dort ist festgehalten, dass sie ausschließlich auf dem ihnen zugewiesenen Gebiet arbeiten sowie keine Knochen verfüttern durften und ihnen auch nicht erlaubt war, die Häute des Viehs zu gerben. Das Leder musste dem Besitzer des Viehs nach der Schlachtung zurückgegeben werden. Es gab in den Ortschaften eigene Wasen-Anger, die außer für den Scharfrichter und den Wasenmeister ein Tabu-Ort waren und die zu betreten man besser unterließ. Wie geächtet sie waren, entnehmen wir genannter Polizeiordnung, in der es heißt: *Die Wohnungen der Wasenmeister dürfen nicht in Ortschaften oder ganz nahe an denselben errichtet werden, und es haben die Obrigkeiten die strengste Pflicht auf sich, die Wohnungen der Abdecker öfter zu untersuchen, das allda sich befindende verdächtige und liederliche Gesindel einzuziehen und gegen dasselbe nach den bestehenden gesetzlichen Vorschriften vorzugehen.* Eine Verordnung aus dem Jahr 1818 besagt ausdrücklich für Wien, dass auch die *Menagerie von Schönbrunn* nicht vom Wasenmeister mit Kadavern zur Verfütterung an die dort lebenden Tiere versorgt werden dürfe. Allerdings, welch Widerspruch, sollten die Wasenmeister von integrem Ruf sein.

Weihnachtsstroh

Was wir heute nur noch von den serbisch-orthodoxen Österreichern kennen, nämlich an Weihnachten Stroh in der Stube zu verteilen, war zu früheren Zeiten, im 18. und 19. Jahrhundert, auch im Salzburgischen, im Burgenländischen, im Oberösterreichischen, im Niederösterreichischen und in ganz Tirol üblich. Erhebungen während der 1940er- und der Nachkriegsjahre bestätigen diese Brauchpraxis. Die Landleute putzten an Weihnachten ihre Stuben, streuten Stroh auf dem Stubenboden aus und schliefen am *Bachltag*, das ist der Weihnachtstag, in der Nacht darauf. Sogar noch in der Nachkriegszeit hat man in manchen Gegenden diesen Brauch ausgeübt. Dies geschah in frommer Anlehnung an die Geburt Jesu Christi, der ja auch auf Stroh gebettet war. Selbst sonst zur germanisch-heidnischen Interpretation neigende Wissenschaftler sprachen diesem Brauchtum eine christliche Herkunft zu. Um den Dreikönigstag herum, am Termin der serbisch-orthodoxen Weihnacht, kann man Weihnachtsstroh und getrocknetes Eichenlaub bei den serbischen Frauen auf dem Brunnenmarkt in Wien kaufen. Die Serben breiten Stroh und Eichenlaub unter dem Tisch aus, auf den Tisch werden allerlei Speisen gestellt, vor allem Fisch darf nicht fehlen.

Weinanzeiger

Weinanzeiger, die vor die Tür gehängt wurden, galten als Rechtszeichen. Es gab *Grünzeichen, Stroh- und Holzzeichen*. Fichten-, Föhrenzweige, manchmal geschmückt mit Bändern, waren diese Symbole. Die Wiener Weinmeisterordnung von 1459 schrieb Tannenreisig vor. Es gab vier Orte, die einen verschlungenen Sechsstern aus Holz verwendeten: Weißenkirchen, Guntramsdorf, Baden und Herrnbaumgarten. Er ist dem Judenstern nicht ganz unähnlich und kam daher ab 1938, des „Anschlusses" Österreichs an Hitlerdeutschland, nicht mehr vor. Als Weinanzeiger beim Buschenschank dürfen *ortsübliche Buschenschankzeichen (Föhren-, Tannen-, Fichtenzweig, Strohbündel, Holz- oder Blechzeichen)* verwendet werden, wie eine Landesordnung in Wien im August 1939 vorschrieb.

In Wien gab es während des Mittelalters in jedem Stadtviertel einen Weinrufer, der mit einem grünen Buschen seine Runden drehte und den Ausschank ausrief, schrieb der Historiker Werner Galler. Der Sechsstern war auch das Zunftzeichen der Bierbrauer.

Weinhüter- und Weinhütertracht Wien

Vom Jahr 1678 bis in die Sechzigerjahre unseres Jahrhunderts lässt sich die ununterbrochene Tätigkeit des Weinhüters in den Rieden rund um Neustift am Walde nachweisen. Seine Aufgaben lagen vor allem in der Beaufsichtigung der Rieden, um Traubendiebstahl, Vogelfraß und ähnliche Vorfälle zu verhindern. Eine andere Quelle besagt, dass seit 1753 der Weinhüter von Neustift am Walde zu seinem allgemeinen Dienst auch die Aufgabe hatte, alljährlich einen Kirtag abzuhalten. Bei diesem hatte er sich mit der historischen Winzerkrone in einem festlichen Umzug, der am Tag des Kirchenpatrons der Ortskirche, des heiligen Rochus (16. August), stattfand, den ortsansässigen Weinhauern vorzustellen. Wann die Weinhüter in die Weinberge durften, wurde vom Magistrat mitgeteilt. Den Hütern mussten Dekrete ausgehändigt werden, aus denen ihre Befugnis hervorging und die sie stets bei sich zu tragen hatten. Sie waren *mit einem Messingschilde zu versehen, welcher am Hute, an der Brust oder am Arme gehörig sichtbar zu tragen und mit dem Namen der Gemeinde bezeichnet ist, von welcher sie als Hüter bestellt sind. Sie haben überdies ein Horn zu führen, um im Nothfalle die Hilfe der benachbarten Hüter zu erlangen.* Weinhüter hatten Rechtscharakter, waren sozusagen Amtspersonen, die Traubendiebe oder Vandalen dem Gericht zuführen konnten. Daher ist es verständlich, wenn *die Hüter, zu welchen nur bekannt friedliche, solide und nüchterne Individuen zu wählen sind,* vor ihrer Tätigkeit angelobt wurden.

Werndl Steyr

Der oberösterreichische Ort Steyr hat einen weit über die Grenzen hinaus bekannten Lokalhelden, dem im Stadtpark ein monumentales Denkmal in Bronze gewidmet ist. Josef Werndl (1831–1889), Sohn des Waffenschmiedes Leopold Werndl aus Steyr, konnte es sich leisten, Reisen in die USA und nach England zu unternehmen. Seine Eindrücke und Erfahrungen, die er von den dortigen Waffenproduzenten mit nach Hause nahm und der Erfindergeist seines tüchtigen böhmischen Mitarbeiters Karl Holub (1830–1903) ließen ihn den sogenannten *Tabernakelverschluss* entwickeln. Mit dieser Erfindung begründete sich sowohl der Reichtum der Familie als auch der der Stadt Steyr. Das Unternehmen entwickelte sich kapitalträchtig zu einer Aktiengesellschaft, der weltweit bekannten *ÖWG (Österreichische Waffenfabriksgesellschaft)* und in der Zwischenkriegszeit zur *Steyr-Werke AG.* Nachfolgend kam es immer wieder zu Umbenennungen. Werndl ließ Wohnungen und Schulen für die Kinder seiner zahlreichen Arbeiter bauen, die **Schwimmschule** wurde errichtet. Die Stadt strahlt noch immer den einstigen Wohlstand, der von der Waffenschmiede herrührt, aus. Das Werndl-Denkmal wurde nach dem Tod Werndls vom Bildhauer Viktor Tilgner (1844–1896) im Jahr 1894 entworfen. Tilgner gilt als wichtigster Vertreter neobarocker Plastik. Seine Arbeiten findet man über ganz Wien verstreut, insbesondere entlang der Ringstraße. Es gibt kaum ein Schloss oder Palais, das nicht mit einer Vollplastik Tilgners ausgestattet ist. Das Werndl-Denkmal zeigt den Waffenschmied in einer Art Karl-May-Haltung, in der linken Hand zwei Gewehre im Zentrum auf einem Sockel stehend. Zu seinen Füßen hocken lebensgroße Arbeiter aus Berufszweigen der Waffenschmiede: ein Schmied, ein Tischler, ein Säbelmacher sowie ein Monteur. *Arbeit ehrt,* steht auf dem Hauptsockel der Anlage. Das Denkmal für den Waffenschmied ist ein seltenes Beispiel für Monumentalarchitektur zugunsten eines bürgerlichen Mannes. Derlei Gestus war sonst kaiserlichen und königlichen Personen oder Militärs vorbehalten.

Wetterläuten

Im alpinen, gefahrenreichen Gelände kam und kommt es bei drohendem Gewitter zur apotropäischen, unheilabwehrenden Geste des Wetterläutens. Was vom aufklärerischen Habsburger Joseph II., im Tirolischen auch **Kirchenräuberseppl** gerufen, den Menschen aufgetragen wurde, blieb ungehört. Es war öfters notwendig, *republiciert* zu werden. Dieser oftmals als abergläubischer Unfug abgetane Brauch, die Kirchenglocken gegen Unwetter zu läuten, wird noch immer geübt. An das Verbot vom November 1783 hielt sich kaum jemand: *Das Läuten bei einem Gewitter wird verboten, und den Seelsorgern und Ortsobrigkeiten zugleich aufgetragen, auf dieses Verbot nicht nur zu achten, sondern fon dessen Nützlichkeit das Volk auch zu unterrichten,* hieß es. Fünf Jahre später, 1788 im September, kam es zur Bestärkung des Erlasses, in dem es heißt, *das Glockenläuten bei Entstehung eines Gewitters wurde auch als Zeichen zum Gebet untersagt,* und der noch heute ignoriert wird.

Wienerlied

Ist eine Sangeskultur in der Hauptstadt Österreichs. Es handelt sich um ein eigenes Genre des österreichischen Volksliedes. Das Wienerlied ist aus der Heurigenkultur nicht mehr wegzudenken, darüber hinaus ist es unverzichtbarer Teil nationaler Erinnerungskultur, da es in den Heimatfilmen der Nachkriegszeit unvergleichlich larmoyant von Hans Moser tradiert und in die Welt hinausgesendet wurde. Doch ist dies nur ein Ausschnitt dessen, was das Wienerlied kann. Neben dem **Dudler** als Besonderheit findet sich auch die Kontragitarre als Spezifikum bei dieser Art des Musizierens, und die Volkssängertradition mit ihren Liedern und Marktrufen sowie die Coupletsänger gehören ebenso zu diesem Typus. Die Literatur zum Wienerlied ist umfangreich, eine Anlaufstelle zu allen Fragen rund um diese Gesangskultur ist das Wiener Volksliedwerk in Ottakring. Noch nicht allzulange ist es her, dass auch die jüdischen, zur Emigration gezwungenen Wienerliedschreiber und -sänger, wie beispielsweise der unvergleichliche Hermann Leopoldi, in die Liste der Wienerliedsammlungen aufgenommen wurden.

Wiens Hetzamphitheater

Die Wiener Hetzgasse im Bezirk Landstraße verdankt ihren Namen dem Hetzamphitheater, das im 18. Jahrhundert derart über die Monarchie hinaus bekannt war, dass ein Kulturschreiber dieses Schauspiel mit in eine Reihe von *internationalen* Brauchbeschreibungen aufnahm. Die Eintrittspreise dieses Theaters seien höher gewesen als die des Nationaltheaters, so der Literat. Allerlei Menschen unterschiedlicher Stände hätten sich an Sonn- und Festtagen ganz aufgeregt in dieses Amphitheater, wie der Schreiber es nennt, begeben, nachdem sie zuvor dicht und aufgeregt parlierend um die in der Stadt verteilten Anschlagzettel gestanden waren. Die lebhafte Beschreibung zu diesem Wiener Spektakel, das uns auch eine Vorstellung von der Architektur des „Theaters" liefert, lautet: *Schon gegen drey Uhr wird in der Gegend des Hetzhauses die Trommel gerührt und die Hatz ausgerufen. Das Hetzhaus ist ein hölzernes ziemlich hohes rundes Gebäude, welches einen großen mit Sand beworfenen Platz einschließet. Das Erdgeschoß enthält lauter Kammern, worinnen die wilden Thiere eingeschlossen sind, und vermittelst einer aufgezogenen Fallthüre auf den Platz gelassen werden können, und neben der Thüre, wo die Zuschauer hinein gehen, sind größere Behältnisse für die Hunde.* In diesem Rundgebäude gab es drei Ränge, die *vollgestopft, von Zuschauern beyderley Geschlechts* gewesen wären. Zwischen Parfüm, Schweißgestank und Bellen spielte sich das elende Los der gequälten Hunde und Tiere zum Vergnügen der Wiener ab. Man schickte nicht nur Hunde aufeinander los, die sogenannten Hetzmeister ließen einen Esel und einen Hirsch, dem man *Feuerwerkersachen* umgebunden hatte, von Hunden jagen und sogar einen Bären. Das Vergnügen war archaisch, die Freude unbändig. Sogar Schweine und Wölfe dienten der sonn- und feiertäglichen Nachmittagsunterhaltung. Die Ankündigungen standen oftmals unter einem Motto wie zum Beispiel: *Die Raubwölfe werden auf eine lächerliche Art ihren Raub nehmen.* So wurde der Kampf vom Hausschwein mit Wölfen angekündigt.

Zacherlin oder Persisches Pulver

Das aus den Blättern des *Chrysanthemum cinerariifolium* und *Chrysanthemum coccineum* gewonnene Zacherlin wurde vom Wiener Johann Zacherl (1814–1888) während einer Orientreise im Kaukasus entdeckt. Zacherl brachte die in Leder eingenähten Blätter nach Wien und verarbeitete sie dort zu einem wirksamen Insektenvertilgungsmittel, nachdem er dies vorher mit den

Dorfvorstehern vereinbart hatte. Sein Sohn Johann Evangelist Zacherl ließ sowohl oben erwähntes Stadthaus als auch eine Fabrik im 19. Bezirk, in Nussdorf, bauen, die wiederum mit ihrem orientalischen Flair an die Herkunft des Reichtums der Familie erinnern sollte und bis heute nichts an ästhetischem Reiz verloren hat. Die Zacherls inserierten recht anschauliche Werbung in den wenigen Zeitschriften der damaligen Zeit.

Zauber- oder Schinderjackl

Der Sohn einer Abdeckerin und eines Abdeckers aus Mauterndorf im Lungau, Jakob Koller, war ein *weit bekannter und gefürchteter Verbrecherfürst und Spitze einer Blutsgenossenschaft,* wie der Mythos es transportiert. Der Schinderjackl jedenfalls war eine geächtete Person im Salzburgischen und gilt als jene Figur, die den Höhepunkt des Hexenwahns, der im Mooshamer Hexenprozess von 1688/89 gipfelte, im Salzburgischen zu dokumentieren hilft. Jakob Koller soll eine Reihe von Wanderern und verwahrlosten herumstreunenden Kindern um sich geschart und mit diesen sein Unwesen getrieben haben. Seine Mutter Barbara Koller wurde als Zauberin gequält und verbrannt. Des Sohnes Jakob wurde man nie habhaft, was zur Legendenbildung beitrug und am Ende dazu führte, dass er in die Sagenwelt Salzburgs aufgenommen wurde.

Regionales und Typisches

„Region" war nicht immer ein Begriff, der positiv besetzt war. Bis vor nicht allzu langer Zeit galten Region und Regionalismus als rückständig. In der Region gab es Land, nichts als weites, fades Land oder eine Häufung von Bergen, wo man unverständliche Dialekte sprach, an denen sich die Modernisierung vorbeischlich. Als sich die Intellektuellen der Nachkriegszeit Ende der 1970er-Jahre der Region zuwandten, kam es zu einer detaillierten Auseinandersetzung. Derweil gibt es innerhalb der Europäischen Union eine Kommission zur Regionalförderung, die sich der Hebung der Region durch Förderungen verschrieben hat, was dazu führte, dass sich jede Region als etwas Besonderes erzählt, ihre solitäre Eigenart betont. Die eine oder andere hat tatsächlich ihren unvergleichlichen Charme und so mancher rührt aus der Vergangenheit. Doch nicht nur lange Tradiertes, auch neu Geschaffenes kommt in diesem Abschnitt vor. Das eine oder andere regionale Spezifikum hat sich gar zu fast Geheimnisvollem entwickelt. Für die hier angeführten regionaltypischen Erscheinungen jedenfalls gilt: Auch dort, wo sie nicht geheimnisumwittert sind, dienen sie der ortsgebundenen Identität.

Altaussee

Der Österreichische Schriftsteller Thomas Bernhard schrieb einst zu Altaussee, *es hat mir immer den Hals zugeschnürt in Altaussee ich verstehe gar nicht daß es Leute gegeben hat die sich freiwillig in Altaussee angesiedelt haben Schriftsteller Komponisten Komödianten dieses ganze Gesindel hat sich dort angekauft vor der Jahrhundertwende und danach, kaum haben die Leute Geld kaufen sie sich diese alten scheußlichen Häuser gehen in Dirndlkleidern herum und in Lederhosen, und machen sich mit Fleischhauern und Holzhackern gemein in den Bergen bekomme ich keine Luft was machen wir in Altaussee.* In Altaussee tragen die Einheimischen noch immer Lederhosen und Dirndl. Die Verwertungsgesellschaft der Autoren hat dort eine Wohnung, die Schriftstellern und Autoren zur Sommerfrische und Inspiration zur Verfügung steht. Altaussee verfügt über eine berühmte Tochter: Barbara Frischmuth, eine international angesehene Schriftstellerin, die auch über eine beeindruckende Dirndlsammlung verfügt. Ein weiteres Kind der Gegend ist der Schauspieler Klaus Maria Brandauer, auch er ist Altaussee noch immer in Zuneigung verbunden. Altaussee war über viele Jahre ein romantischer Mythos, der sich erstaunlicherweise immer irgendwie nahezu frei von einer doch manifesten NS-politischen Vergangenheit zu tradieren verstand.

Altaussee war seit monarchistischen Tagen bis in die 1930er-Jahre hinein ein Sommerfrischeort des Adels und des jüdischen Bürgertums. Die 29 Villen, die sich noch in den 1930er-Jahren in jüdischem Besitz befanden, wurden allesamt arisiert. Mittlerweile ist Altaussee wegen seines **Altausseer Kirtages** bekannt. Das seit 1961 am Kirtag (an Ägidi am 1. September) abgehaltene Bierfest in einem gezimmerten Bierzelt gilt in großbürgerlichen und adeligen Kreisen als fixer Treffpunkt im Jahr. Jung und Alt kommen dann alljährlich nach Altaussee. Importiert wurde die Idee, ein Bierzelt aufzustellen, aus dem Oberösterreichischen. Seit über 50 Jahren liefert eine steirische Brauerei das Bier zu diesem lebendigen Spektakel, dessen atemberaubende Kulisse – man sieht das Dachsteinmassiv im Hintergrund – auch zum Erfolg beiträgt. Die von der Feuerwehr selbst gemachten Würste bekamen eine Ausnahmegenehmigung für ihre Rezeptur. Bekanntlich kommen am ersten Tag die bürgerlichen Wiener Kirtagsromantiker, am zweiten Tag die Familien und am dritten Tag die Einheimischen auf den Kirtag.

Andre Hofer

Ist auch als Andreas Hofer bekannt. Hofer (1767–1810) war Gastwirt in St. Leonhard im nunmehr südtirolischen Passeier und Anführer der Schützen in der Grafschaft Tirol, als diese gegen die napoleonischen Franzosen und die verbündeten Bayern kämpften. Hofer wurde durch Verrat gefangen genommen und am 20. Februar 1810 in Mantua standrechtlich erschossen. Hofers Rede am 15. August 1809 vor dem Gasthaus Adler in Innsbruck an die Tiroler wird so überliefert und oft gerne nach Bedarf zitiert: *Gsogt hob i enck's, gsechns hobt's mi, pfiat enk gott.* Die frühen Reisenden, unter ihnen Heinrich Heine, suchten nach Spuren Hofers und Künstler nutzen ihn als Sujet, um einen kernigen, aufrichtigen, kaisertreuen wie frommen Tiroler darzustellen. Hofer als gesamttiroler Mythos zu deuten ist nicht übertrieben, erfüllte er für viele den Wunsch nach dem idealen Helden. Zum 200. Todestag gab die Österreichische Post im Jahr 2010 eine Briefmarke zum Thema aus.

Annasäule

Die Annasäule in Innsbruck ist fixer Bestandteil der Tiroler Identität, der ebenfalls einmal eine Briefmarke gewidmet wurde. Zentral auf der Maria-Theresien-Straße positioniert, ist sie Symbol für die Verbindung tirolischen Freiheitsstrebens und landestypischen Katholizismus. Als eine der seltenen großen Votivgaben wurde sie von den Tiroler Landständen gespendet, nachdem der Einfall der Bayern 1703 rund um den Annatag (26. Juli) glücklich abgewehrt werden konnte, und 1706 feierlich aufgestellt. Flankiert wird die heilige Anna, die Mutter Mariens und Großmutter Jesu, von den Heiligen der Diözesen Brixen (heiliger Kassian), Trient (heiliger Vigilius) sowie dem Tiroler Landespatron, dem heiligen Georg. Über allen thront auf der Spitze der Säule die Jungfrau Maria.

Bad Mitterndorfer Nikolospiel

Es ist trotz sich stetig steigernden Zulaufs noch immer ein recht authentisches Nikolausspiel im steirischen Salzkammergut, dessen interessanteste Figuren die sogenannten *Strohschab* sind. Das Nikolausspiel wird von rund 100 Männern in den einzelnen Gasthäusern in Bad Mitterndorf aufgeführt. Das Lehrspiel, das sicher ein Kind der Gegenreformation ist, erzählt von den guten und schlechten Taten des Menschen, dient also dem Zweck der moralischen Unterweisung. Bereits in den 1970er-Jahren wurde auf Plakaten für das Ereignis geworben und die Österreichische Fremdenverkehrswerbung nutzte ein Bild einer Strohschab des Fotografen Franz Hubmann 1950 als Werbemotiv.

Bim, Tramway

So wird in Wien die Straßenbahn genannt. Am 1. Mai fährt die jeweils erste Bim einer Linie, die die Remise verlässt, reich dekoriert mit Blumen in die Stadt hinein. Im Zug der allgemeinen Wirtschaftsliberalisierung der öffentlichen Hand wird dieser Brauch von Jahr zu Jahr weniger.

Bockkeller

Der Bockkeller in Wien Ottakring beherbergt nunmehr das Wiener Volksliedwerk mit seinem Archiv zum Wiener Volkslied. Im Jahr 1906 als Wirtshaus mit einem schönen Ballsaal am Fuß des Ottakringer Friedhofes im Liebhartstal gebaut, kam es nach dem Verkauf der Wirtshauserben am Beginn der 1970er-Jahre an den benachbarten Steinmetz und letztlich an die Stadt Wien. Der Garten, dessen ursprünglicher Teil mit seinen 60 Nussbäumen beachtlich gewesen sein muss, ist inzwischen auf ein pfleglich praktisches Maß geschrumpft. Das Wirtshaus war sehr gut besucht, nicht zuletzt wegen der Begräbnisse. Die Tochter des letzten Besitzers kann sich noch erinnern, dass die Eisenbahner, die Straßenbahner und die Feuerwehr mit ihren Kapellen im Bockkeller einkehrten, und so mancher Leichenschmaus (es gab meistens ein Gulasch) dort abgehalten wurde. Der Wirt soll ein stattlicher Mann gewesen sein, der mit seiner weißen Schürze den Eindruck eines gut geführten Vorstadtwirtshauses vollendete. Vor dem Bockkeller stand eine Tabaktrafik, die nach wie vor mit ihrer Laubsägearchitektur beeindruckt. Inzwischen wurde aus der Trafik eine Würstelbude. Das Ensemble ist noch immer ein Juwel und lässt etwas vom Charme des alten Weinhauerdorfes Ottakring in unsere Zeiten herüberschwappen. Der Bockkeller ist ein viel besuchter Veranstaltungs- und Forschungsort zum Wienerlied und zu internationaler Volksmusik.

Bregenzer Wald

Der Bregenzer Wald als stehender Begriff umfasst einen historischen und einen kulturellen Raum, den des hinteren Bregenzer Waldes in Vorarlberg. Bereits im 14. Jahrhundert war die Region selbst verwaltet. Dies endete mit der bayerischen Herrschaft. Ursprünglich war das Land in Viertel und Achtel unterteilt, angeführt wurde es vom frei gewählten *Landamann*. Die kulturelle Bedeutung des Bregenzer Waldes, die sich in Ausdrücken wie *Bregenzer Wälder Tracht* oder das *Bregenzer Wälder Haus* widerspiegelt, hat zwar an Bekanntheit verloren, je weiter man in den Osten Österreichs vordringt, bedeutungsloser ist sie deswegen aber nicht geworden. Die Gegend des Bregenzer Waldes ist nach wie vor reich an Weiden und Almen. Dies bedingte eine reiche Käse-Tradition, die man im Zug des EU-Regionenfolklorismus in Form einer *KäseStrasse Bregenzerwald* neu nutzt. Von der Bregenzer Wälder Tracht wird gerne erzählt, sie sei die älteste deutsche Tracht, die noch dazu unverändert weiterlebt.

Büchsenmacher

Büchsenschäfter, wie sie in vergangenen Zeiten auch genannt wurden, stellen Gewehre her und verzieren sie kunstvoll. Ferlach in Kärnten verfügt über eine nahezu 200-jährige Tradition qualitätvollen Büchsenmacherhandwerks. Weit über die Landesgrenzen hinaus sind diese Büchsenmacher bekannt und die vornehmlich produzierten Jagdgewehre werden von Jägern aus allen Teilen Europas gekauft, darunter vom spanischen König Juan Carlos. Der Jäger und Käufer der Büchse nimmt vor der Anfertigung Maß beim Büchsenmacher, ob König oder Bürgersmann. Ferlach gibt die lang erprobte Handwerkstradition auch heute noch weiter und verfügt über eine bereits während der Monarchie gegründete Büchsenmacherschule, die von Schülern aus vielen Nationen besucht wird. Die Ferlacher Büchsenmacherkunst fand nicht umsonst Eingang in die Liste der Immateriellen Kulturgüter Österreichs der UNESCO. Ferlach war am Beginn des 19. Jahrhunderts auch für die Herstellung von Lichtscheren bekannt.

Bucklige Welt

Die Bucklige Welt ist ein ganz besonders charmanter Landstrich im Südosten von Österreich. Dies war bereits in der Vergangenheit so. Volksliedforscher, Ethnografen, die Bergsteiger und Wanderer der Alpen- und Gebirgsvereine schrieben vom *unbeschreiblichem Liebreiz* dieser Gegend. Die Bucklige Welt gehört zum Viertel unter dem Wienerwald. Hügel an Hügel reiht sich aneinander, die Almen heißen hier **Schwaigen**. Noch um die Jahrhundertwende war es ein beliebtes Wintersportgebiet, in das man zum Rodeln fuhr oder zum Skifahren. Durch seine Nähe zu Wien wurde die Gegend oft besucht und bekannt. So schrieb ein Autor im Jahr 1907: *Der Wechsel, der erst nach dem Schneeberg und der Rax ein Modeberg besonders der Wiener Touristik geworden ist,* hätte den Vorzug, dass er ob seiner Sanftheit bisher keine *Opfer der Berge* aufzuweisen habe.

Burgenländer

Der Burgenländer war den Österreichern lange das, was den Deutschen der Ostfriese, ein willkommenes Stereotyp, ein Sündenbock, um alles Dämliche darzutun. Das ehemalige westungarische Gebiet war im ausgehenden 19. und am beginnenden 20. Jahrhunderts von einer Auswanderungswelle erfasst. Die Burgenländer zogen dabei in die industrialisierten Städte der USA wie Chicago und New York und später, unmittelbar nach dem Ersten Weltkrieg, am Beginn der 1920er-Jahre nach Brasilien, Kanada, Argentinien und Bolivien. Im Dezember 1921 kam das zu Westungarn gehörende Gebiet zum neuen Österreich und bildet somit das jüngste Bundesland. Die Deutsch-Ungarn dieser Gegend wurden im Jahr 1847 in einem Mundartlexikon noch spöttisch als *heanzn* bezeichnet. Die Burgenländer lebten jahrzehntelang mit dem Rücken zur Mauer, sie bildeten eine Randlage. Die volkskundlichen Erzählungen sind bunt und reich, die Haus- und Siedlungsforschung von Interesse. Nikolausspiele und Lucienbrauchtum wurden genauso rege ausgeübt wie insgesamt die Volksmusik und das Volksschauspiel.

Die Zeitung der Österreichischen Bauern schrieb unmittelbar, nachdem das Burgenland zum jungen Staat kam, es verfüge über *stramme Bauern, tüchtig in ihrer Wirtschaftsführung, ungemein fleißig in ihrer Arbeit, gut situiert durch die gesegnete Bodenbeschaffenheit. Sie sind überwiegend Deutsche, zum kleineren Teile Kroaten und ganz wenige Ungarn. Diese nichtdeutschen Landwirte sind bescheiden, brave Leute, die mit den deutschen Bauern in Friede und Eintracht leben, die wir also vollwertige Mitbrüder nennen können.*

Dachstein-Grenze

Der erhabene Dachstein, der auf zahlreichen Postkarten und Drucksorten gebirglerisches Typikon wurde, bildet die Grenze zwischen Oberösterreich und der Steiermark. Diese Grenze wurde mit dem Bundesverfassungsgesetz vom 8. Juni 1934 erstmals festgezurrt. Dazu heißt es: *Die Grenze verläuft, der Wasserscheide folgend, vom Großkoppenkarstein entlang der sich nach dem Westen ziehenden Gratlinie über den Kleinkoppenkarstein abwärts bis zum Rande des Felsabbruches und, in seiner Nähe bleibend, der Wasserscheide folgend, über die Hunerscharte auf den Hunerkogel, sodann längs dem Felsabbruch entlang der Wasserscheide über beide Dirndln, dann abwärts längs der Gratlinie und weiter wieder entlang des Felsabbruches, in seiner Nähe auf der Wasserscheide bleibend, zur Dachsteinwarte und über die Dachsteinschulter auf dem Dachstein und von hier aus längs der Gratlinie über die Mitterspitze auf den Torstein.* Erwähnenswert ist diese Grenzziehung, da sie ohne die Nennung von Himmelsrichtungen auskommt und einen natürlichen Verlauf als objektiven Grenztatbestand vorgibt. Der Dachstein war während der Anfangsjahre des Alpinismus im 19. Jahrhundert ein begehrter Kletterort. 1832 kam es zur Erstbesteigung. Er fasziniert Alpinisten wie Künstler gleichermaßen. Der chinesische Künstler Ai Weiwei ließ anlässlich einer steirischen Kunstaktion für die *Regionale X* im Juni 2010 einen tonnenschweren Felsbrocken, der sich beim Erdbeben in Sichuan zwei Jahre zuvor gelöst hatte, auf den Dachstein transportieren.

Inzwischen ist der Dachstein berühmt durch seinen *Sky Walk*, eine atemberaubende Aussichtsrampe auf der oberösterreichischen Seite des Berges, der zum UNESCO-Weltkulturerbe gezählt wird. Die Rampe ragt 15 Meter über die steil abfallende Felswand hinaus und löst durch die durchsichtige Bodenplatte aus gehärtetem Glas Kribbeln selbst bei erprobten Höhengängern aus. Almen, Schutzhütten und Skilifte liegen überall verstreut auf dem Massiv und seit Juli 2013 gibt es auch noch eine 100 Meter lange Hängebrücke. Diese liegt auf 2 700 Meter und soll Österreichs höchst gelegene Hängebrücke sein. Die *Treppe ins Nichts* steht den mit der Seilbahn angereisten Touristen auf der steirischen Seite des Dachstein zur Verfügung. Das wahrhaft schwindelerregende

gigantomanische Karussell hat es weltweit in Zeitschriften und Hochglanz-
magazine geschafft.

D' Höh

So nennt man in Wien, Niederösterreich und Kärnten die Polizei. Durch die
Nähe des Burgenlandes zu diesen Ländern kennt man es auch dort, jedoch ist
es bei Weitem nicht so gängig. Es ist anzunehmen, dass der Begriff aus jener
Zeit stammt, in der man wie auch noch im 19. Jahrhundert die zum Tod Ver-
urteilten auf einem hohen, hölzernen Wagen zur Richtstätte fuhr.

Fiaker

Der Name „Fiaker", der sowohl das Gefährt als auch in Wien den Lenker
des Gefährtes benennt, leitet sich vom heiligen Fiacrius, einem irischen, in
Frankreich lebenden Einsiedler, ab. In einer Pariser Straße, die dem Heiligen
gewidmet war, standen die ersten Lohnkutschen überhaupt. Bevor der Fiaker
im Wien der Kaiserzeit verkehrte, begnügte man sich beispielsweise mit den
Tragsesseln (*Portechaises*), die seit 1689 offiziell vermietet werden durften. So
gab es 1782 bereits 100 Tragsessel zu mieten, die man von sechs Standplätzen
aus ordern konnte. 1888 wurde der Dienst eingestellt. Zu diesem Zeitpunkt
verkehrten bereits 684 Fiaker. Als Alternative zum eher teuren Fiaker boten
sich die *Zeiselwagen* an. Das waren ungefederte Bauernleiterwagen mit einer
angebrachten Plache als Regenschutz. Diese durften allerdings nicht in die
Stadt selbst hineinfahren, sondern nur außerhalb der Linien (Gürtel) verkeh-
ren. Die Fiaker-Lizenz war Leuten vorbehalten, die schon einige Jahre als
Fuhrwerker gefahren waren, über ein bestimmtes Vermögen verfügten, einen
einwandfreien Leumund nachweisen konnten, und darüber hinaus mussten
sie vom Militärdienst befreit sein. Heute beleben noch rund 90 Fiaker das
Alltagsbild von Wien. *Die Fiaker sind eine so bedeutende Kaste in Wien, daß der
Wiener es dem Reiseschreiber übel nähme, der eine Reihe Kapitel über Wien schreibt
und ihnen kein besonderes anwiese*, schrieb der Autor Willibald Alexis im Jahr
1833. Alexis erlaubt sich auch noch, sie zu charakterisieren: *Sie machen wie die
Zigeuner eine völlig getrennte Kaste aus, sprechen ihre eigne Sprache, haben ihre
eignen Zeichen, ihren eignen Glauben und ihre eigne Moral; ihr Ursprung ist aber
so dunkel wie jener.* Diesem Reisenden fiel auch auf, dass die Fiaker so gut wie

alle einen Spitznamen trugen, unter dem sie auch der Polizei bekannt waren. Fiaker mussten *mannbar* sein, durften also keine Jugendlichen sein, was doch ab und an vorkam. Dies veranlasste die Regierung um 1854, ein Gesetz zu erlassen, das es erst mit 18 Jahren erlaubte, im Lohnfuhrwerk zu arbeiten. In der Verordnung des Jahres 1891 war angegeben, dass diese Altersbeschränkung bestenfalls um ein Jahr reduziert werden könne. Für den Fahrgast gab es im Inneren des Wagens eine *Kautschukpfeife*, wie es hieß, die diesem als *Signalapparat* dienen könne, sollte er vom Kutscher etwas brauchen. Pflicht war es neben der Pfeife für den Fahrgast auch, dass der Kutscher eine funktionierende Taschenuhr mit sich trug, um diese dem Fahrgast am Beginn der Fahrt anzuzeigen.

Die Briefmarkenserie *Volksbrauchtum und volkskundliche Kostbarkeiten* führt im April 1998 in ihrer Reihe einen Fiaker als Typikon. Zur Berufsgruppe der Fiaker gibt es Theaterstücke und eine ordentliche Anzahl von Wienerliedern. Nicht nur Wien verfügt über eine erkleckliche Anzahl von Fiakern, auch wenn oft der Eindruck entsteht, es gäbe sie nur dort. Aus Salzburgs Innenstadtleben sind sie ebenfalls nicht mehr wegzudenken. 1820 sah sich der Magistrat veranlasst, über das Amts- und Intelligenzblatt von Salzburg für das Jahr 1820 neue Vorschriften zu erlassen, weil sich die Fiaker nicht immer an die bestehenden vom Jahr 1803 hielten. In dieser Ordnung ist auch genau geregelt, wie weit die Fiaker kutschieren durften. Die *Luftorte* Maria Plain, Hellbrunn, *Khlesheim*, Leopoldskron, Aigen, Neuhaus, Maria Plain *(bis zum Anfang der kleinen Allee am zweyten Berge)* waren die Außengrenzen der erlaubten Kutschfahrten.

Flachgau

Der Flachgau ist der nördlichste Zipfel des Salzburger Landes. Die Landeshauptstadt und das Untersbergmassiv sind markant für das Gebiet. Tennengau, Berchtesgadener Land und Traunstein sowie Oberösterreich im Osten und Norden grenzen an den Flachgau. Kulturell sind die Einflüsse aus dem Bayerischen bemerkbar. Der Untersberg mit seinen zahlreichen Mythen, Erzählungen und Deutungen dominiert die Tradierung dieser Region.

Gurgl

Gurgl bei Sölden im Ötztal war, bevor es zu einem touristischen Ziel wurde, ein armes, um nicht zu sagen, bitterarmes Dorf. Ob der großen Not und

Kargheit wollten sich die Einwohner versprechen, nicht mehr zu heiraten. An die 20 Jahre sollen diese Hochgebirgler dies durchgehalten haben. Als am 27. Mai 1931 im bayerischen Augsburg Auguste Piccard mit seinem Assistenten Paul Kupfer zu seinem Stratosphärenflug aufbrach, war noch nicht abzusehen, dass sie auf dem Gurgler Ferner würden notlanden müssen. An den folgenden zwei Tagen im Mai schaffte es das Bergdorf in alle nationalen und internationalen Zeitschriften. Der Professor und sein Begleiter vollführten einen Höhenflug von 16 000 Metern und brachten sich, den Ballon und die Messinstrumente gerade noch auf dem Gurgler Ferner zur Landung. Von einem einheimischen Bauern entdeckt und vom Lehrer Falkner geborgen, wurden sie anschließend bei ihrer Ankunft im Dorf von Frauen und Männern mit großen Krügen voller Milch, mit Brot und Wein bewirtet sowie mit Blumen bestreut.

Haflinga

In Anlehnung an die Pferderasse der Haflinger bezeichneten Wiens Zuhälter früher „ihre" Frauen, also die Prostituierten, als „Haflinga".

Haymon

Der Riese und Begründer des Klosters Wilten in Innsbruck ist eine Sagenfigur, die im Lauf der Zeit zur Gründungslegende des Klosters wurde. Im 17. Jahrhundert blühten die Legenden derart, dass der seinerzeitige Abt nach den Gebeinen dieses übermächtigen Riesen und Helden Tirols suchen ließ. Deswegen stürzte die Kirche ein, ohne auch nur einen Knochen freizugeben. Haymon soll nicht nur einen Drachen in der Sill, der auf einem Goldschatz lag, getötet haben, auch den Riesen Thyrsos hatte er angeblich besiegt. Wie so oft bei derlei Geschichten werden diese Sagengestalten je nach Notwendigkeit zu lokalen Heroen, die das Land vor allerlei Ungemach schützen. Es kam in der Folge zu verschiedenen Auslegungen. Zu gern tradiert man, Haymon, der Bajuware, hätte über den Rätoromanen Thyrsos gesiegt, um das deutsch-italienische Verhältnis mythisch zu überhöhen.

Das Tiroler Landesmuseum Ferdinandeum jedenfalls bewahrt noch heute die in Gold gefasste Zunge jenes Drachen aus der Sill auf, den Haymon so tapfer vernichtet hat. Ein anderes Überbleibsel aus einer der Legenden ist, dass

Thyrsos, als er von Haymon erschlagen wurde und blutüberströmt über die Felsen ins Karwendel floh, als Letztes gerufen hatte *Spritz Bluet! Sei für Vieh und Menschen guat!* Seitdem würde man aus dem Tonmergelstein das heilende Steinöl, auch als Ichtyol bekannt, gewinnen. Einer der frühesten Belege für die Gewinnung des Steinöls ist ein Privileg zur Gewinnung für den Alchemisten Abraham Schnitzer durch Erzherzog Ferdinand II. aus dem Jahr 1576. In der Stiftskirche Wilten findet sich eine 5 Meter hohe Figur des Haymon aus der Zeit um 1470, bunt gefasst und eindrucksvoll wirkend.

Heiligenbluter Sternsinger

Diese unterscheiden sich von üblichen Sternsingern darin, dass hier erwachsene Männer den Brauch ausüben, während ansonsten das Sternsingen üblicherweise ein Heischebrauch von Kindern und Jugendlichen war. Der Brauch, der aus der Zeit der Gegenreformation kommt, diente einst der gesellschaftspolitischen Festigung des katholischen Glaubens. Die Männer ziehen von Haus zu Haus und erbringen den Bewohnern einen Neujahrssegen durch Absingen des Heiligenbluter Sternsingerliedes. Dieses Sternsingen ist Teil der langen Liste der UNESCO zum Immateriellen Kulturerbe.

Heldenberg, Österreichisch-Walhalla

Im niederösterreichischen Kleinwetzdorf nordwestlich von Wien, im Weinviertel, steht ein Heldendenkmal ganz besonderer Art und Geschichte. 169 Büsten von Feldherren der k. u. k. Armee ließ Joseph Gottfried Pargfrieder (1787–1863) im Jahr 1849 in Kleinwetzdorf gießen und auf seinem Hügel postieren. Pargfrieder, als lediges Kind in Ungarn geboren und sehr früh an Arbeit gewöhnt, entwickelte sich rasch zu einem gewieften Händler. Als Armeelieferant kam er zu beträchtlichem Vermögen, was es ihm möglich machte, Schloss Wetzdorf zu kaufen und diesen unscheinbaren Ort zu Österreichisch-Walhalla zu erheben. Die Büsten waren aus Zink und Eisen gegossen. Der berühmteste „Bewohner" dieses Heldenortes ist Feldmarschall Radetzky, der Freimaurer und Freund, der sich zeit seines Lebens bei Pargfrieder derart verschuldete, dass dieser nach seinem Tod über ihn verfügen konnte. So kam es, dass der längst gediente österreichische Feldmarschall nicht in der Kapuzinergruft in Wien bestattet wurde, sondern im Mausoleum neben

Pargfrieder zum Liegen kam und der Kaiser nach Wetzdorf bei Stockerau reisen musste, um seinen General beerdigen zu können. Seinerzeit nannte man Pargfrieder eher despektierlich *Napoleon des Zwillichs.*

Hennenkrieg

Der Hennenzins – auch **Fasnachthennen** genannt – ist eine Steuerabgabe in Naturalien in Form von Hühnern. Als sich im Oberinntal während der Jahre 1475–1477 im Gericht Nauders, das damals auch das heutige Schweizer Unterengandin umfasste, die Engadiner weigerten, den jährlich fälligen Hennenzins abzuliefern, kam es zum Hennenkrieg. Die Nauderer und die Engadiner verwüsteten sich gegenseitig die Äcker, nachdem die Nauderer damit begonnen hatten, ins Dorf Ramüs einzufallen.

Herz-Jesu-Gelöbnis, Herz-Jesu-Kult

Der Herz-Jesu-Kult, der Tirols Brauchtum seit der Napoleonischen Zeit begleitet, geht auf die Vision einer Salesianerin in einem burgundischen Kloster im 17. Jahrhundert zurück. Seine volksfrömmige und kulturpolitische Bedeutung erhielt der Brauch durch die Schützen und die Jesuiten. Die Bedrohung Tirols durch die Franzosen 1796 ließ den Anführer der Schützen, den Wirt Andreas Hofer, und die Landstände Tirols, die in Bozen zur Beratung zusammenkamen, ein Gelöbnis ans Herz Jesu ausrufen. Sollte Tirol die Franzosen besiegen, gelobe man Treue dem heiligen Herzen Jesu. Der französische General zog sich mit seinen Truppen zurück, was als Herz-Jesu-Wunder gedeutet wurde. Fortan galt die Verbindung des Landes zum Herzen Jesu als bindend. Die Besatzer Tirols, die Bayern, bekamen Tirol im Frieden von Pressburg 1805 zuerkannt und verboten den Tirolern diese Verehrung. Im Zug der Aufklärung und der Herrschaft Josephs II. war diese Art von Frömmigkeit nicht gern gesehen. 1809, als man der bayerischen Besatzer überdrüssig war, kam es mit dem Volksaufstand, der von Erzherzog Johann unterstützt wurde, zur Auflehnung gegen die Bayern. Vorübergehend waren Teile des Gebietes französisch und italienisch. Erst 1814 kam Tirol wiederum zu Habsburg. Ab diesem Zeitpunkt war es kein Gelöbnis mehr, sondern vielmehr ein beschworener Bund, den Tirol damit eingegangen war. Am 31. Mai 1896 gab es eine Feier zur Erneuerung des Bundes, wo alles, was Rang und

Namen hatte, zugegen war. Die Zeitungen berichteten auch in Wien von dem Ereignis. Nun, die Tiroler schworen dem Kaiser, obwohl er sich in der Vergangenheit nicht wirklich loyal ihnen gegenüber verhalten hatte, ewige Treue. Seit dem Beginn der andächtig frommen Bindung durch die Schützen an das Herz Jesu sind noch immer sie es, die damit eine patriotische Geste demonstrieren. Nach der Abtretung Südtirols an Italien galten die Herz-Jesu-Feiern als Ausdruck einer gemeinsamen (Leidens-)Geschichte beiderseits der Grenzen. Alljährlich im Juni finden Prozessionen im Land statt, die Gassen werden geschmückt, Altäre aufgestellt, die Tracht angezogen und das Gelöbnis am Ende des Gottesdienstes durch Singen des Liedes *Auf zum Schwur, Tiroler Land* erneuert. Den abendlichen Ausklang des geheiligten Tages bilden die Bergfeuer in Form eines Kreuzes und oder eines Tiroler Adlers, die am Abend zum Zeichen der kulturellen Einheit zu beiden Seiten der Länder Nord- und Südtirol abgebrannt werden. 2013 kam es erstmals durch zwei Studenten der Kirchenmusik der Universität Wien zu einer Herz-Jesu-Feier in St. Ursula in Wien. Der Gottesdienst umfasste die gesamte Herz-Jesu-Messe des Ignaz Mitterer (1850–1924), die mit dem Schwurlied nach dem Pontifikalsegen abschließt.

Heuriger

Die Heurigen gehörten einst zum Bild der Wiener Vorstädte. Die Erlaubnis, den frischen Wein steuerfrei ausschenken zu dürfen, geht auf einen Erlass Josephs II. – des ältesten Sohnes Maria Theresias – im Jahr 1784 zurück. Schankrechte wurden in der Regel an einzelne Weinhauer vergeben. Anfangs ging es darum, in solchen Schänken den frischen Wein zu verkaufen. Das Essen brachte man meistens mit – so, wie man es auch heute noch aus so manchem Biergarten kennt. Joseph II. (1741–1790) bewirkte mit seiner Verordnung eine klare Trennung von Wirtshaus und Buschenschank. Beide hatten Schankfreiheit und dazu den Buschen, den Strohschab oder den Kranz als Symbol weitum sichtbar vor die Tür gehängt. Um einen (Steuer-)Streit zu vermeiden, kam es zur Trennung der ehemals von Ackerbürgerbauern gepflegten Kultur des Rechtes auf Ausschank des Eigenbauweines und den Wirtsleuten. Die Verordnung lautete: *Dagegen wird einem ieden die Freiheit gegeben, die von ihm selbst erzeugten Lebensmittel, Wein und Obstmost zu allen Zeiten des Jahrs, wie, wann, und in welchem Preise er will, zu verkaufen, oder auszuschenken.* Seit dieser Zeit dürfen die Bauern kein gewerblicher Gastbetrieb sein und ein Gasthaus durfte keinen Weinanzeiger (Kranz, Buschen, Kreuz) führen. Die Heurigenfahrten kamen während der Landromantik des Biedermeier (1815–1848) in Mode. Schriftsteller, Musiker und Komponisten schätzten die Heurigen – Grillparzer war zum Beispiel mit dem Philosophen Hegel in Nussdorf beim Heurigen. Untrennbar verbunden mit dem Heurigen ist das Wienerlied. Noch heute kann man die Stars des Wienerliedes beim Heurigenbesuch antreffen. Seit 11. August 1939 dürfen die Heurigen und Buschenschanken auch Essen verkaufen. Im Landesgesetz des Jahres 1939, unterschrieben von Reichskommissar Bürckel, ist es den *Buschenschank, Heurigenschank* und *Eigenbauschank* fortan erlaubt, *Selchfleisch, Hartwurst, Weichwurst, jedoch gleichzeitig höchsten drei Sorten, und weiters heimischen Käse und eingelegte Gurken* anzubieten. Es war den Betreibern, die ihren Wohnsitz in Wien haben mussten, ausdrücklich verboten, in den Buschenschanken Tanz oder Spiele jeglicher Art zu erlauben. Während der Nachkriegszeit waren die Heurigenkultur und die Wienerliedmusik beim Heurigen ein viel genutztes Sujet im neuen Heimatfilm. Damit wurde der Wiener Heurige auch über die lokalen Grenzen hinaus richtig populär. Häuser mit Weinanzeiger kennt man schon aus der Antike.

Innviertel und Hausruckviertel

Das Innviertel ist neben dem Hausruckviertel, dem **Mühlviertel** und dem **Traunviertel** eines jener Viertel, die das Land ob der Enns oder eben Oberösterreich umfasst. Das Innviertel, das nach der Niederlage von 1809 zu Österreich kam, ist vermutlich dadurch am ehesten bekannt, als man, wenn man den Namen Adolf Hitler nicht in den Mund nehmen will, vom *Innviertler* spricht. Die Gegend des Innviertels und die des benachbarten Hausrucks waren immer wieder durch die Nähe zu Bayern und Salzburg den starken Schwankungen der wechselnden Herrschaftsverhältnisse ausgesetzt. Während der nationalsozialistischen Zeit gehörte das Innviertel mitsamt dem Ausseerland zur Großregion Oberdonau. Es galt als gewässerreich. Roggen, Weizen, Flachs, Gerste gab es anscheinend *im Überflusse* und die Pferdezucht soll im 19. Jahrhundert *wirklich sehr veredelt* gewesen sein, so notiert es Joseph Ernst Ritter von Koch-Sternfeld (1778–1866), Salzburger, Beamter und Historiker. In der Attersee- und Mondseegegend gab es Almen, die gerade zum eigenen Bedarf Milchprodukte lieferten. Diese Art der Wirtschaft hat Bischof Gall *nach Schweitzer Art* eingeführt. Die Innviertler galten als lebhaft und treuherzig, fleißig und gehorsam. Bierbrauerei und der **Kunstfleiß** (Hauswerkstätten, die Volkskunst und Gebrauchsartikel herstellten) sowie die Leinenherstellung wurden betrieben. Baumwolldrucker, Bandlkrämer, Glashütten und Sensen- und Sichelschmiede, *viele Töpfer*, wie es hieß, gab es in diesem Landesteil. Innviertel und Hausruckgebiet waren ob dieser kleinwirtschaftlichen Vielfalt ein auch kulturell auffallendes Gebiet, das die Volkskundler der ersten Stunde gerne bereisten. Konrad Mautner überlieferte Lieder und Tänze, das Engagement in Sachen Tracht war für alle zu sehen, als eine Innviertler Trachtengruppe zum Kaiser-Huldigungszug 1908 nach Wien kam. Die Gegend um Eferding, die seit römischen Zeiten besiedelt ist, lieferte den volkskundlichen Museen zahlreiche schöne Möbel.

Krimmler Tauern

Der Krimmler Tauern ist ein Passübergang zwischen dem Land Salzburg und dem Staat Italien und wohl eine der kürzesten Grenzen zwischen zwei Ländern. Auf einer Seehöhe von 2634 Meter in den Hohen Tauern gelegen, nur unter Anstrengungen zu bewältigen, bildete er trotzdem lange Zeit eine Verbindung in Richtung der Handelsstadt Venedig. Beim Übergang nach Italien findet sich eine Gedenktafel an den von der **Bricha** organisierten Marsch jener Holocaust-Überlebenden, die 1947 aus den österreichischen *Displaced-Persons*-Lagern illegal die Grenze überquerten, um hoffnungsvoll nach Palästina auszuwandern. Von Saalfelden aus, wo die stärksten unter den Flüchtlingen ausgesucht wurden, ging es im Mai 1947 in Richtung Krimmler Tauern über den verschneiten Pass in das italienisch-südtirolische Ahrntal und von dort dann Richtung Meran. Einer der führenden Köpfe hinter diesem Unternehmen, Asher Ben-Nathan, gibt in seinen Erinnerungen an, mit der Duldung Österreichs und der Unterstützung italienischer Carabinieri sei es so gelungen, unter Strapazen ins Gelobte Land zu kommen.

Landespatrone

Österreichs Bundesländer verfügen über eigene Landespatrone. Vorarlberg, die Steiermark und Kärnten feiern den heiligen Joseph am 19. März. Das Burgenland begeht den Tag des heiligen Martin am 11. November. Wien,

Niederösterreich und Oberösterreich feiern den heiligen Leopold am 15. November. Seit 2004 hat Oberösterreich einen zweiten Landespatron, den heiligen Florian (4. Mai). Die Bekanntmachung des neuen oberösterreichischen Heiligen erfolgte durch den Landeshauptmann. Tirol gedenkt des heiligen Georg am 23. April und des heiligen Joseph am 19. März, während man in Salzburg den heiligen Rupert am 27. März und am 24. September unter anderem mit einem Rupertikirtag feiert. Traditionellerweise ist am jeweiligen Landespatronstag schulfrei. Joseph der Nährvater war nicht nur Länderheiliger, er gilt auch als Patron des Hauses Habsburg.

Liederösterreich

Liederösterreich bedeutet nicht, dass das Land unter der Enns von liederlichem Charakter ist. Liederösterreich ist eine von der Volkskultur Niederösterreich herausgegebene Sammlung von 276 Liedern im Handtaschen- oder Herrensakkoformat.

Lungau

Der Lungau ist der südöstliche Ausläufer Salzburgs und mit diesem allein über einen Pass, den Radstädter Tauern, verbunden. Im Norden und Osten grenzt das Gebiet an die Steiermark, westlich an den Pongau, im Süden an Kärnten. Das *Preberschießen* und der *Samsonumzug* sind brauchtümliche Zeugen der gebirglerischen Region. Im Hochmittelalter kam die Region durch den Bergbau zu Wohlstand. Eine volkstümliche Figur aus dem Lungau ist Valentin Pfeifenberger (1914–2004), Pfarrer und Autor eines pittoresken und nicht immer kanonisch korrekten katholischen Singspiels mit dem Titel *Der Kaiser im Untersberg. Entwurf zu einem Zeitrustikale.* Verfasst während des kalten Krieges, wird das Spiel jedes Jahr am 15. August aufs Neue aufgeführt. *Voitl*, der Pfarrer von Thomatal und Schützenmitglied, galt als Bewahrer der Traditionen und als Faktotum.

Maisäss

Ist eine Form der Viehwirtschaft im südlichen Vorarlberg. Die Maisäss ist dabei eine Art Zwischenstufe der Almwirtschaft. Am Beginn steht die

Stallfütterung, dann folgt die Heimweide, im Mai oder Juni geht es dann zur Maisäss. Ist diese Weide abgegrast, zieht man mit dem Vieh auf die Voralm und oder auf die Hochalm. Während der Sommermonate, wenn das Vieh auf der Hochalm ist, mäht man auf der Maisäss das Gras für den Winter ab. Diese Form der Landwirtschaft nennt man auch Staffelwirtschaft, sie korrespondiert mit den landesüblichen Vegetationsperioden. Im Bregenzer Wald heißt die Maisäss **Vorsäss**. Die Maisäss ist Teil der ländlichen Rechtskultur.

Montafon, Montafoner Tracht, Montafoner Sauerkäse

Das Montafon ist ein Tal in Vorarlberg, das an Tirol grenzt. Die beeindruckende Kulisse der Silvrettagruppe machte dieses knapp 40 Kilometer lange Tal zu einem Ort der Sommerfrische für das Bregenzer Bürgertum und war Anziehungspunkt der ersten Alpinisten. Zur Kultur des Montafons gehören vor allem die Tracht und der Käse. Die Montafoner Tracht ist wie alle Trachten Österreichs symbolisch zur Identitätserzählung wichtig und daher fand sie 1958 Eingang in eine Briefmarkenserie der Österreichischen Post. Hervorzuheben ist das reich verzierte goldene und silberne *Schäppele*, das güldene Krönlein, das ausschließlich zu festlichen Anlässen von ledigen Mädchen getragen wurde. Den Montafonern war auf Anregung eines Sommerfrischegastes der Schutz ihrer Heimat bereits im Jahr 1912 Grund genug, den *Verein für Heimatschutz im Tale Montafon* zu gründen.

Inzwischen besinnt man sich der Traditionen und so gerät ein über viele Jahre vergessener Käse, der *Sura Kaes*, wieder in den Mittelpunkt der Heimatpflege. Der Käse ist ein einfacher Sauermilchkäse, der in Tirol als *Graukas* oder im Böhmischen als *Olmützer* bekannt ist. Mit der Entdeckung der Vorzüge regionaler Produkte wurde die Praxis der Käseerzeugung wiederbelebt.

Mostviertel

Nach dem Most ist eine ganze Region im Südwesten Niederösterreichs benannt. Es ist das Hauptanbaugebiet der Mostbäume. Streuobstwiesen bestimmen das Landschaftsbild. Der historisch-kulturelle Raum Mostviertel und der gegenwärtige politische Raum umfassen mit kleinen Abweichungen in etwa dasselbe Gebiet. Der Geburtsort Österreichs, das als *Ostarrichi-Region* um Neuhofen an der Ybbs gelegene, bekannte Gebiet, befindet sich im Mostviertel.

Mühlviertel und Traunviertel

Das Mühlviertel ist eine Region, die zum Böhmischen und zum Bayerischen hin liegt. Interessant ist der Mühlviertler Hauptort, der Markt Freistadt. Bereits im 13. Jahrhundert wurde Freistadt planmäßig angelegt, was noch heute sichtbar ist. Durch seine Nähe zu Böhmen strategisch günstig gelegen, florierte der Markt (Salz nach Böhmen) über lange Jahre. Mit dem Ende des Dreißigjährigen Krieges (1618–1648) erfolgten wirtschaftliche und politische Veränderungen. Der Aufstieg des Marktes Freistadt und der zunehmende Wohlstand der Bürger brachten es mit sich, dass Freistadt eine beträchtliche Anzahl – Angaben sprechen von der Hälfte der Einwohner – an Protestanten aufwies. Die habsburgische Herrschaft verwies diese des Landes. Über ihren Verbleib ist nichts bekannt.

Das Traunviertel, ursprünglich auch Traungau genannt, war einst im Besitz der Traungauer Grafen. Es wurde im 13. Jahrhundert von der Steiermark abgetrennt und Oberösterreich angeschlossen. Kulturhistorisch ist es mit dem Salzkammergut und der Eisenwurzen verbunden.

Narzissenfest

Wird in der Steiermark, im Ausseerland, gefeiert. Eines der ersten belegten Narzissenfeste wurde am Samstag, 17. Mai 1952, von der Schwimmsektion des SV Bad Aussee im Kaffee *Vesko* mit der *Tanzkapelle Dolores* abgehalten. Erst in den frühen 1960er-Jahren übernahm dann der Fremdenverkehrsverband die Ausrichtung des Festes, das seinen Namen von den in der Gegend so schön blühenden Narzissen bezieht.

Österreichische Schweiz

Die Eroberung der Alpen nahm ihren Ausgang in der Schweiz. Jene Fremden, die das Land bereisten und anschließend daheim über diese wilde und doch so anheimelnde Romantik erzählten, schufen damit einen Topos, eine Metapher für ganz bestimmte Vorstellungen. Reiseschriftsteller brachten das Bild in Umlauf und so wurde der Begriff „Schweiz" ein Synonym für alpine Schönheit und alpinen Charme. Als Österreichische Schweiz wurde das Salzkammergut bezeichnet, und zwar das Salzkammergut ob der Enns. Die Reisebeschreibung des Hofbeamten Dr. Sartori über die Österreichische Schweiz beginnt sehr freundlich: *Das Salzkammergut ist einer der interessantesten Striche des Landes, welche die österreichische Monarchie aufzuweisen hat. Es liegt im Traunviertel des Landes ob der Ens und ist eine mit Gebirgen und überaus mahlerischen Seen bedeckte Gegend, in der sich die allgemein bekannten reichhaltigen Salzberge befinden.*

Ötztaler Dialekt

Wie kommt der Ötztaler Dialekt auf die Liste des Immateriellen Kulturerbes der UNESCO, mag man sich fragen. Jedenfalls pflegen die Ötztaler, angetrieben von einem ansässigen Volkskundler, ihren Dialekt jetzt noch ausgeprägter. Das berühmteste Kind der Heimat dieses Dialektes ist der Schriftsteller Norbert Gstrein.

Pechölsteine

Im oberösterreichischen Mühlviertel erzählen sie von der Ölgewinnung aus Föhren. Die Mühlviertler schichteten das harzige Holz der Föhrenäste auf Steine, die sie mit Rasen, Erde und Fichtenästen bedeckten. Der angezündete Haufen kokelte ruhig vor sich hin, bis sich das Harz löste. Es wurde in Gefäßen aufgefangen und diente der Herstellung von Heilsalben, oder das mindere Öl, das gegen Ende floß, zur Verwendung als Wagenschmiere. Mit Honig oder Butter vermengt, nutzte man es zur Wundheilung bei Mensch und Vieh. Noch heute zeugen Steine, in denen feine Rillen, ähnlich der Struktur eines grünen Blattes, verlaufen, von dieser Praxis der Ölgewinnung.

Pinzgau

Der Pinzgau ist eine historische und politische Region im Salzburger Land (Region Zell am See). In der ersten Hälfte des 19. Jahrhunderts kam die Region von Bayern zum neuen Kronland Salzburg. Die Pinzgauer galten in der Vergangenheit als hartnäckig und widerständig. Dieser Teil Salzburgs hat zwei Grenzen zu benachbarten EU-Ländern. Im Norden grenzt er an Deutschland (Berchtesgadener Land), im Süden an Italien und Osttirol, im Osten an die Region Pongau, in westlicher Richtung an Nordtirol. Kulturell und politisch wird diese Großregion in den Ober-, Mitter- und

Unterpinzgau, als jeweilige damalige Grafschaften, eingeteilt. In das Gebiet des Pinzgaues fallen die prominenten Krimmler Wasserfälle und die Großglockner Hochalpenstraße.

Pongau

Wie der Pinzgau ist der Pongau eine Salzburger Region, die ebenso seit dem ausgehenden 8. nachchristlichen Jahrhundert urkundlich bezeugt ist. Der alpine Charakter der Region weist historisch eine lange Bergbautradition (Kupferbergbau) auf und seit der touristischen Erschließung ist sie ein Zentrum des Wintersports. So verfügt der Ort Werfenweng über ein F.I.S.-Skimuseum und über die im Sommer viel besuchte Eisriesenwelt. Westlich grenzt das Gebiet an den Pinzgau und das Berchtesgadener Land (Deutschland). Südlich an Kärnten und den Lungau. In Großarl im Pongau findet eines der seltenen **Leiden-Christi-Singen** statt.

Pöstlingberg

Der Hausberg der Linzer war seit der Einweihung einer Kapelle im Jahr 1748 ein immer öfter besuchter Wallfahrtsort. Während der napoleonischen Auseinandersetzungen wurde der bis dahin bewaldete Berg aus strategischen Gründen gerodet. Später führte die Erfahrung mit den Franzosen auf dem Pöstlingberg dazu, dass die Habsburger eine Befestigungsanlage zur Sicherung von Linz errichteten, in die der Berg mit einbezogen wurde. Der Ort wurde mehr und mehr Wallfahrts- und Ausflugsziel der Oberösterreicher, bot er sich doch als ideales Naherholungsgebiet mit wunderbarem Ausblick an. Es kam zur Öffnung einiger Gasthäuser. Im Zug der Industrialisierung erfolgte der Bau einer Bahn auf den Pöstlinberg und bald danach, im Jahr 1906, die Errichtung der Grottenbahn in einem Teil der Befestigungsanlagen, und zwar im Turm mit der Nummer II. Ein Motor- und ein Anhängerwagen zogen damals ihre Runden. Auf dem Motorwagen war schon zu dieser Zeit ein Drachenkopf zu sehen, *dessen Rachen und Augen mit elektrischen Glühlampen beleuchtet* werden, wie staunend berichtet wurde.

Salzburger

Der oder die Salzburger mitsamt ihrer Stadt galten nicht immer als freundlich. Franz Sartori (1782–1832), der steirische Schriftsteller, dem wir so manche Landesbeschreibung verdanken, beschreibt die Salzburger während einer Reise um 1810 herum auf seine Weise folgendermaßen: *Aber in Salzburg möchte ich nicht leben, wenn man mich da auch zum Bischof machte. Aber der eigenthümliche Grund davon liegt nicht bloß in der Bauart der Häuser, er ist mehr noch in den Bewohnern zu suchen, unter denen ich jetzt nicht eine Woche aushalten würde. Aeltere Reisende schilderten die Bewohner von Salzburg als ein frohes, ehrliches, etwas bigottes, aber treuherziges Völklein, und unter solchen Menschen wäre es eben nicht übel seine Wohnung aufzuschlagen; aber die Zeiten sind vorüber gegangen, und mit ihnen manche gute Eigenschaften der Salzburger, die sie dem Fremden beliebt machten. Düsteres kaltes Leben ist an die Stelle der ehemaligen Gesellschaftlichkeit getreten, und Mißmuth und Mißtrauen hat die frühere Biederkeit des Salzburgers verdrängt.* Salzburgs Alltagsleben wird ein Jahr später von einem Franz Xaver Weilmeyr sehr prosaisch beschrieben. Es gäbe zwei große Jahrmärkte in Salzburg, *Dulden* oder *Messen* genannt, diese dauerten jeweils zwei Wochen. Das eine sei ein Fastenmarkt ab dem Fastensonntag und das andere beginne im Herbst am Matthäustag (16. September). Zu diesen Märkten kämen von überall her, sogar vom Ausland, die Kaufleute. Schweinemarkt sei am Andreas- und am Thomastag (30. November und 21. Dezember), Pferde-, Horn- und Kleinviehmarkt am 18. November, Getreidemärkte und Viktualienmärkte jeweils am Dienstag, Donnerstag und Samstag.

Sattler-Panorama

Noch bevor das Riesenrundgemälde in Innsbruck geschaffen wurde, gönnte sich der aus Niederösterreich stammende Landschaftsmaler Johann Michael Sattler (1786–1847) ein Panormagemälde Salzburgs von den Maßen 25,53 mal 4,86 Meter, mit dem er sogar auf Reisen ging. Zustande gekommen soll dies sein, weil das Porträt, das Sattler von Kaiser Franz I. (1768–1835) so gelungen sein soll, dass der Kaiser, der gerade in Salzburg weilte, sich ein Landschaftsbild vom schönen Salzburg wünschte. Das Sattler-Panorama zeigt Salzburg und Umgebung während der Zeit um 1825. In diesem Jahr begann Sattler mit den Arbeiten an der Leinwand. Sein Sohn schenkte Jahre später das Gemälde der Stadt, die dafür einen Pavillon bauen ließ. Das Gemälde erlebte dann noch einige Umsiedlungen, am Ziel in der Neuen Residenz angekommen, erzählt es von einem charmanten Salzburg längst vergangener Tage.

Johann Michael Sattler trug mit seinen Reisen nicht unwesentlich zur Popularität Salzburgs bei, was man ihm mit der Verleihung der Ehrenbürgerschaft der Stadt dankte.

Schwoazkappla

Die Fahrscheinkontrolleure der städtischen Wiener Verkehrsbetriebe waren bis ins Jahr 2010 mit einer „schwarzen Kappe" als markantes Zeichen ihrer Uniform weithin sichtbar. Also bot sich dem Volksmund an, diese nicht vornehm als „Kontrolleure" zu bezeichnen, sondern eben als das, wie sie sich zeigten, als „Schwoazkappla".

Steirer

Gerne hat man in der Vergangenheit versucht, allgemeine Charakteristika ganzer Regionen vorzunehmen. So sprach man von den Tirolern, den Salzburgern, den Wienern ... Regionen mit ausgeprägter Wirtschaftsmacht oder Regionen und ihre Bewohner, die aufgrund ihrer Exotik gerne bereist wurden, findet man daher in den frühen Reise- und Alpinzeitschriften beschrieben. Zu diesen zählt auch die Steiermark. Ein bedeutender Volkskundler, Viktor Geramb, verfasste in den 1930er-Jahren in der weit verbreiteten Zeitschrift des deutschen und österreichischen Alpenvereins mit Bezug auf frühere Typenbeschreibungen einen Aufsatz, den er mit markigen Bildern unterlegte, und trug damit wesentlich zur Charakterisierung der Steirer bei. In jungen Jahren seien die Steirer *triebhaft*, was die hohe Zahl der ledigen Kinder belege. Gesund und stark wären sie außerdem. Ganz anders hieß es in den ersten Reisebeschreibungen, die Steirer seien Kretins mit großen Kröpfen und die Männer wären *militärscheu*, aber dafür sei ein hohes Maß an musikalischer Begabung anzutreffen. Gutmütig, friedfertig und besonders religiös seien sie, heißt es bei Geramb unter Bezugnahme auf ältere Charakterisierungen.

Tennengau

Pinzgau, Pongau, Lungau, Tennengau und Flachgau bilden die fünf Teile des Landes Salzburg. Im Norden grenzt der Tennengau an den Flachgau, im Westen an das Berchtesgadener Land, im Osten an das Oberösterreichische und im Süden an den Pongau. Durch den Salzabbau zu Wohlstand gekommen, profitierte die Region bis in die 1980er-Jahre des 20. Jahrhunderts davon. Keltische Funde belegen die lange Tradition. Ursprünglich bildeten Tennengau und Flachgau ein Gebiet, das auch als Salzburggau bekannt war.

Tiroler

Ähnlich wie der Salzburger und der Steirer, galt auch der Tiroler als Charakterkopf. Spätestens seit dem kurzen Aufenthalt Heinrich Heines in Tirol auf der Durchreise nach Italien stand der Ruf des Tirolers als etwas beschränkt und zugleich als widerständig fest. Letzteres, weil der Ruf Andreas Hofers weit über die Landesgrenzen hinaus verbreitet war. Auch als besondere Naturburschen befand man die Tiroler, dies natürlich ob ihrer ski- und bergsteigerischen Fähigkeiten. Gastfreundlich und patriotisch seien sie bis zur Selbstaufgabe. Man kannte die Tiroler in ganz Europa, zogen sie doch ob ihrer Armut bis England und Amerika, um sehr oft wieder zurückzukehren. Der *Tiroler ist also eine Marke*, die modernen Helden beweisen dies nur zu deutlich, *das Gros lebt den Tiroler* und nur so mancher weiß sich davon abzuheben. Die Tiroler wurden vom Schriftsteller Ludwig Hörmann (1837–1924) genau ins Visier genommen, indem er sie nach Tälern charakterisierte und diese Betrachtungen in der Zeitschrift des Alpenvereins 1901 verbreitete. Er meinte, gerade in Tirol könne man nicht wie in Salzburg, Teilen Kärntens, Nieder- und Oberösterreichs sowie der Steiermark von einem einheitlichen Typ ausgehen. Allerdings bescheinigt er den Tirolern dann doch ganz generell eine *angeborene Spottsucht*, die vor allem die Religion betreffe. Noch im 18. Jahrhundert fiel die Gepflogenheit der Tiroler auf, ihre Kinder, die sie aus Armut verschickten, zu tätowieren. Dabei nahmen sie eine Nadel, stachen eine Figur in die Haut, geschwärzt wurde mit Schießpulver.

Tirol-Panorama

Das Tirol-Panorama ist eigentlich ein Diorama und als es im ausgehenden 19. Jahrhundert als Riesenrundgemälde konzipiert wurde, ahnte wohl keiner, wie viel Erfolg Tirol damit noch haben würde. 1896 entworfen und aufgrund einer privaten Initiative durch Josef C. Platter (1858–1905) verwirklicht, erzählt es die Geschichte der letzten Schlacht der Tiroler gegen die Bayern, Sachsen und Franzosen auf dem Bergisel am 13. August 1809. Das Riesenrundgemälde, deren es weltweit nicht mehr so viele gibt, war zunächst in einem eigens dafür erbauten Pavillon, der Rotunde, im Zentrum Innsbrucks untergebracht, bis es am 11. September 2010 bei Tagesanbruch in das eigens dafür errichtete Museum auf dem Bergisel transloziert wurde. Zu diesem Vorhaben gab es viele Stimmen für und wider. Das Bundesdenkmalamt jedenfalls war dagegen. Dies veranlasste die Landesregierung zu intervenieren, mit dem Ergebnis, dass die Bundesministerin entschied, dem Ansinnen der Landesregierung stattzugeben. Inzwischen steht es zusammen mit dem Kaiserjägermuseum prominent auf dem symbolträchtigen Hügel, an den Innsbruck angelehnt ist, und fasziniert durch seinen lebhaften Ausdruck. Die Trachten, die sich im Schlachtengetümmel nahezu erfrischend hervortun, sind nicht wie oft angenommen, Originale. Bereits zum Entstehungszeitpunkt des Riesenrundgemäldes waren es die oft eben erst gegründeten Trachtenvereine, die Trachtenregeln aufstellten und so oftmals behübschte Trachten erfanden. Der Maler des Gemäldes ist Michael Zeno Diemer (1867–1939), Franz Defregger (1835–1921) soll mitgearbeitet haben. Als man das Gemälde 1909 nach England schickte und die Briten es enthusiastisch aufnahmen, brannte währenddessen der Pavillion in Innsbruck ab. Dies führte zur Erbauung der Rotunde am Fuß der Hungerburgbahn. Nunmehr ist die Rotunde ein noch immer denkmalgeschützter Bau, die Nutzung nicht wirklich klar. Mit der Umsiedlung des Riesenrundgemäldes von der Innenstadt auf den Bergisel und dessen nunmehriger Nähe zum Kaiserjägermuseum hat sich Innsbruck seinen ganz speziellen Heldenberg gegönnt, um den Mythos Tirol verdichtet tradieren zu können.

Untersberg

Der Untersberg ist ein geschichtsträchtiger, mythisch aufgeladener Berg direkt vor den Toren der Stadt Salzburg, zu dem es eine Vielfalt an Sagen gibt. Eine lange Grenze zum deutschen Berchtesgadener Land verläuft über seinen

Rücken. Der Berg auf österreichischer Seite ist in Privatbesitz, was schon zu Streit führte. Zahlreiche Geschichten drehen sich um den Untersberg. Sogar Jakob Grimm meinte 1816 in seinem Sagenbuch, der Berg sei mit *Palästen, Kirchen, Klöstern, Gärten, Gold- und Silberquellen* versehen. Ähnliches schrieb schon früher (1807) der Schriftsteller Franz Sartori. Der Deutsche bezog sich dabei auf einen Druck von 1782, der motivbildend für die Tradierung der Untersbergsage blieb. Im Handwörterbuch des deutschen Aberglaubens wird der Berg in großdeutscher Interpretation als *Wotansberg* oder *alter Totenberg* geführt. Im 21. Jahrhundert nun ist der Berg Gegenstand allerlei neuesoterischer und religiöser Praktiken: Marienverehrer, Buddhisten, Schamanen, Keltenfans finden dort zu sich selbst. Der ob seines massiven Erscheinens mächtig beeindruckende Berg ist aufgrund seiner Landesgrenze zu Deutschland sowohl ein neutraler Ort wie auch ein Berg, der zur Nato gehört. Ein marmorner Gedenkstein erinnert an den Besuch der Kaiserin Sisi auf dem Untersberg. Wurzelsucher, heilige Quellen, zahlreiche Kirchen oder Kapellen, Wilderer und die Hitlerjugend machten sich den Berg zu eigen. Ein Münchner Professor, Hans F. Massmann, gab in seinem Buch über die bayerischen Sagen aus dem Jahr 1831 an, es sei *Kaiser Friedrich (der Erste), der in den Untersberg gebannte.* Dieser Münchner weiß auch von den vielen Kaisern zu berichten, darunter Karl der Große, Friedrich Barbarossa, Karl V., die in den Untersbergsagen alle eine Rolle spielten, und er meint, *so lange ist die Sage, wie sie, langlebig und nachhaltig, noch heute ihre Abendstrahlen in's Volksleben streift.* Das Brixner Volksbüchlein mit seiner wunderbaren Illustration aus dem Jahr 1782 sowie eine Erzählung mit dem Titel *Frater Felizian's merkwürdige Reise zum Kaiser Karl im Untersberge* von 1787 meinten, so der Sagenforscher Massmann, Karl V. Nun denn, der Berg war und ist immer eine Erzählung wert. Sogar der Wiener Dichter H. C. Artmann verfasste einige Zeilen zu den Bewohnern des Untersbergs, den Fingerlein, und der Schriftsteller Bodo Hell gleich mehrere Texte. Im Spätsommer des Jahres 1941 wurde der Untersberg im Gebiet um Grödig und Großgmain vom Reichsstatthalter zum Pflanzenschutzgebiet erklärt.

Urassn

Damit meint man, einen verschwenderischen Umgang zu pflegen. Besonders im Kärntnerischen drückt es die Verschwendung in Zusammenhang mit Mahlzeiten aus. *Mit der Speis' wüten*, meint *urassn*, schrieb der Forscher Matthias Lexer im Jahr 1802.

Viertel ob dem Manhartsberg

Beim Viertel ob dem Manhartsberg ist das Gebiet des **Waldviertels** gemeint, das an seinen Ausläufern inzwischen sogar Weinanbaugebiet ist. Der Schreiber Stephan Sixsey schrieb einst, es gäbe nur *Mittere* und *Schlechter* Orte dort. Zu Ersteren gehören Langenlois und Krems, zwei Dörfer, die heute weit über die Landesgrenzen hinaus ob ihres wirtschaftlichen und kulturellen Erfolgs bekannt sind.

Viertel ob dem Wienerwald

Ähnlich wie der Manhartsberg **Waldviertel** und **Weinviertel** trennt, ist der Wienerwald die Scheidelinie zwischen **Mostviertel** und **Industrieviertel**. Es ist das Mostviertel, von dem mit *ob dem Wienerwald* die Rede ist. Landwirtschaftlich inzwischen auch gut erschlossen, überwiegt in seinen Ausläufern allerdings noch immer die charmante Landschaft der Obst- und Streuwiesen. Stephan Sixsey, der Landesbeschreiber, nennt als *beste* Orte dieser Gegend Greiffenstein, Königstetten und Tulbing, als *mittere Chorherrn, Baugarten Judenau, Fraundorf, Sighartskirchen, Intzersdorf und von Wagram ab bis Hollenburg*. Dann folgen eine Reihe *schlechtere*, wie er sie nennt. *Mautern, Göttweig, Wilhelmsburg, Rappoltenbach, Hertzogenburg und St. Andreae, Traßmaur*, um nur einige zu nennen.

Viertel unter dem Manhartsberg

Niederösterreich ist das historische Kernland Österreichs. Bis ins 19. Jahrhundert hinein bildeten die Viertel auch Verwaltungseinheiten. Von Niederösterreich und seinen vier Vierteln schrieb bereits 1723 Stephan Sixsey, dass *im gantzen Land unter-Oesterreich die vornehmste Wein-Gebürg hierinn zu finden* seien. Das **Weinviertel** liegt unter dem Manhartsberg, der als natürliche Grenze fungiert. Gleich dahinter beginnt das weit weniger fruchtbare und klimatisch rauere **Waldviertel**.

Viertel unter dem Wienerwald

Es handelt sich um die ehemals als **Industrieviertel** bekannte Region. Dies behagte der Volkskultur Niederösterreich als Pflegerin, Förderin und Erfinderin von Bräuchen und den Regionalmanagern nicht so sehr. Also betrieben sie einigermaßen mit Erfolg die diskrete Abschaffung des touristisch schwer zu verkaufenden Begriffs. Der südöstliche Ausläufer Niederösterreichs, der sich entlang der Südbahn erstreckt, die wiederum eine Verbindung in die Steiermark und eine internationale Anbindung (Triest und Istrien) ermöglichte, ist nachgerade deswegen und wegen der Nähe zur Bundeshauptstadt Wien bei der Auswahl von Industriestandorten von Bedeutung. Das Industrieviertel grenzt an die Steiermark und an das Burgenland. Wiener Neustadt ist das städtische Zentrum des Landes. Das Gebiet des Zubringerflughafens Schwechat liegt im Industrieviertel und an den Ausläufern des Wienerwaldes die Operetten- und Kurstadt Baden. Ein kulturell interessantes Gebiet ist das Wechselgebiet mit seinen Liedern und Almen.

Walsertal

Als im 19. Jahrhundert Ludwig Steub seine Wanderungen durch Tirol unternahm, kamen er und seine Gefährten in die beiden Walsertäler – das Große und das Kleine. Der Gelehrte beschrieb später die schönen Häuser, die vielen Gerätschaften (Sensen, Rechen, Sicheln), die allesamt um die Hütten herumlagen, so als ob es Zierrat wäre, und das Leben der Walser. Die Leute seien wohlhabend, dies sehe man an den guten Stoffen, die sonntags getragen würden. Steub fiel auf, dass die Frauen, so sie aus dem Tal hinausheirateten, ihre Kleidung beibehalten würden. Umgekehrt verhielte es sich anders. Heiratete eine ins Walsertal ein, legte sie ihre Tracht ab. Hängen blieben die Augen des Reisenden Steub dann aber an einem Paar Hochzeitsschuhen. Schuhe aus dem Jahr 1696, die schmucker aussähen, als jene, die gerade zu tragen üblich wären. Die alten Schuhe verfügten über hohe Absätze und rote Lederlappen, so Steub. Der Walser Daniel Müller, der den Reisenden seine Schätze zeigte, erzählte ihnen auch von einem *grünen, flotten Bubenhut*, den er selbst getragen habe, und fügte an, dass derlei Hüte nicht mehr gängig seien. Der Mann hatte eine ganze Kleidersammlung kostbarer Trachtenteile. Jacken mit ledernen Brustflecken, roten, gelben und weißen Ärmeln – auch diese würden nicht mehr getragen. Steub jedenfalls rühmt die Bewohner des Tales ob ihrer Gastfreundschaft, Freundlichkeit und Freigiebigkeit. Das Große und das Kleine Walsertal gehören beide zu Vorarlberg. Das Kleine Walsertal ist über Bayerisch Obersdorf zu erreichen, also über Deutschland, und nimmt daher eine Sonderstellung ein. Bis zum Eintritt Österreichs in die EU galten für die Klein-Walser spezielle Regelungen: Zum Beispiel kam bei Postsendungen nach Österreich der Inlandstarif der Österreichischen Post zum Tragen und für Sendungen nach Deutschland jener der deutschen Post. Noch im 19. Jahrhundert sollen die Walser des Kleinwalsertales Korn (Roggen) für je ein Jahr in Reserve gehalten haben, was daher rührte, dass im Allgäu einst die Pest wütete und das Tal nicht verlassen werden konnte.

Ausgewählte Literatur und Akten

Achleitner, Friedrich: Österreichische Architektur im 20. Jahrhundert. Ein Führer in vier Bänden. Salzburg 1990

Achleitner, Friedrich: Die Plotteggs kommen. Ein Bericht. Wien 1995

Achleitner, Friedrich: Einschlafgeschichten. Wien 2003

Adrian, Karl: Das Leiden Christi-Singen in Großarl. In: Mitteilungen der Gesellschaft Salzburger Landeskunde. XLV. 1905. S. 363-370

Adrian, Karl: Salzburger Volksspiele, Aufzüge und Tänze. In: Mitteilungen der Gesellschaft für Salzburger Landeskunde. LIII. 1913. S. 34-160

Alexis, Willibald: Wiener Bilder. Leipzig 1833

Andree-Eysn, Marie: Die Perchten im Salzburgischen. In: Volkskundliches aus dem bayerisch-österreichischen Alpengebiet. Braunschweig 1910

Andree-Eysn, Marie: Volkskundliches. Aus dem bayrisch-österreichischen Alpengebiet. Braunschweig 1910

Anonymus: Galanterien Wiens, auf einer Reise gesammelt, und in Briefen geschildert von einem Berliner. Erster Theil. 1784 BA 8034-II/2718

Bancalari, Gustav: Die Hausforschung und ihre Ergebnisse in den Ostalpen. Wien 1893

Bauer, Anna: Die praktische Süddeutsche Köchin. Ein durch vieljährige persönliche Ausübung und Erfahrung erprobtes Kochbuch für die Bereitung des herrschaftlichen und bürgerlichen Tisches, mit Berücksichtigung der Gasthaus- und der nationalen Küche. Ein unentbehrliches Handbuch für Frauen, Mädchen und angehende Köchinnen von Anna Bauer gewesene Stifts- und herrschaftliche Mundköchin. Neunte vermehrte und verbesserte Auflage. Wien 1897

Ben-Natan, Asher/Urban, Susanne: Die Bricha. Aus dem Terror nach Eretz Israel. Ein Fluchthelfer erinnert sich.

Beiträge zur Landeskunde Oesterreich's unter der Enns. Herausgegeben auf Veranlassung der Nieder=Oesterr. Stände von einem Vereine für vaterländische Geschichte, Statistik und Topographie. Erster Band. Wien 1832

Bernhard, Thomas: Stücke 4. Frankfurt a. Main 1988

Bernhard, Thomas: Alte Meister: Komödie. Frankfurt a. Main 1985

Blümml, Emil Karl; Guggitz, Gustav: Von Leuten und Zeiten im alten Wien. Wien/Leipzig 1922

Brandtner, Clemens P. Mag.: Der steierische Mandlkalender in der NS-Zeit. Gratwein 1987

Brückern, Wolfgang: „Arbeit macht frei" Herkunft und Hintergrund der KZ-Devise.(=Otto-von-Freising-Vorlesungen der Katholischen Universität Eichstätt) Bd. 13. Opladen 1998

Burgstaller, Ernst: Der Maibaum in Österreich. Kommentar zum Österreichischen Atlas für Volkskunde. Bl. 48, 49 und 50 (1968)

Castelli, J. F.: Wörterbuch der Mundart in Oesterreich unter der Enns, eine Sammlung der Wörter, Ausdrücke und Redensarten, welche von der hochdeutschen Sprache abweichen, dem niederösterreichischen Dialekte eigenthümlich sind, stammt beigefügter Erklärung, und so viel möglich auch ihrer Abstammung und Verwandtschaft, beigeben grammatische und dialektologische Bemerkungen über diese Mundart überhaupt. Ein Hülfsbuch, um den Oesterreicher über seine Nationalsprache aufzuklären, und Fremden dieselbe verständlich zu machen. Wien 1847

Das Fremden-Blatt. Die Vedette. 10. Mai 1915. 69. Jg. S. 8

Das kleine Blatt. Wien, 5. Dezember 1928. S. 12

Das kleine Blatt. Wien, 4. Dezember 1938. S. 11

Das Vaterland. Zeitung für die Österreichische Monarchie, 6. Dezember 1894. Nr. 335. 35. Jg. S. 7

Denke, Berward: Europäische Volkskunst. Supplementband. Frankfurt a. M./Berlin/Wien 1985

Der Bauernbündler 15. Jänner 1922 S. 2

Der Briefwechsel zwischen Goethe und Zelter. Im Auftrag des Goethe= und Schiller=Archivs nach den Handschriften herausgegeben von Max Hecker. Zweiter Band 1819-1827. Leipzig 1915

Der Standard. Ausgabe vom 14. Juni 2010

Die Pause 4. Jg., Heft 5/1939

Dimt, Gunter: Die Bauernhaus- und Hofformen im politischen Bezirk Waidhofen/Ybbs in Niederösterreich. Bd. 1./2. Wien 1974

Dimt, Gunter: Bauernhöfe. Historische Gehöfte in Oberösterreich (=Studien zur Kulturgeschichte von Oberösterreich Folge 21) Weitra/Linz 2009

Dopsch, Heinz: Der Zaubererjackl – Salzburgs größter Hexenprozeß. In: Peternell, Pert; Dopsch, Heinz (Hg.): Salzburg Chronik. Salzburg 1984. S. 151

Dörrer, Anton: Heiliggräber, Grabandachten, Karwochenspiele. Beispiele aus Tirol. In: Grass, Nikolaus (Hg.): Ostern in Tirol (=Schlern-Schriften 196) Innsbruck 1957. S. 181-220

Festschrift für Oskar Moser. Helmut Eberhardt (Hg.): Bauen – Wohnen – Gestalten. (=Schriftenreihe des Landesmuseums Schloss Traurenfels am Steiermärkischen Landesmuseum Johanneum 1). Trautenfels 1984.

Ellrich, August: Genre=Bilder aus Oesterreich und verwandten Ländern. Berlin 1833

Forcher, Michael: Der Riese Haymon. Innsbruck 2007

Froihofer, Waltraud: www.grubenkraut.at

Froihofer, Waltraud (Hg.): Volkstanz zwischen den Zeiten. Zur Kulturgeschichte des Österreichischen Volkstanzes in Österreich und Südtirol. Buch mit DVD. Weitra 2013

Geistiges Leben im Österreich der Ersten Republik: Auswahl d. b. dem Symposien in Wien vom 11.-13. November 1980 u. am 27. u. 28. Oktober 1982 gehaltenen Referate. München 1986 (=NE: Wissenschaftliche Kommission zur Erforschung der Geschichte der Republik Österreich Bd. 10)

Frottier, Elisabeth; Bast, Gerald (Hg.): W. F. Adlmüller. Mode – Inszenierungen + Impulse. Wien/New York 2009

Fuchs, Karl: Das Wechselgebiet. In: Illustrierte Österreichische Alpenzeitung. 7. Jg., Nr. 7. S. 100

Geramb, Viktor v.: Die Steiermark, des deutschen Landes Vormauer. In: Zeitschrift des Deutschen und Österreichischen Alpenvereins (Jahrbuch) Jg. 1937 Bd. 68. S. 181-191

Grabner, Elfriede: Krankheit und Heilen: eine Kulturgeschichte der Volksmedizin in den Ostalpen. Verlag der Österreichischen Akademie der Wissenschaften. Wien 1997

Geramb, Viktor: Vom Werden und von der Würde unserer Bauernhöfe. In: Papesch, Josef ed. al. (Hg.): Heimatliches Bauen im Ostalpenraum (= Das Johanneum Sonderband 6) Graz 1941. S. 53-81

Gollner, Irmgard: Alpenländische Kunstkeramik Liezen (=Kleine Schriften der Abteilung Schloß Trautenfels am Steiermärkischen Landesmuseum Johanneum Hft. 19) Trautenfels 1990

Grass-Cornet, Marie: Von Palmeseln und tanzenden Engeln. In: Ostern in Tirol (=Schlernschriften 196) Innsbruck 1969

Grimm, Jakob: Deutsche Mythologie. Göttingen 1835

Grusch, Ilse: Das Volksstimmefest. Geschichte eines Wiener Volksfestes. Dipl. Arbeit a. Univ.

Wien. Wien 2000

Grünn, Helene: Die Hausbank. Beobachtungen zu einem unscheinbaren Möbel. In: Volkskultur. Mensch und Sachwelt. Festschrift für Franz C. Lipp zum 65. Geburtstag. (=Sonderschriften des Vereines für Volkskunde in Wien Bd. 3) Wien 1978. S. 123-131

Handels- und Gewerbekammer für Niederösterreich in Wien. Erinnerungsschrift anlässlich der Vollendung des neuen Handelskammergebäudes. Wien 1907

Guggitz, Gustav: Das Jahr und seine Feste im Volksbrauch Österreichs. Studien zur Volkskunde. Bd. 1 u. 2. Wien 1949 u. 1950

Haberlandt, Arthur: Ein „Schneckenkirchtag" im Bezirk Wiener-Neustadt und seine Beziehungen. In: Wiener Zeitschrift für Volkskunde. (Vormals Zeitschrift für österreichische Volkskunde) 33. Jg. , Wien 1928. S. 80-89

Haberlandt, Arthur: Taschenwörterbuch der Volkskunde Österreichs. Der andere Teil. Ländliche Arbeit, Glauben, Brauch und Spiel. Wien 1959

Handbuch der kaiserl. königl. Gesetze. Erster Band enthält die Verordnungen vom Jahr 1740, bis Ende Weinmonats 1784. Salzburg 1786

Haider, Friedrich: Tiroler Brauch im Jahreslauf. Innsbruck/Wien/Bozen 1985

Haushaltungs- und Wirthschaftsmagazin, für Hausmütter, Kammerjungfern, Stubenmädchen, Haushälterinnen, Wirthschafterinnen, Haushofmeister, Kaffeesieder, Zuckerbäcker, Gast- und Weinwirthe, Köche und Köchinnen, Gastgeber u. d. gl. Oder die ganz neue und vollständige Kunst, eine Tafel mit allen Arten von geschmackvollen und stärkenden Leckerbissen und Erfrischungen zu besetzten, welche nicht nur den Gaumen kitzeln, sondern auch zum Theil für die Gesundheit und Dauer des menschlichen Körpers wahre und erprobte Arzneyen sind. Nebst einen ausführlichem Unterrichte aller in einer Hauswirthschaft nöthigen und angenehmen Verrichtungen. Erstes Bändchen. Grätz 1793

Haltaus, Christian Gottlob: Jahrzeitbuch der Deutschen des Mittelalters, in welchem die dunklen Namen der Monate, Wochentage, Heiligen= und anderer Feste, aus gedruckten und geschriebenen Urkunden und Schriften gesammelt und erklärt werden. In einer freyen Uebersetzung mit vielen Zusätzen und Berichtigungen aus den älteren und neuern Zeiten dargestellt. Erlangen 1797

Hell, Bodo; Seitter, Walter; Wallnöfer, Elsbeth; Fotos von Peter M. Kubelka: Untersberg. Geschichten. Grenzgänge. Gangsteige. Salzburg 2012

Hell, Bodo: Nothelfer. Graz 2010. [2. Korrigierte und erweiterte Auflage]

Herder, Johann Gottfried: Von Deutscher Art und Kunst. Einige fliegende Blätter. Hamburg 1773

Hevesi, Ludwig: Victor Tilgners ausgewählte Werke. Wien 1897

Heym, Stefan: Pargfrider. München 1998

Holaubek-Lawatsch, Gundl: Alte Volkskunst. Steierische Trachten. Graz 1983

Höbelt, Lothar: Kornblume und Kaiseradler: die deutschösterreichischen Parteien Altösterreichs 1882-1918. Wien/München/Oldenburg 1993

Hörmann, Ludwig v.: Über tirolischen Volkscharakter. Eine volks- und sittengeschichtliche Skizze. In: Zeitschrift des Deutschen und Österreichischen Alpenvereins Jg. 1901 Bd. 32. S. 100-123

Hörmann, Ludwig v.: Vorarlberger Volkstrachten. In: Zeitschrift des Deutschen und Österreichischen Alpenvereins. Jg. 1904 Bd. 35. S. 57-77

Hörmann, Ludwig v.: Tiroler Volksleben. Stuttgart 1909

Hörmann; Ludwig v.: Genuß- und Reizmittel in den Ostalpen. Eine volkskundliche Skizze. In:

Zeitschrift des Deutschen und Österreichischen Alpenvereins. 1912 Bd. 43. Jg. S. 78-101

Wiener Öffentliche Küchenbetriebsgesellschaft M.B.H. : WÖK eine Wiener Institution – 1919-1994 verfasst von Edith Hörandner Wien o. J.

Huter, Michael; Meighörner, Wolfgang (Hg.): Das Tirolpanorma. Ein Land – Ansichten und Durchblicke. Innsbruck/Wien 2012

Internationale Frisierkunst und Schönheitspflege. Wien 1936

Ilg, Karl: Der Versuch zur Erklärung des Brauches vom Funkensonntag. In: Montfort. Zeitschrift für Geschichte, Heimat- und Volkskunde Vorarlbergs. Hft. 1/6., 2. Jg., 1947, S. 101-140

Ilg, Karl: Das Maissäss in Vorarlberg. Zu seiner wirtschaftlichen und wörtlichen Bedeutung. In: Montfort. Zeitschrift für Geschichte, Heimat- und Volkskunde. Hft. 4/12, 4. Jg., 1949, S. 129-132

Innviertler Heimatblatt 26. September 1941 Nr. 39 S. 9

Johler, Reinhard: Die Formierung eines Brauches. Der Funken- und Holepfannsonntag. Studien aus Vorarlberg, Liechtenstein, Tirol, Südtirol und dem Trentino (=Veröffentlichungen des Instituts für Europäische Ethnologie der Universität Wien Bd. 19). Wien 2000

Johler, Reinhard; Nikitsch, Herbert; Tschofen, Bernhard: Schönes Österreich. Heimatschutz zwischen Ästhetik und Ideologie. Wien 1995 (=Kataloge des Österreichischen Museums für Volkskunde Bd. 65)

Kalmár, János; Waldstein, Mella: K. u. K. Hoflieferanten Wiens. Graz 2001

Kapner, Gerhardt: Ringstraßendenkmäler. Zur Geschichte der Ringstraßendenkmäler. Documentation mit 97 Abbildungen. Stuttgart 1973

Karlinger, Hans: Die bairischen Bauerntrachten. In: Bayerische Hefte für Volkskunde. Hft. 1 u. 2, 5.Jg., 1918.

Kastner, Rosina: Vollständiges Tiroler Kochbuch für deutsche und wälsche Küche. Innsbruck 1944

Kästner, Erich: Der kleine Grenzverkehr oder Georg und die Zwischenfälle. München 2008 [17. Aufl.]

Keeß, v. Edlem, Stephan: Darstellung des Fabriks= und Gewerbswesens in seinem gegenwärtigen zustande, vorzüglich in technischer, mercantilischer und statistischer Beziehung. Nach den neuesten und zuverlässigsten Quellen und nach vieljährigen eigenen Beobachtungen, mit steter Berücksichtigung der neuesten Erfindungen und Entdeckungen, und des Zustandes des Fabriks= und Gewerbswesens im österr. Kaiserstaate bearbeitet. Zum Gebrauche für Staatsdiener, Cameralbeamte, Landwirthe und Landgutsbesitzer, Kaufleute und Handlungscomptoirs, Fabrikanten, Manufacturisten und Handwerker u. s. w. Zweyte, berichtigte, viel vermehrte und mit einem Anhange bereicherte Ausgabe. Zweyter Theil. Wien 1824

Keyßler, Johann Georg: Neueste Reise durch Teutschland, Böhmen, Ungarn, die Schweitz, Italien, und Lothringe, worin der Zustand und das merckwürdigste dieser Länder beschrieben und vermittelst der Natürl=Gelehrten, und Politischen Geschichte, der Mechanick, Mahler=Bau und Bildhauer-Kunst, Müntzen und Alterthümer erläutert wird. Mit Kupfern. Hannover 1740. In drei Bänden. Bd. 3, 1751

Klaar, Adalbert: Flurformen in Österreich. In: Wildnis, Forst und Ackerland. Wien 1974. S. 70ff.

Koch-Sternfeld, Joseph Ernst: Das Innviertel, mit dem Hausruckviertel. Statistisch dargestellt am Anfange des Jahres 1810. Und nach den Bestimmungen des Wiener Friedens vom 14ten Oktober 1809. Mit der vollständigen politischen, kirchlichen und ständischen Topographie) Salzburg 1810

Kramer, Karl-Sigismund: Haus und Flur im bäuerlichen Recht. (=Bayerische Heimatforschung)

Hft. 2. München 1950

Kretzenbacher, Leopold: Kärntner Volkserinnerungen an die Reichs-Heiltümer. Zum mittelalterlichen Wallfahrtstermin des „Dreinagelfreitags" im bambergischen Kärnten. In: Carinthia I, 147 (1957). S. 803-828

Kriechbaumer, Robert: Die großen Erzählungen der Politik. Politische Kultur und Parteien in Österreich von der Jahrhundertwende bis 1945. Wien/Köln/Weimar 2001

Kriechbaumer, Robert (Hg.): Österreich! Und Front Heil! Aus den Akten des Generalsekretariats der Vaterländischen Front. Wien/Köln/Weimar 2005

Kürsinger, Ignanz v.: Oberpinzgau oder der Bezirk Mittersill. Eine geschichtlich, topographisch, statistisch, naturhistorische Skizze. Salzburg 1841

Lang, Johannes: Geschichte von Bad Reichenhall. Neustadt 2009

Liesenfeld, Gertraude: Zum Strukturwandel der holzverarbeitenden Hausindustrie in der Viechtau/Oberösterreich ab 1900. Wien 1982

Linzer Tagespost 1. Juni 1898

Linzer Tagespost 7. August 1906

Lipp, Franz C.: Eine europäische Stammestracht im Industriezeitalter. Über das Vorder- und Hintergründige des bayerisch-österreichischen Tracht. Vortrag, München-Nymphenburg, 4. März 1977. Miesbach 1978

Loos, Adolf: Die Herrenhüte. In: Neue Freie Presse. Morgenblatt. Wien, 24. Juli 1898, Nr. 12183, S. 6

Mädchenzeitung. Organ des Reichsverbandes der kath. Mädchenvereine Österreichs. Juni 1935 Hft. 7, 29. Jg. S. 15

Maitz, Georg: Österreichische Lieder. 21 Kampfgesänge für das neue Österreich. Graz 1935

Mayr, Max: Das Wienerische. Wien 1924

Marx, Erich; Laub, Peter (Hg.): Das Salzburg-Panorama von Johann Michael Sattler. (=Schriftenreihe des Salzburger Museums Carolino Augusteum) Bd. 1, Nr. 13. Salzburg 2005

Massmann, Hans Ferdinand: Bayerische Sagen. Mitgetheilt und geschichtlich beleuchtet von H. F. Massmann, Dr. Professor an der hohen Schule zu München. Bd. 1. München 1831

Miracula oder Wunderzaichen deß h. Bischoffs Wolffgangi. Welche in dem Aberseeischen Gebürg/bey seiner uralten weitberümbt: durch Ihn selbst erbawten Capell geschehen: Sambt kurtzem Bericht dessen Lebens und Ableibens. Wie auch etlicher andächtigen Gebettlein: in gegenwertige Ordnung gestelt Durch Simonem Abbten deß Closters Nonnsee. Cum Licentia Superiorum. Gedruckt zu Paßow bey Georg Höller/anno 1655

Mitterauer, Michael: Ahnen und Heilige. Namengebung in der europäischen Geschichte. München 1993

Mochar-Kircher, Iris: Das echte deutsche Volkslied: Josef Pommer (1845-1918). Politik und nationale Kultur. Frankfurt a. M./Wien 2004

Mochar-Kircher, Iris: Naturhafte Mehrstimmigkeit und Naturhafter Ausdruckstanz Österreichs Volkslied- und Volkstanzforscherinnen. In: Elsbeth Wallnöfer (Hg.): Maß nehmen, Maß halten. Frauen im Fach Volkskunde. Wien/Köln/Weimar 2008. S. 184-203

Mohr, v. Conradin: Geschichte von Currätien und der Republik Graubünden. Zum ersten Mal im Zusammenhang und nach den Quellen bearbeitet. Cur 1869

Noever, Peter (Hg.): J. & L. Lobmeyer. Zwischen Tradition und Innovation. Between Tradtition and Innovation. Gläser aus der MAK-Sammlung. Glassware from the MAK Collection. 19.

Jahrhundert. 19th century. MünchenBerlin/London/NewYork 2006

Niemeczek, Edgar: Musik aus der Rocktasche. In: Schaufenster Volkskultur 3/2007. Atzenbrugg

Niessner, Andrea: die Wiederkunft des Wasenmeisters; eine Realphantasie. Weitra 2011

Nußbaumer, Thomas: Alfred Quellmalz und seine Südtiroler Feldforschungen (140-42): Eine Studie zur musikalischen Volkskunde unter dem Nationalsozialismus. (=Bibliotheca musicologica tirolensia 6)Innsbruck/Wien 2001

Nußbaumer, Thomas: Fasnacht in Nordtirol und Südtirol. Von Schellern, Mullern, Wudelen, Wampelern und ihren Artgenossen. Innsbruck 2010

Oberbarleitner, Barbara: Die genaue und sparsame Salzburger Köchin. Eine Sammlung bewährter Anweisungen zur Bereitung von Speisen und Getränken für den bürgerlichen und feineren Tisch, und der um Salzburg einheimischen Wildpretarten und Fische. Salzburg 1853 Österreichisches Staats- Haus- und Hofarchiv FHKA SUS Realien A 36 Folio 471–504

Rampold, Reinhard (Hg.): Heilige Gräber in Tirol. Bozen sowie Innsbruck/Wien 2009

Pesendorfer, Gertraud: Modedienst. Von der Tracht zum Dirndl. O. J. O. O. [Kopie]

Pfaundler, Gertrud: Tirol Lexikon. Ein Nachschlagewerk über Menschen und Orte des Bundeslandes Tirol. Innsbruck 1983. [2. Geringfügig geänderte Auflage, November 1983]

Prodinger, Friederike: Beiträge zur Perchtenforschung. In: Mitteilungen der Gesellschaft für Salzburger Landeskunde. 100. Vereinsjahr 1960. Festschrift zur Feier des 100-jährigen Bestandes. Salzburg. S. 545-524

Riegl, Alois: Volkskunst, Hausfleiß und Hausindustrie. Berlin 1894

Riegler, Josef: Der langsame Wandel in der „Landeskultur" des Herzogtums Steiermark im 18. Jahrhundert. In: Heppner, Harald; Reisinger, Nikolaus (Hg.): Steiermark. Wandel einer Landschaft im langen 18. Jahrhundert. Wien/Köln/Weimar 2006. S. 305-323

Rosegger, Peter: Sonnenschein. Leipzig 1902

Rosegger, Peter: Das Volksleben in Steiermark. Das Haus. Graz 1875

Rosegger, Peter: Als ich noch ein Waldbauernbub war. Jugendgeschichten aus der Waldheimat. Hamburg o. J. Projekt. Gutenberg. De

Rosenthal, Erich Gottfried: Die Nationalfeste, Feierlichkeiten, Ceremonien und Spiele aller Völker, Religionen und Stände. Weisenfels 1796

Rothziegel-Fränkel, Anna: Der distelblaue, lichtblaue oder Lichtbratl-Montag nach Michaeli. In: Wiener Zeitschrift für Volkskunde (Vormals Zeitschrift für österreichische Volkskunde) 33. Jg. 1928. S. 106-107

Sachslehner, Johannes: Schicksalsorte des Sports. Engelmann-Arena, Pfarrwiese, Hohe Warte, San-Siro-Stadion, Planica. Wien/Graz/Klagenfurt 2011

Sartori, Franz: Die österreichische Schweiz; oder mahlerische Schilderung des Salzkammergutes in Oesterreich ob der Ens. Wien 1813

Sartori, Franz: Neueste Reise durch Oesterreich ob und unter der Ens, Salzburg, Berchtesgaden, Kärnthen und Steyermark in statistischer, geographischer, naturhistorisches, ökonomischer, geschichtlicher und pittoresker Hinsicht unternommen von Dr. Franz Sartori. Bd. 2, Wien 1811

Sartori, Franz: Geographie von Steiermark. Mit ihren statistischen, physikalischen, industriellen und topographischen Merkwürdigkeiten. Nebst einem alphabetischen Verzeichniß aller in Steiermark befindlichen Städte, Märkte, merkwürdigen Dörfer, Schlösser, Klöster, Berge, Flüsse, Seen, Mineral=Quellen, Straßen, Posten, Wasserwege, historischen, physikalischen, industriösen, und statistischen Eigenheiten. Grätz 1816

Schaller-Pressler, Gertraud: Volksmusik und Volkslied in Wien. In: Fritz-Hilscher, Elisabeth Th.; Kretschmer, Helmut (Hg.): Wien. Musikgeschichte. Volksmusik und Wienerlied. Wien 2006. S. 3-151

Schedtler, Susanne: (Hg.): Wiener Lied und Weana Tanz. Wien 2004

Schlager, Claudia: Tirol und das heiligste Herz Jesu. Über die Entstehung und Verbreitung einer populären Frömmigkeitsform. In: Huter, Michael; Meighörner, Wolfgang (Hgg.): Das Tirolpanorama. Ein Land – Ansichten und Durchblicke. Innsbruck/Wien 2012. S. 134-148

Schmidt, Leopold: Das Weihnachtsstroh im Burgenland. In: Burgenländische Heimatblätter 16. Jg. 1954. S. 67ff.

Schönfellner, Franz: Der Bund als Gesellschafter der WÖK in der ersten Republik. In: Mitteilungen des Österreichischen Staatsarchivs 39/1986. S. 148-171

Schukowitz, Hans: Bauopfer. In: Zeitschrift für österreichische Volkskunde. 3. Jg. 1897. S. 367

Shoberl, Frederic: The World In Miniture; Edited by Frederic Shoberl. Austria, containing a description of the Manners, Customs, Character, And Costumes of the People of that Empire. Illustrated by Thirty-Two Coloured Engravings. Vol.1 London. O. J.

Sixsey, Stephan: Unter-Oesterreichischer Land-Kompaß. Aus welchem Unterschiedliche schöne Landes-Bräuche und Gewohnheiten auch ein gewisser Entwurf der Anschläge und Schätzungen neben anderen Eigenschaften des Landes wie selbe bishero gepflogen worden angezeiget werden. Wien 1723

Soukup, Rudolf Werner: Chemie in Österreich, Bergbau, Alchemie und frühe Chemie von den Anfängen bis zum Ende des 18. Jahrhunderts. Köln/Weimar/Wien 2007

Spaun, Anton Ritter v.: Das österreichische Volkslied. Wien 1896

Stadtfeste. Hg. v. Verein für politische Bildung – Politische Akademie. Wien 1981 (Graue Literatur). Texte: Alfred Fiala und Alf Kraulitz

Staffler, Johann Jakob: Tirol und Vorarlberg, topgraphisch, mit geschichtlichen Bemerkungen. 2 Bände

Steub, Ludwig: Drei Sommer in Tirol. München 1846

Teppner, Herwig: Der Steirische Ölkürbis und einige frühe Quellen über Kürbisanbau. In: Ders.: Die Koralpe. Beiträge zur Botanik, Geologie, Klimatologie und Volkskunde. Graz 1982. S. 57-63

Twain, Mark: Turbulente Tage in Österreich. O. O. 2012. Aus dem Amerikanischen übertragen und kommentiert von Rudolf Pikal. (Der als „Stirring Times in Austria" erschienene Artikel wurde in Harper's New Monthley Magazine im März 1898 erstmals abgedruckt.)

Till, Wolfgang; Ley, Andreas (Hg.): Dein Edelweiss, das macht mich so heiss: Souvenir und Modeblume der Alpen. Wien 1997

Tornau, Fedor F.: Ein Russe im k. u. k. Wien: das Wiener Tagebuch des Baron F. F. Tornau. Wien/Köln/Weimar 2002. Bearbeitet von Kagan Gennadij E.

Voithofer, Richard: Drum schließt Euch frisch an Deutschland an ... Die großdeutsche Volkspartei in Salzburg 1920–1936. Wien/Köln/Weimar 2000

Wallnöfer, Elsbeth: Von heiligen Orten und heiligen Seelen. Annaberg und die heilige Anna. Mit Fotografien von Peter M. Kubelka. Wien/Köln/Weimar 2007

Wallnöfer, Elsbeth: Geraubte Tradition: Wie die Nazis unsere Kultur verfälschten. Augsburg 2011

Wallnöfer, Elsbeth: „Lebe den Tiroler!" Wie Einheimische und Fremde gemeinsam das Original erfanden. In: Huter, Michael; Meighörner, Wolfgang (Hrsg): Das TirolPanorama. Ein Land – Ansichten und Durchblicke. Innsbruck/Wien 2012. S. 80-88

Weber, Ernst: Die Volksmusik des Biedermeier als Keimzelle der Wienermusik. In: Fritz-Hilscher, Elisabeth Th.; Kretschmer, Helmut (Hg.): Wien. Musikgeschichte. Volksmusik und Wienerlied. Wien 2006. S. 151-478

Weber, Fritz: Bucklige Welt. In: Der Alpenfreund. Mittleingen der Alpinen Gesellschaft „Alpenfreunde" vom Mai-Juni 1938 Nr. 5-6 S. 3

Weilmeyr, Franz Xaver: Salzburg, die Hauptstadt des Salzach=Kreises. Ein Hand= und Addreß=Buch für Jedermann. Geschichtlich, topographisch und statistisch bearbeitet von Franz Xaver Weilmeyr, königl. baier. Erstem Registrator des General=Kommissariats dieses Kreises. Mit einem Kupfer. Salzburg 1813

Wiener Bilder. Illustrierte Wochenschrift, 9. Jänner 1938. 43. Jg./Nr. 2

Wiener Bilder. Illustriertes Sonntagsblatt Sonntag, 7. Juni 1896, Nr. 22

Wiener Bilder. Illustrierte Wochenschrift, 3. Juli 1932, Nr. 27

Wiener Zeitung 13. November 1919, Nr. 259

Wiener Zeitung 1. Mai 1934, Nr. 120

Wiltschegg, Walter: Die Heimwehr: eine unwiderstehliche Volksbewegung? (=Studien und Quellen zur Österreichischen Zeitgeschichte Bd. 7) Wien 1985

Winkler, Johannes: Das Jahr und seine Tage im bäuerlichen Leben des oberen Mühlviertels. In: Beiträge zur Landes- und Volkskunde des Mühlviertels. Bd. 1 Rohrbach 1912. S. 92-100

Wopfner, Hermann: Das Tiroler Bauernhaus. Innsbruck 1923

Zaleisky, Adalbert: Handbuch der Gesetze und Verordnungen welche für die Polizei-Verwaltung im österreichischen Kaiserstaate von 1740-1852 erschienen sind. Nach dem neuesten Stande der Gesetzgebung und in alphabetisch-chronologischer Ordnung bearbeitet von Adalbert Zaleisky, dirigierendem Ober- Kommissär der. k.k. Polizei-Direction in Wien. Mit einem Nachtrage enthaltend die Verordnungen von 1853 bis Ende Juni 1854. Bd. 3. S bis Z. Wien 1854

Zettel, Karl: Edelweiss. Für Frauensinn und Frauenherz. Eine Auswahl aus der neuesten deutschen Lyrik. Mit vielen Illustrationen. Stuttgart 1870[4. Aufl.]

Zingerle, Ignaz v.: Johannissegen und Gertrudenminne. Ein Beitrag zur deutschen Mythologie. Wien 1862

Zingerle, Ignaz v.: Sagen, Märchen und Gebräuche aus Tirol. Gesammelt und herausgegeben von Ignaz Vincenz Zingerle. Innsbruck 1895

Zintzen, Christiane (Hg.): Die österreichisch-ungarische Monarchie in Wort und Bild. Wien/Köln/Weimar 1999

BMI http://www.bmi.gv.at/cms/BMI_OeffentlicheSicherheit/2005/03_04/files/9_030405.pdf